Heiner Newe
Heiderose Thomsen-Newe

MIT DEM WOHNMOBIL IN DEN FRANZÖSISCHEN JURA

Die Anleitung für einen Erlebnisurlaub

DER WOHNMOBIL-VERLAG
D-36452 Kaltennordheim
OT Mittelsdorf

Die Deutsche Bibliothek – CIP-Einheitsaufnahme

Bibliografische Information der Deutschen Bibliothek

Die Deutsche Bibliothek verzeichnet diese Publikation in der Deutschen Nationalbibliografie.
Detaillierte bibliografische Daten sind im Internet über <http://dnb.ddb.de> abrufbar.

Titelbild: Talkessel von Baume-les-Messieurs, Tour 3
Bild in vorderer Klappe: Geheime Gärten, Tour 8

Karten: Heiner Newe, Stadtpläne unter Verwendung der Daten
von © OpenStreetMap contributors
Fotos: Bildnachweis Seite 308

2. Auflage - 2021

Druck:
Louis Hofmann
Druck- und Verlagshaus, 96242 Sonnefeld

Vertrieb:
GeoCenter GmbH, 70794 Filderstadt

Herausgeber:
WOMO-Verlag, OT Mittelsdorf, 36452 Kaltennordheim
GPS: N 50°36'38.2" E 10°07'55.6"

Fon: 0049 (0) 36946-20691
Fax: 0049 (0) 36946-20692
eMail: verlag@womo.de
Internet: www.womo.de

Autoren-eMail: Newe@womo.de

ISBN 978-3-86903-902-2

Jede Tour und jeder Stellplatz sind von uns meist mehrfach überprüft worden, wir können jedoch inhaltliche Fehler nie ganz ausschließen. Bitte achten Sie selbst auf Hochwasser, Brandgefahr, Steinschlag und Erdrutsch!

Verlag und Autoren übernehmen keine Verantwortung für die Legalität der veröffentlichten Stellplätze und allen anderen Angaben. Unsere Haftung ist, soweit ein Schaden nicht an Leben, Körper oder Gesundheit eingetreten ist, ausgeschlossen, es sei denn, unsere Verantwortung beruht auf Vorsatz oder grober Fahrlässigkeit.

EINLADUNG

In diesem Buch nehmen wir für den WOMO-Reisenden eine Region unter die Lupe, die auf dem Weg nach Süden, in die Provence, nach Aquitanien oder nach Spanien gern links liegen gelassen wird.

Wir haben auf unseren Reisen nach Südfrankreich schon des Öfteren im Jura und am Alpenrand Station gemacht und uns jedes Mal vorgenommen, bei der nächsten Reise dieses Gebiet etwas näher zu erforschen und genauer anzusehen. Die fantastischen Tallandschaften, die Quellen, die zahlreichen Höhlen, die vielen Seen und auch die großen Städte entlang der stark befahrenen Autobahn "La Comtoise", die vom Süden Deutschlands durch die Franche-Comté führt, sind es wert, besucht zu werden.

Die Fülle dessen, was es hier zu entdecken und anzuschauen gibt, hat uns unseren ursprünglichen Plan, den Jura und die französischen Alpen in einem Buch zu behandeln, aufgeben lassen. Wir sind nach unseren ersten Foto- und Entdekkungstouren für dieses Buch schnell zu der Erkenntnis gelangt, dass man den Jura und die Alpen nicht sinnvollerweise in einem Buch behandeln kann. Es ist einfach zu umfangreich, was es zu besuchen und zu beschreiben gibt.

Also haben wir uns entschlossen, zwei Bücher zu schreiben, um dieser Region gerecht zu werden. Bei der Lektüre dieses Buches werden Sie immer wieder feststellen, dass wir auch auf die Alpen Bezug nehmen. Wir betrachten es als Gesamtwerk. Das eine Buch knüpft an das andere an und doch steht jedes für sich. Dort, wo wir in diesem Buch an zwei Orten Tourenbeschreibungen enden lassen, beginnt in unserem Buch über die Alpen eine oder mehrere andere. Wiederholungen bei diesen Orten sind nicht zu vermeiden, wenn beide Bücher unabhängig voneinander sinnvoll nutzbar bleiben sollen.

Für die zweite Auflage dieses Buches haben wir uns einigen weiteren Orten zugewandt, für die während der ersten Recherchen zu wenig Zeit zur Verfügung stand und die wir nur mit wenigen Sätzen abgehandelt hatten.

Genug der Vorrede. Starten Sie mit uns in eine der wunderbarsten Naturlandschaften Europas. Wir wünschen Ihnen viel Freude dabei und eine gute Reise. Bon voyage!

Heiner Newe und Heiderose Thomsen-Newe

Unsere Top Ten

Collection de voitures

Dieses größte Automobilmuseum der Erde fasziniert jeden Oldtimerfan. Es ist ein spannender Gang durch die Automobilgeschichte, den Sie in dieser Form nirgendwo sonst machen können. Ab Seite 43.

Belfort

Der Löwe, die Festung, die Forts ringsum, die Altstadt. Auf Schritt und Tritt ist die Geschichte der Stadt an der Burgundischen Pforte sichtbar. Ab Seite 52 begleiten wir Sie durch die Stadt.

Dino Zoo

Werfen Sie einen tiefen Blick in die Erdgeschichte. Auf spielerische Weise wird die Entstehung des Juras mit seinen spektakulären Lebensformen vergangener Tage erläutert. Ab Seite 98.

Besançon

UNESCO-Welterbe, Altstadt, Festungen und eine Zitadelle, die malerisch auf einem Bergsporn liegt, der vom Doubs umflossen wird. Eine besondere Stadt, die wir ab Seite 103 näher betrachten.

Salins-les-Bains

Erleben Sie, wie das "weiße Gold" des Mittelalters unterirdisch gewonnen wurde. Tauchen Sie ab in die feuchten Keller der Industriegeschichte dieses Raumes. Ab Seite 142.

Grottes Moidons

Es gibt viele Höhlen im Jura, jede hat ihre Besonderheiten. In Moidon sind der Große Saal und die vielen schlanken Stalagmiten hervorzuheben. Ab Seite 151 schauen wir sie mit Ihnen an..

Baume-les-Messieurs

Steile Wände, tiefe Täler, die unvermittelt an einer Felswand mit einer Quelle enden. Für diese Reculées ist der Jura berühmt. Über eines der schönsten Täler dieser Art informieren wir ab Seite 166.

Käseherstellung

Im Jura dominiert die Weidewirtschaft. Kühe sind die Haupterwerbsquelle der Landwirte dieser Region. Wie die Milch zum feinen Jurakäse wird, zeigen wir ab der Seite 232.

Haute Chaîne du Jura

Die höchste Kette des Jura bietet faszinierende Fernsichten auf die Alpen. Ab der Seite 235 widmen wir uns diesem Gebirgszug und zeigen Ihnen die aussichtsreichsten Stellen.

Geheime Gärten

Ab der Seite 255 nehmen wir Sie mit in die "geheimen Gärten". Eine verblüffend vielfältige, verspielte, blütenreiche und dekorative Anlage, die sich keiner Stilrichtung zuordnen lässt.

Inhaltsverzeichnis

TOUR 5

TOUR 6

TOUR 7

TOUR 8

TOUR 9

Reisegebiet

Wir beginnen unsere Reise im Oberrheingraben, durchstreifen die Burgundische Pforte und wenden uns dann dem Jura zu. Der Jura ist ein Höhenzug, der sich nordwestlich der Alpen befindet. Große Teile des Jura liegen in der Schweiz. Die Grenze verläuft teilweise über die Höhenzüge, teilweise entlang des Doubs. Wir bereisen bis auf wenige Ausnahmen im grenznahen Bereich nur den französischen Teil des Jura.

Das Gebirge ist auch namengebend für das Département Jura, das im Nordwesten bis in die Niederungsebene der Saône mit Dole als Hauptort reicht. Die Stadt wird vom Doubs durchflossen, der kurz hinter dem Ort in die Saône mündet. Dem Doubs und den ihn begleitenden Kanal, dem Rhein-Rhône-Kanal, werden wir oft auf unserer Reise begegnen.

Ein anderer Begriff, der Ihnen bei einem Aufenthalt in diesem Gebiet immer wieder auffallen wird, ist die Freigrafschaft Burgund auf Französisch: Franche-Comté. Unter dieser historischen Bezeichnung wurde bis 2015 eine Region zusammengefasst, die aus den Départements Doubs, Jura, Haute-Saône und dem Territoire de Belfort bestand. Mit der Neuordnung der Regionen Anfang 2016 besteht diese nicht mehr, sie ist aufgegangen in die Region Bourgogne-Franche-Comté, in dessen östlichen Teil unser Reisegebiet hauptsächlich liegt. Neben diesem Gebiet werden wir das südliche Elsass durchqueren, das heute zur Region Grand Est gehört. Abschließen werden wir die Reise in Savoyen südlich des Genfer Sees. Damit haben wir dann bereits die Region Auvergne-Rhône-Alpes erreicht.

Source du Lison im Mai.

Wir haben das Reisegebiet in neun Touren aufgeteilt, die wir jetzt kurz skizzieren wollen. Zum besseren Verständnis schauen Sie bitte dazu auch in die hintere Klappe. Dort finden Sie eine kartografische Abbildung, in der die Touren übersichtlich abgebildet sind.

Tour 1 führt uns von dem Autobahngrenzübergang bei Müllheim/Neuenburg nach Mulhouse und von dort durch die Burgundische Pforte über Belfort und Ronchamp nach Montbéliard. Automuseen, mehrere Festungen und eine außergewöhnliche Kirche, die zum Welterbe der UNESCO zählt, stehen auf dieser Etappe im Vordergrund.

Die **Tour 2** führt über längere Strecken entlang des Doubs. Die Abstecher in das Hinterland führen uns zu einer Grotte und zu einem Dinosaurierpark, bevor wir in Besançon die zweite Etappe beenden. Die Festung und die Altstadt von Besançon sind ein besonderes Highlight dieser Reise.

Blick auf Besançon.

Von dieser Stadt geht es mit der **Tour 3** weiter in das malerische Tal der Loue und zu einer wunderbaren Tropfsteinhöhle. Mit Dole, der Geburtsstadt Louis Pasteurs, erreichen wir den westlichsten Punkt unseres Reisegebietes. Mit Arc-et-Senans und Salins-les-Bains folgen gleich zwei UNESCO-Welterbestädte im weiteren Verlauf der Reise. Einige Reculées, wie die spektakulären Blindtäler in dieser Region genannt werden, stehen mit ihren Wasserfällen in der Tafellandschaft des Jura auf dem Programm.

Am Lac de Vouglans.

Tour 4 führt uns an den Ain, der sich tief in den Jura eingeschnitten hat. Mit dem Lac de Vouglans ist er auf einer Länge von rund 30 Kilometern Länge aufgestaut. Es ist der drittgrößte Stausee Frankreichs und hat neben seiner Aufgabe als Energielieferant eine große Freizeitfunktion. Im weiteren Verlauf der Reise werden wir noch an mehreren kleineren Seen Station machen, bevor diese Tour in Chanay an der Rhône endet.

Mit der **Tour 5** machen wir einen Sprung zurück nach Montbéliard und fahren von dort über Saint Hippolyte an die Französischschweizer Grenze und lassen diese Etappe in Villers-le-Lac bei den Wasserfällen Saut du Doubs enden.

Zwei große Quellen, malerische Seen und der hochprozentige Absinth werden uns auf der **Tour 6** begleiten, die an der Source du Doubs endet.

Tour 7 führt über den Col de la Faucille, mit 1323 Metern, einem der höchsten Pässe in unserem Reisegebiet. Von dort geht es hinunter in einen Vorort von Genf, in dem wir das

Besucherzentrum des CERN aufsuchen werden. Es ist eine Einrichtung, die mit einem sehr großen Teilchenbeschleuniger Grundlagenforschung betreibt. Enden wird diese Reise in Chanay. Es ist derselbe Ort, in dem auch die Tour 4 beendet wurde.

Radtour am Lac d'Annecy.

Mit der **Tour 8** geht es durch Hochsavoyen in das malerische Annecy, an den von Touristen stark frequentieren Gletschersee, der den Namen der Stadt trägt. Hier sind in vielfältiger Form Wanderungen und Radtouren mit ausgezeichneter Fernsicht möglich.

Die letzte Tour führt uns durch pittoreske Kleinstädte an den Genfer See. Hier lassen wir die **Tour 9** und das Buch hoch oben auf einem Berg mit einem fantastischen Blick auf den See enden.

Allgemeine Hinweise

Wer sich schon öfter in Frankreich aufgehalten hat, für den mögen diese allgemeinen Hinweise vielleicht nichts Neues bereithalten. Aber wir richten unser Buch ja nicht nur an die „alten Hasen", sondern auch an diejenigen, die sich zum ersten Mal mit einem WOMO hierher begeben wollen. Die Hinweise betreffen hauptsächlich die Straßenverhältnisse, gesetzliche Bestimmungen, Öffnungszeiten sowie die Versorgung mit Lebensmitteln, Frischwasser etc. Damit wollen wir auch unnötige Wiederholungen bei den Routenbeschreibungen vermeiden.

Autobahnen

Auch wenn keine unserer Routenbeschreibungen über eine Autobahn führt, so werden Sie in der An- und Abreise oder abweichend von unseren Routen wahrscheinlich Autobahnen nutzen. Hier gilt zu beachten: Französische Autobahnen sind in der Regel mautpflichtig und die Maut ist teuer. Dagegen ist die Vignette oder Schwerlastabgabe für Fahrzeuge über 3,5t in der Schweiz ein echtes Schnäppchen. Die Umfahrungen der Großstädte sind gebührenfrei, das merkt man sofort am Verkehrsaufkommen. Doch sobald ein "péage" auf den großen blauen Entfernungstafeln den gebührenpflichtigen Abschnitt einer Autobahn ankündigt, nutzen viele Fahrzeuglenker die letztmögliche gebührenfreie Abfahrt und es wird deutlich ruhiger auf der Autobahn.

Vor den Mautstationen weitet sich die Autobahn, es gibt zahlreiche Durchgangsstationen, einige höhenbegrenzt nur für PKW, andere ohne Höhenbegrenzung. Eine dieser Durchgangsstationen muss angefahren werden. Eng sind sie und man muss schon ziemlich dicht an den Automaten heranfahren, um ohne auszusteigen oder die Tür zu öffnen, an das Ticket heranzukommen, das der Automat blinkend entgegenstreckt. Macht er es nicht automatisch, so gibt es noch einen Knopf, den man drücken muss, um an das Ticket zu kommen. Die Schranke öffnet sich und weiter geht es. Die Bedienmöglichkeit dieser Automaten ist nicht optimal für WOMO-Fahrer. Die Ausgabefunktionen sind in zwei Etagen angelegt, für PKW und für LKW. Die WOMO-Besatzung sitzt zwischendrin, man muss also den Arm ziemlich lang machen, entweder nach unten oder nach oben, um das Ticket ziehen zu können.

Mautstation an einer Autobahn.

Bezahlt wird, wenn man entweder die Autobahn nach einer Abfahrt verlässt oder wenn der gebührenpflichtige Abschnitt zu Ende ist. In beiden Fällen warten wiederum Automaten. Ticket rein, der Schlitz ist deutlich und eigentlich unverwechselbar beschriftet, die Gebühr wird angezeigt und dann wird der Automat entweder mit Scheinen und Münzen gefüttert oder man verwendet die Mastercard oder die Visa-Karte jeweils ohne PIN. Das geht am schnellsten und ist sehr bequem. Wer noch die Taste "Reçu" drückt, erhält eine Quittung. Der Schreck bei der nächsten Kartenabrechnung ist vorprogrammiert, wenn man viele Kilometer auf diesen mautpflichtigen Strecken unterwegs gewesen ist. Dafür lassen sie sich angenehm und stressfrei fahren, es ist bei Weitem nicht so hektisch wie auf deutschen Autobahnen.

Sonstige Straßen/Pässe

Es gibt gute, es gibt schlechte, schmale und breite Straßen. Der Ausbauzustand ist einem ständigen Wechsel unterworfen, wir standen einige Male vor einer "Déviation", vor einer Umleitung. Gebaut wird viel, quantifizieren können wir das aber nicht. Neuasphaltierungen gehen gewöhnlich mit Vollsperrungen einher, das hat unsere Routenplanung manchmal durcheinandergebracht. Departmentstraßen sind oft nur so breit wie ein gut ausgebauter Feldweg. Ausweichstellen sind in der Regel vorhanden, sodass auch größere Fahrzeuge gefahrlos aneinander vorbeifahren können. Man muss nur etwas vorausschauend und nicht zu schnell fahren, dann klappt das reibungslos. Bei unseren Routenbeschreibungen machen wir ausdrücklich darauf aufmerksam, wenn es eng wird. Pass-Straßen sind hierbei besonders betroffen. Im Jura und noch mehr in den Alpen sind diese auch Ausflugsziele für Rad- und Motorradfahrer. Hier gilt es, besondere Vorsicht walten zu lassen. Im Land der Tour de France finden Sie an den Pass-Straßen fast immer die Hinweise für Radfahrer am Straßenrand, wie in dem Bild links zu sehen ist. Nur das Aussehen der Schilder variiert von Region zu Region. Die Infos sind aber immer die gleichen. Sie zeigen die aktuelle Höhe an, die Kilometer bis zum Ziel und die Steigung in Prozent. Diese Schilder sind im Abstand von einem Kilometer aufgestellt und bieten auch uns Fahrzeuglenkern wertvolle Informationen. Der Mindestabstand beim Überholen von Radfahrern sollte 1,5 Meter betragen. Sind viele Radler unterwegs und lässt der Gegenverkehr kein Überholen zu, kann eine Fahrt bergauf zu einer Zuckeltour werden. Nur Geduld, Sie haben ja Urlaub.

Geschwindigkeitsbegrenzungen

Die Geschwindigkeitsbegrenzungen sind abweichend von denen in Deutschland.

Autobahnen: Für Fahrzeuge bis 3,5 t: 130 km/h (Wer den Führerschein noch nicht länger als drei Jahre hat: 110 km/h) bei Nässe 110 km/h, für Fahrzeuge über 3,5 t: 100 km/h.

Schnellstraßen (4-spurig): Für Fahrzeuge bis 3,5 t: 110, für Fahrzeuge über 3,5 t: 100 km/h.

Andere Straßen außerorts: 80 km/h, innerörtliche Straßen: 50 km/h, in verkehrsberuhigten Zonen und an Gefahrstellen: 30 km/h, diese werden in der Regel durch sogenannte **Ralentisseurs** begrenzt.

Diese in deutscher Sprache "Bremsschwellen" genannten Erhöhungen der Fahrbahn dürfen Sie mit 30 km/h überfahren, machen das aber garantiert nur einmal. Die Reaktion aus Ihrem Wohnteil wird laut ausfallen, wenn der hintere Teil Ihres Fahrzeugs einen Hüpfer macht. Bestenfalls hören Sie nur ein lautes Geklapper in der Besteckschublade, es kann aber auch sein, dass Sie nach der Überquerung dieser Schwelle hinterher etwas aufräumen müssen, wenn Sie mit 30 km/h darüber gefahren sind. Die nächste Bremsschwelle nehmen Sie dann sicher im Schritttempo. Diese Bremsschwellen sind nicht genormt, manche sind relativ steil, manche relativ flach. Manchmal ist die 30er Zone farblich abgesetzt, meistens jedoch nicht. Die weißen Dreiecke auf der Fahrbahn sind aber in der Regel immer zu sehen, nähert man sich diesen, so empfiehlt es sich, das Bremspedal zu betätigen und die Geschwindigkeit zu reduzieren.

Typische Anlage von Ralentisseurs.

Verliebt haben wir uns nicht in die Ralentisseurs, wollen aber gern zugestehen, dass sie ganz sicher einen Beitrag zur Verkehrssicherheit an Schulen, Kindergärten, Krankenhäusern und anderen Übergängen leisten.

Radarkontrollen

In unserem Buch über Baden-Württemberg haben wir vor der höchsten Blitzerdichte in Deutschland gewarnt. Mit der Intensität wie in Baden-Württemberg wird im Jura nicht kontrolliert. Gleichwohl gibt es auch hier eine große Zahl fest installierter und mobiler Radarstationen.

Geschwindigkeitsübertretungen werden mit höheren Bußgeldern als in Deutschland belegt. Nur eine kleine Auswahl aus dem Bußgeldkatalog: Falsch Parken ab 15 €, rote Ampel missachtet ab 90 €, überhöhte Geschwindigkeit bis 20 km/h ab 70 €, ab/bis 50 km/h 1500 €, überholen im Überholverbot ab 90 €, Alkohol am Steuer ab 135 € und/oder Fahrverbot. Bußgelder werden auch in Deutschland eingetrieben, wenn es sich nicht gerade um einen Bagatellbetrag handelt.

Tanken

Die Versorgung mit Dieselkraftstoff ist natürlich kein Problem, die Bezahlung manchmal schon. Ein Tankstellennetz, wie wir es in Deutschland gewohnt sind, existiert in Frankreich nicht. Hier finden Sie die Tankstellen sehr häufig am Rande eines Supermarktes, auch mit 24h-Service und Kartenautomat. Der Vorteil, der Kraftstoff ist günstiger als an einer der wenigen Markentankstellen, die es natürlich auch gibt. Der Nachteil an manchen dieser Tankstellen kann nicht mit der EC-Karte gezahlt werden, sondern nur mit einer Kundenkarte des Supermarktes. Um keine bösen Überraschungen zu erleben, haben wir uns angewöhnt, immer rechtzeitig zu tanken, aber auch erst, nachdem wir zweimal die Erfahrung gemacht haben, dass weder EC-Karte noch Visa-Karte zur Bezahlung akzeptiert wurden und wir in Gegenden waren, die keine hohe Orts- und damit auch keine hohe Tankstellendichte aufwiesen und der Zeiger der Tankuhr bedrohlich gegen Null zeigte und uns die Schweißperlen auf die Stirn trieb.

Klassische 24h-Tankstelle an einem Supermarkt.

Landkarten und Navigation

Wir gehen davon aus, dass heute kaum mehr ein Wohnmobilfahrer ohne Navigationssystem unterwegs ist. Mit den GPS-Angaben und den ausführlichen Stellplatzbeschreibungen sowie den Tourenkarten in diesem Buch könnten Sie die Reise direkt starten. Für die bessere Orientierung in den Städten oder in Ballungsräumen haben wir Stadtpläne eingefügt, um die Beschreibungen im Text besser nachvollziehen zu können.

Allerdings fehlt Ihnen der Überblick über das gesamte Reisegebiet, deshalb halten wir es für sinnvoll, eine Reisekarte mitzuführen. Die Michelinkarten im Maßstab 1:150.000 oder 1:200.000 sind hier zu empfehlen. Sie erhalten diese im Buchhandel und auch im Shop des WOMO-Verlages. Darüber hinaus bekommen Sie diese in Frankreich in jedem großen Supermarkt.

Landkarten erscheinen uns nach wie vor notwendig, insbesondere dann, wenn Vollsperrungen dazu führen, dass man eine neue Route wählen muss. Natürlich berücksichtigen die neuen Navigationssysteme auch Straßensperrungen und wählen automatisch neue Routen. Dies funktioniert jedoch nicht immer, besonders dann nicht, wenn es sich um kurzfristige Sperrungen handelt oder die Straßen zur untersten Kategorie gehören. Wir haben dies bei unseren Erkundungen immer wieder erlebt.

Notrufnummern

Man möchte nicht anrufen müssen. Doch wenn es notwendig sein sollte: Mit einem Handy rufen Sie bitte unter 0033 112 an. ADAC-Notruf bei Fahrzeugschäden: 0049 89 222 222, bei Erkrankung und Verletzung 0049 89 767 676.

Unfall? Was dann?

Kleine Parkrempler sind in Frankreich nichts Außergewöhnliches, das passiert auf dem Parkplatz des Supermarktes oder an anderen Orten. Ist der Verursacher bekannt und steht zu dem von ihm angerichteten Schaden, werden die Versicherungsnummern ausgetauscht, ein Unfallbericht erstellt und an die Versicherungen geschickt, die dann alles weitere Regeln. Um sicherzugehen, dass die Versicherungsnummer des Unfallgegners stimmt, können Sie beim Zentralruf der Autoversicherer anrufen (+49 40 300330300) und die Nummern abgleichen.

Einen Vordruck für die Erstellung eines Unfallberichtes bekommen Sie über die Seite www.adac.de. Einfacher ist es, mit den Schlagworten „Unfallbericht Deutsch-Französisch" die Suchmaschine zu bemühen, dann kommen Sie bei den angezeigten Ergebnissen auch auf die Seite des ADAC. Wenn Sie die Seite aufrufen und ein wenig runterscrollen, werden Ihnen gleich mehrere PDF-Dokumente in verschiedenen Sprachvarianten angeboten. Suchen Sie sich raus, was Sie benötigen und drucken Sie das Dokument vor Antritt der Reise aus und legen es mit der Hoffnung ins Handschuhfach, es nie benutzen zu müssen.

In Frankreich kommt die Polizei zur Unfallaufnahme nur dann, wenn Personenschäden zu verzeichnen sind. Wenn es sich nur um Blechschäden handelt, müssen die Fahrzeuglenker die Schadensregulierung selbst aushandeln.

Kompliziert wird es, wenn, wie in unserem Fall, Ihnen jemand hinten drauf fährt und sogleich das Weite sucht. Glücklicherweise waren wir so schnell, das Fahrzeug samt Kennzeichen zu fotografieren und sind damit zur Gendamerie marschiert, nachdem wir uns von einigen Unfallzeugen, die zu Aussagen bereit waren, deren Telefonnummern haben geben lassen. Der Unfallgegner wurde rasch ermittelt und seine Versicherung hat den Schaden beglichen.

Heckschaden im einem Kreisverkehr.

Dieselfahrverbote/Umweltzonen

Anfang Juli 2016 wurde in Frankreich die Umwelt- oder Feinstaub-Plakette Crit'Air (oder auch Luftqualitätszertifikat) und die dazugehörigen Umweltzonen zunächst in Paris und Grenoble eingeführt. Das Ziel ist es, kurz- aber auch langfristig die Emissionen und die atmosphärischen Verschmutzungen, vor allem Stickoxide und Feinstaub in der Luft zu reduzieren. Ein Teil der Maßnahme ist es, nur noch neueren und schadstoffärmeren Fahrzeugen die Zufahrt zu einzelnen Zonen, den sogenannten Umweltzonen, zu gestatten. Diese Umweltzonen umfassen hauptsächlich Städte bzw. Ballungsgebiete mit erhöhten Feinstaubwerten. Hierfür werden die Fahrzeuge in Kategorien eingeteilt und erhalten eine entsprechende Feinstaubplakette. Nach und nach soll dann nur noch Fahrzeugen bestimmter Kategorien die Einfahrt in die Umweltzonen gestattet sein. Aktuell benötigen Sie in unserem Reisegebiet eine Plakette nur für das Stadtgebiet von Annecy. Quelle: http://de.france.fr/de/info/umweltzonen-frankreich.

Wie die weitere Entwicklung aussehen wird, weiß niemand. Es ist sicher ratsam, sich auf der angegeben Website vor Antritt der Reise über den Stand der Dinge zu informieren.

Wenn Sie dann betroffen sind, müssen Sie die Plakette kaufen und an der Windschutzscheibe von innen anbringen. Sie bekommen die Plakette über diese Seite www.certificat-air.gouv.fr. Von der Antragstellung bis zum Erhalt des Aufklebers müssen Sie mit mindestens vier Wochen Wartezeit rechnen.

Hinweistafeln "Toter Winkel"

Zum Schutz der Radfahrer müssen ab dem 01.01.2021 alle Fahrzeuge über 3,5 Tonnen mit einem Warn-Aufkleber ausgestattet sein. Wohnmobile sind davon nicht ausgenommen.

Drei Aufkleber sind in einer Höhe zwischen 90 und 150 Zentimeter anzubringen. Einer am Heck des Fahrzeuges und jeweils einer an der linken und rechten Seite im vorderen Bereich des Fahrzeuges, etwa einen Meter von der vorderen Stoßstange entfernt. Anbringungshinweise finden Sie auch in einem Video auf der Seite www.franceroutes.fr. Verstöße dagegen können mit einem Bußgeld der Klasse vier belegt werden, das sind zurzeit 135,00 €.

Die Hinweistafeln gibt es als selbstklebende Folie oder auch als Magnettafeln. Zu beziehen sind diese Tafeln z.B. hier www.reflexfolie.de und natürlich bei www.amazon.de.

Versorgung mit Lebensmitteln

In den Randbezirken der größeren Orte finden sich immer ein oder mehrere Supermärkte der großen Ketten Carrefour,

Leclerc, Super U, Intermarché oder andere. Die großen in Frankreich „Hypermarchés“ genannten Märkte werden gefolgt von den kleineren „Supermarchés“. Hier findet sich im Prinzip je nach Größe des Marktes von einem sehr reichhaltigen Lebensmittelangebot mit Obst, Gemüse, Frischwarentheke, Getränken, Kleidung und Drogerieartikeln eigentlich alles, was man unterwegs benötigt. Vielfach finden sich auch Abteilungen mit regional erzeugten Bioprodukten, auf die wir immer wieder gerne zugreifen. Diese finden sich auch häufig in den "Tante-Emma-Läden" in den kleineren Orten, die eine erstaunliche Produktvielfalt anbieten. Frisches Baguette kauft man natürlich am besten morgens in einer Boulangerie, das schmeckt unserer Erfahrung nach einfach besser als das aus dem Supermarkt. Gern suchen wir auch die Wochenmärkte in den Orten auf oder kaufen in den Sommermonaten Obst, Käse und Wurst auch mal am Straßenrand.

Wurstwaren auf einem Wochenmarkt.

Wann ist die beste Reisezeit?

Diese Frage ist so individuell zu beantworten wie die Frage nach dem schönsten Reiseziel. Es kommt eben auf den ganz persönlichen Geschmack an. Betrachten wir es zunächst mal aus technischer Sicht. In den Ferienmonaten Juli und August (ganz Frankreich macht da Ferien) ist natürlich am meisten los. Die Stellplätze sind voll, die Touristenhochburgen quellen über. Der Vorteil in dieser Zeit ist, dass dann auch Seilbahnen, die auf die Bergspitzen fahren, in Betrieb sind. Dies ist im Jura natürlich nicht so relevant wie in den Alpen, aber es gibt auch hier einige Seilbahnen, die nur zur Skisaison und in den Sommermonaten in Betrieb sind. Die für Besucher zugänglichen Höhlen sind in den Sommermonaten täglich geöffnet, außerhalb dieser Zeit oft nur an Sonn- und Feiertagen. Genaueres finden Sie bei den jeweiligen Beschreibungen der Höhlen. Ähnliches trifft auch für andere Sehenswürdigkeiten zu.

Außer in den Sommermonaten sind im Mai/Juni und September/Oktober die meisten WOMO-Stellplätze in Betrieb. In den anderen Monaten ist die Wasserversorgung auf diesen Plätzen nicht gewährleistet. Einige Stellplätze sind dagegen das ganze Jahr über geöffnet. Bei den Stellplatzbeschreibungen ist die Betriebsdauer immer angegeben. Dies ist insbesondere dann wichtig, wenn Sie vor Mai oder nach Oktober im Jura unterwegs sind.

Klimatisch betrachtet sind die Temperaturen mit dem südwestdeutschen Raum vergleichbar, vielleicht ein wenig wärmer. Auf den höchsten Höhen des Jura sind wir Anfang Mai noch durch den Schnee gestapft, während man in Besançon schon im Straßencafé seinen "café au lait" genießen konnte. Das ist zwischen Feldberg und Freiburg auch nicht anders.

Soll man das Fahrrad mitnehmen?

Wenn Sie es gewohnt sind, Rad zu fahren: Unbedingt! Wir haben einige Radtouren und Radtourvorschläge, für die nicht notwendigerweise ein e-bike benötigt wird. Entlang des Doubs oder rund um den Lac d'Annecy kann man auch mit einem ganz gewöhnlichen Hollandrad ohne Gangschaltung fahren. Das lohnt sich in jedem Fall. Natürlich gibt es auch eine Vielzahl von Mountainbike- oder Pass-Strecken, die Sie als sehr sportlicher Leser mit einem MTB oder Rennrad in Angriff nehmen können. Es ist für jeden etwas dabei.

Radtour am Doubs.

Angeln

Angeln ist beliebt in Frankreich. Es gibt kaum einen See, an dem nicht ein Angler steht oder sitzt. Wer diesem Hobby oder Sport nachgehen möchte, kann dies nur mit einer "carte de pêche" tun, die man bei den "office de tourisme" erwerben kann. An den Fischgewässern stehen in der Regel große Tafeln, die auf örtliche Bedingungen hinweisen.

Hunde

Gefühlt krabbelt aus jedem zweiten WOMO ein vierbeiniger Begleiter. Frankreich ist durchaus ein hundefreundliches Land, doch Nationalparke und besondere Naturschutzgebiete sind für Hunde tabu, auch wenn sie angeleint und gut erzogen sind. Das muss man wissen, wenn man seinen treuen Begleiter dabei hat. Wo man mit den Hunden nicht hinein darf, führen wir explizit bei den Beschreibungen noch einmal auf.

Das Mitführen eines EU-Heimtierausweises ist Pflicht. Eine Tollwutimpfung muss mindestens 30 Tage vor Grenzübertritt erfolgt sein und darf nicht länger als 12 Monate her sein.

Geht es auch ohne Französisch-Kenntnisse?

Unsere Sprachfertigkeiten sind weit entfernt davon perfekt zu sein. Doch mit Grundkenntnissen in der Sprache kommt man gut durch. In den Touristenhochburgen hilft englisch sehr gut weiter, vielfach sind wir auch mit deutschsprachigen Fremdenführern in Kontakt gekommen. Kurzum: Man muss nicht perfekt französisch sprechen, um dieses Land oder in unserem Falle diese Region bereisen zu können. Ein freundliches "bonjour" zu können, ist als Minimalanforderung allerdings notwendig, denn das hören Sie bei jeder Begegnung z.B. auf einer Wanderung immer in einem freundlichen Ton. Dann gebietet es doch die Höflichkeit ebenso freundlich mit einem "bonjour" zu antworten. Ein Sprachkurs an der VHS im Vorfeld der Reise ist nicht schlecht. Und dann gibt es auch noch die technischen Hilfsmittel, wie Wörterbücher oder Übersetzungstools als App fürs Smartphone.

Restaurants

Einen Gourmetführer haben wir nicht geschrieben. Eine Übersicht zu den Restaurantqualitäten unseres Reisegebietes können wir nicht liefern, dafür haben wir zu wenige aufgesucht. Wir erwähnen nur die Restaurants, die wir in guter Erinnerung haben und in denen wir auch selbst zugegen gewesen sind und etwas gegessen haben. Negative Kritiken werden Sie in diesem Buch nicht finden, das überlassen wir anderen. Für die Auswahl eines Restaurants gibt es mittlerweile sehr viele tools und Bewertungsportale, die Sie online abrufen können.

Zum Aufbau des Buches

Kommen wir nun zum Aufbau des Buches. Jede Tour beginnt mit einer Karte auf der linken Seite. In diesen Karten ist der Verlauf der Route mit einer roten Linie gekennzeichnet. Neben diesen Linien sind in den Karten die Ortsnamen, Sehenswürdigkeiten und Symbole aufgenommen, die in der Zeichenerklärung auf der hinteren Umschlagklappe erläutert werden. In einem leichteren Rot sind auch die benachbarten Touren auf den Karten zu sehen. Das soll Ihnen die individuelle Reiseplanung erleichtern. Tipp: Machen Sie sich vertraut mit den Symbolen und den Farben der Stellplätze, das erleichtert die Orientierung in den Karten erheblich.

Die Stell- und Campingplätze sind in den Karten fortlaufend durchnummeriert. Die zumeist ausführlichen Beschreibungen der Stell- und Campingplätze im Text nehmen diese Nummern wieder auf.

WOMO-Stellplätze

Die Stellplatzkästen sind orange-gelblich eingefärbt. Wir unterscheiden dabei zwischen den offiziellen und den nicht offiziellen Plätzen. Offiziell ist ein Stellplatz immer dann, wenn ein WOMO-Schild am Parkplatz zu sehen ist. Er muss keinerlei wohnmobilspezifische Einrichtungen haben. Die anderen, nicht offiziellen Stellplätze sind in der Regel Parkplatzareale, auf denen wir mit einem Wohnmobil stehen bleiben können. Das sind die Parkplätze, die einfach nur mit einem weißen P auf blauen Grund markiert sind.

Die Stellplatzbeschreibungen erfolgen immer nach demselben Schema. Zunächst werden die GPS-Koordinaten genannt, dann folgt die Höhenangabe in Metern, darauf folgt die Adresse. Da nicht jeder Stellplatz eine genaue Postadresse hat, müssen Sie damit rechnen, wenn Sie in ihr Navi die Adresse eingegeben haben, dass Sie nur näherungsweise zu dem Platz geführt werden. Eine zielgenaue Führung erreichen Sie nur mit den geografischen Koordinaten. Aber auch diese zielgenaue Führung kann problematisch sein, wenn Sie kein spezielles für Wohnmobile eingerichtetes Navigationsgerät benutzen. Deshalb achten Sie bitte auch auf die Beschreibung der Zufahrt, die am Ende einer Stellplatzbeschreibung immer aufgeführt ist. Diese Beschreibungen berücksichtigen Straßenbreiten, Durchfahrtshöhen und Gewichtsbeschränkungen, auf die ihr Navi unter Umständen keine Rücksicht nimmt. Nicht immer ist der kürzeste Weg auch der beste. Tipp: Über die Homepage des Verlages können Sie die GPS-Koordinaten dieses Buches als GPX-Datei bestellen und anschließend auf Ihr Navi kopieren. Damit ersparen Sie sich das lästige Abtippen der Koordinaten oder der Adresse.

Hier dürfen Sie tagsüber parken, aber nicht übernachten.

Klassisches Hinweisschild für einen Wohnmobilstellplatz.

Zurück zu den Stellplatzkästen. Nach den GPS-Koordinaten und der Adresse folgt die Angabe, wie viele Wohnmobile maximal auf dem Stellplatz geparkt werden können. Wir geben ebenfalls an, wie lang das Fahrzeug maximal sein kann. Bei dieser Angabe ist nicht davon auszugehen, dass alle Stellflächen des Platzes die maximale Länge zulassen. Soweit wir es in Erfahrung bringen konnten, haben wir auch vermerkt, wie lange Sie auf diesen Stellplätzen verweilen dürfen.

In der Beschreibung führen wir auch auf, welche Ausstattungsmerkmale die Anlagen haben. Wir beschreiben, wie der Untergrund des Stellplatzes beschaffen ist, sagen, ob Sie Keile benötigen, um ihr Fahrzeug waagerecht zu stellen, führen auf, ob Sie Wasser tanken können, ob Sie entsorgen können und ob eine Stromversorgung möglich ist. Wenn es sich um einen hochmodernen neuzeitlichen Stellplatz handelt, der in Servicegebäuden Waschmaschine, Wäschetrockner oder einige andere Serviceeinrichtungen anbietet, so führen wir diese ebenfalls auf. Wir gehen auch auf die Umgebungsgeräusche der Stellplätze ein. Wir sagen Ihnen, ob Sie in der Nacht mit Ruhe rechnen können oder ob es wahrscheinlich laut sein wird. Natürlich haben wir nicht auf allen Stellplätzen übernachtet, die wir beschrieben haben. Wir trauen uns aber aufgrund unserer langjährigen Erfahrung zu, die Lage einigermaßen richtig einschätzen zu können. Natürlich sagen wir Ihnen auch, ob der Stellplatz schattig ist oder nicht. Ist er schattig, so müssen Sie mit eingeschränktem Satellitenempfang rechnen. Die Entfernung von den Stellplätzen zu den jeweiligen Sehenswürdigkeiten der Stadt oder der Region ist in der Regel immer angegeben.

Wir nennen Ihnen alle Preise, die auf den Stellplätzen für die angebotenen Leistungen bezahlt werden müssen.

Frankreich ist ein wohnmobilfreundliches Land und Sie dürfen überall im Fahrzeug übernachten, wo es nicht ausdrücklich verboten ist. Es gibt aber auch hier eine ganze Reihe von Plätzen, die eine Zufahrt durch Abgrenzungen in zwei Metern Höhe (teilweise noch niedriger) unmöglich machen. Und es gibt Plätze, wo ein großes Schild darauf hinweist, dass Parken für WOMOs am Tag zwar erlaubt, eine Übernachtung aber nicht gestattet ist.

Fast alle offiziellen Stellplätze in unserem Reisegebiet, die eine Versorgungseinrichtung aufweisen, haben für die Entsorgung des Grauwassers eine große Betonwanne mit einer in der Mitte verlaufenden Ablaufrinne. Hier fährt man einfach drüber, öffnet das Ablaufventil, fertig. Unterschiedlicher ist da schon die Entsorgung der Chemietoilette, in diesem Punkt gibt es alle möglichen Varianten. Sie sind nicht schwer zu verstehen oder zu bedienen, meistens geht dies kostenfrei. Die Frischwasserversorgung ist dagegen vielfach kostenpflichtig.

Hier gilt zu beachten, dass oft Jetons erforderlich sind, die es bei der Touristinformation (Office de Tourisme) und/oder bei einem in der Nähe befindlichen Supermarkt oder Laden zu kaufen gibt. An den jeweiligen Aushängen der Stellplätze werden Sie über die vorhandenen Bezugsquellen informiert. Mit Euromünzen können Sie diese Automaten nur selten bedienen. Bei den Stellplatzbeschreibungen haben wir aufgeführt, ob Sie Jetons benötigen oder mit Münzen zahlen können. Wir haben die Preise so angegeben, wie wir sie im Jahre 2020 vor Ort vorgefunden haben.

Typische Ver- und Entsorgungsstation.

Flot Bleu Versorgungsstation.

Kartenzahlung für die Stellplatzgebühr, für die Wasserentnahme oder für die Entsorgung ist in Frankreich inzwischen weit verbreitet. Bei den neuen Versorgungsstationen vom Typ "Flot Bleu" (siehe Foto) funktioniert die Bezahlung mit der EC-Karte und PIN. Das geht relativ einfach. Die Menüführung erfolgt in deutscher Sprache, das Öffnen der Tür, hinter der sich der Frischwasserhahn und der Ausguss der Toilette befinden, erfolgt nach Knopfdruck, springt aber nicht automatisch auf, man muss sie aufziehen. Der Ausguss für die Chemietoilette und die Aufhängung für die Frischwasserpistole sind dicht beieinander angeordnet, das hat uns bei diesen Anlagen allerdings aus hygienischer Sicht etwas gestört.

Ein Stromanschluss ist vielfach nur direkt an der Versorgungsstation vorhanden, wenn überhaupt. Plätze mit vielen Steckdosen für die Stromversorgung sind die Ausnahme.

Als Fotomodell verwenden wir, soweit es freie Plätze gibt, unseren Deth-

Unser Fotomodell.

leffs Fortero auf der Basis eines Ford-Transit, der Ihnen auf unseren Stellplatzfotos in diesem Buch oft begegnen wird.

Gern wird immer wieder in den Verkaufsprospekten von Wohnmobilen das Fahrzeug am Meeresstrand oder am Seeufer mit freundlich und glücklich dreinblickenden Menschen gezeigt. Auch im Verlag galt und gilt immer noch das "freie Stehen" als das Nonplusultra des Wohnmobilurlaubs. Das ist im Jura auch kein Problem. Sie werden an vielerlei Orten Wanderparkplätze finden, die dies möglich machen. Nur sind nicht alle optimal geeignet, was an einer vorbeiführenden verkehrsreichen und damit lauten Straße oder einer Hanglage liegen kann.

WOMO-Badeplätze

Die WOMO-Badeplätze erscheinen in blauer Farbe. Auch hier unterscheiden wir zwischen offiziellen und inoffiziellen Plätzen. Stellplätze an Thermen oder Freibädern werden von uns als Badeplätze definiert. Wir verweisen in diesem Buch auch auf Naturbadeseen und Flussbadestrände, in dessen Nähe sich häufig Stellplätze befinden. Die Beschreibungen folgen dem Schema der gelb-orangenen Kästen.

WOMO-Wander- und Picknickplätze

Dies trifft auch für die Wanderparkplätze zu, die in grüner Farbe erscheinen und für die Picknickplätze, die violett dargestellt sind. Hier ist zumeist davon auszugehen, dass eine Infrastruktur für Wohnmobile nicht vorhanden ist. Meistens sind es aber gute und vor allem kostenlose Übernachtungsplätze abseits der Durchgangsstraßen, wenn die Einsamkeit nicht stört.

Klassischer Wanderparkplatz.

WOMO-Campingplätze

Campingplätze, die in einem hellen Grün erscheinen, nehmen in diesem Buch einen breiten Raum ein. Die Ausstattungsmerkmale dieser Plätze sind bei den Beschreibungen aufgeführt. Dies soll Ihnen die Wahl erleichtern, den für Sie passenden Ort zu finden. Wir haben aus Platzgründen nicht alle Campingplätze aufnehmen können. Aufgenommen haben wir nur die, die wir uns auch angeschaut haben. Nicht von allen zeigen wir ein Foto. Hier sind wir etwas zurückhaltender, weil wir nicht Personen ungefragt in diesem Buch abbilden möchten. Dort, wo ein aussagekräftiges Bild aus größerer Distanz möglich war und wir Persönlichkeitsrechte nicht tangiert sehen, haben wir es aufgenommen. Um Ihnen den Buchungsvorgang eines Campingplatzes zu erleichtern, haben wir sowohl die Webseiten als auch die Telefonnummern der Campingplatzbetreiber aufgeführt.

Campingplatz am Lac d'Annecy.

WOMO-Gasthöfe/Winzerhöfe

Bleiben zum Schluss noch die Gasthöfe, die eine Übernachtung auf ihren Gästeparkplätzen zulassen. Fast immer werden diese Plätze kostenlos angeboten und es versteht sich eigentlich von selbst, dass dies mit der Einkehr in den jeweiligen Gasthof verbunden ist. Eine sehr gute Gelegenheit, die regionale Küche und die regionalen Biere oder Weine kennenzulernen. Als Besonderheit sind im Jura die Winzerhöfe zu nennen, die den Wohnmobilisten eine Fläche auf dem Hof zur Verfügung stellen. Sie sind in der Regel nicht kostenpflichtig, wenn Sie eine bestimmte Menge Wein einkaufen.

Sehenswürdigkeiten

Nicht alle Sehenswürdigkeiten haben wir ausführlich beschrieben. Vielfach haben wir es dabei belassen, sie nur stichwortartig aufzuführen. Wenn wir uns aber einer Sehenswürdigkeit ausführlicher gewidmet haben, so haben wir auch immer die Öffnungszeiten und die Eintrittspreise dazu geschrieben. Bei den Eintrittspreisen haben wir nicht alle Rabatte und Vergünstigungen notiert. Wir haben den Eintrittspreis eines normalen Erwachsenen angegeben. Um die aktuellen Preise und Öffnungszeiten zu erfahren, gehen Sie bitte auf die jeweilige Homepage der Sehenswürdigkeit, die wir in der Regel der Beschreibung hinzugefügt haben. Die ausführlichen Erläuterungen erscheinen in einem hellgelben Kasten.

Wanderungen und Radtouren

Etwas ausführlicher dargestellte Wanderungen und Radtouren erscheinen in einem grünen Kasten. Nicht immer verweisen wir dabei auf eine Wanderkarte. Häufig ist die Beschilderung vor Ort so gut, dass man auch ohne eine Wanderkarte zurechtkommt. Für die Orientierung nutzen wir unser Smartphone und Google Maps. Damit kommt man in der Regel sehr gut aus. Wir verweisen vielfach auf Internetadressen, von denen Sie gpx-Daten für Ihr Wandernavigerät herunterladen können. Oft helfen auch schon die ebenfalls im Downloadbereich angebotenen Karten und Beschreibungen oder die Wanderkarte am Parkplatz, die Ihnen eine Orientierung auf Ihren Wanderungen erleichtern.

Wanderung im Jura.

Aktualität und Resonanz der Leser

Ein gedrucktes Buch verliert im Laufe der Zeit seine Aktualität. Stellplätze kommen hinzu oder werden geschlossen, die Preise und Öffnungszeiten verändern sich, Straßen werden verlegt oder in Ihrer Nummerierung geändert. Sobald wir von wesentlichen Veränderungen in unserem Reisegebiet erfahren, teilen wir dies in dem Forum des WOMO-Verlages mit. Schauen Sie hier www.forum.womoverlag.de nach, bevor Sie sich mit diesem Buch auf die Reise begeben, ob es zwischenzeitlich Veränderungen oder Aktualisierungen zu diesem Buch gegeben hat.
Sollten Ihnen bei der Nutzung dieses Buches Fehler auffallen oder sollten Sie feststellen, dass getroffene Aussagen in diesem Buch nicht mehr aktuell sind, so teilen Sie uns das bitte mit. Am liebsten ist uns hier eine E-Mail, die Sie an diese Adresse senden können: newe@womo.de.
Erstaunlicherweise bekommen wir von unseren Lesern recht wenig Resonanz. Nicht gemeckert ist gelobt genug, sagt der Schwabe. Ob diese Sichtweise so zutrifft, wissen wir nicht. Hinweise auf Fehler in unseren Büchern sind sehr selten. Das ist natürlich schön, noch schöner ist es, wenn ein positives Feedback kommt, so wie sie bei unserem Buch über die französischen Alpen in den Amazon-Rezensionen zu lesen sind.
Wie auch immer, trauen Sie sich uns eine kurze Notiz zu schreiben, und teilen Sie uns mit, wie Sie mit diesem Buch zurechtgekommen sind, ob Veränderungen vorgenommen werden sollten oder was Sie besser machen würden. Wir werden es für die nächste Auflage berücksichtigen.
Für Ihre Mühe danken wir, wollen es nun mit dieser Gebrauchsanweisung belassen und endlich die Reise starten.

N
nach Frankfurt a.M., Köln, Ruhrgebiet
nach Würzburg, Kassel
Worms
Ludwigshafen
Mannheim
Heidelberg
001
nach Nürnberg
Bad Dürkheim
Neustadt a.d.W.
Kaiserslautern
Rhein
Heilbronn
Band 13: Mit dem Wohnmobil durch die Pfalz
Bruchsal
Band 18: Mit dem Wohnmobil n. Baden-Württemberg
Landau
Bad Bergzabern
KARLSRUHE
Ludwigsburg
002
Ettlingen
003
STUTTGART
Pforzheim
Rastatt
004
Sindelfingen
nach Ulm, München
Baden-Baden
Calw
Haguenau
Tübingen
Hornisgrinde 1164
Nagold
Mummelsee
Reutlingen
Sasbachwalden
Nationalpark Schwarzwald
006
Band 6: Mit dem Wohnmobil ins Elsass
005
Allerheiligenfälle
Freudenstadt
Horb
Neckar
STRASBOURG
Kehl
Oberkirch
013
008
Oppenau
007
Offenburg
Band 16: Mit dem Wohnmobil in den Schwarzwald
Schiltach
Balingen
FRANKREICH
014
Band 18: Mit dem Wohnmobil n. Baden-Württemberg
Vogtsbauernhof
Seelbach
Gutach
Rottweil
015
Rust
Ettenheim
nach Biberach, Memmingen
Sélestat
Europapark
009
Schwenningen
Villingen-
Emmendingen
Donaueschingen
010
Kaiserstuhl
016
nach Friedrichshafen, Kempten
FREIBURG
Colmar
Breisach
011
Ravennaschlucht
017
Blumberg
Singen
012
Neuf-Brisach
Neustadt
Feldberg 1493
Titisee-
Bad Krozingen
Schluchsee
Schaffhausen
Rheinfall
018
SCHWARZWALD
MULHOUSE
Bad Bellingen
Tiengen
Start Tour 1
021
Waldshut-
Rheinfelden
019
Band 51: Mit dem Wohnmobil in die Schweiz (O.)
Lörrach
Bad Säckingen
Dannemarie
BASEL
020
ZÜRICH
Band 50: Mit dem Wohnmobil in die Schweiz (W.)
SCHWEIZ

Anreise

Entlang der A5:

Heidelberg – Karlsruhe – Ettlingen – Rastatt – Sasbachwalden – Oberkirch – Kehl – Rust – Emmendingen – Freiburg – Breisach

Über die A81 und durch das Kinzigtal:

Freudenstadt – Schiltach – Gutach – Seelbach

Über die B31 Donaueschingen – Freiburg:

Donaueschingen – Ravennaschlucht

Entlang des Hochrheins:

Schaffhausen – Waldshut-Tiengen – Bad Säckingen – Bad Bellingen

Stellplätze:	Heidelberg, Karlsruhe, Allerheiligenfälle, Bad Bellingen, Bad Säckingen, Breisach, Donaueschingen, Emmendingen, Ettlingen, Ravennaschlucht, Freiburg, Freudenstadt, Kehl, Oberkirch, Oppenau, Rastatt, Sasbachwalden, Schaffhausen, Schiltach, Seelbach, Waldshut-Tiengen.
Ver-/Entsorgung:	Heidelberg, Bad Bellingen, Bad Säckingen, Breisach, Donaueschingen, Emmendingen, Ettlingen, Freiburg, Freudenstadt, Kehl, Oberkirch, Rastatt, Sasbachwalden, Schaffhausen, Schiltach, Seelbach, Waldshut-Tiengen.
Besichtigungen:	Heidelberg (Altstadt, Schloss), Karlsruhe (Schloss, Stadtgarten), Ettlingen (Schloss, Altstadt), Rastatt (Schloss), Sasbachwalden (Altstadt, Wasserfälle), Strasbourg (Kathedrale, Petite France), Freudenstadt (Marktplatz), Schiltach (Fachwerkstadt), Gutach (Vogtsbauernhof), Rust (Europapark), Freiburg (Altstadt, Münster), Breisach (Münster, Vauban-Festung in Neuf-Brisach), Schaffhausen (Rheinfall), Waldshut (Altstadt), Bad Säckingen (Altstadt, überdachte Rheinbrücke), Bad Bellingen (Kurpark, Altstadt).
Wandern:	Nationalpark Schwarzwald, Allerheiligenfälle, Ravennaschlucht.
Baden/Wellness:	Karlsruhe (Rheinstrandbad Rappenwört), Ettlingen (Freibad), Rastatt (Alohra-Freizeitbad), Freudenstadt (Panorama-Bad), Bad Bellingen (Therme).

Bekanntlich führen viele Wege nach Rom. Diese Redewendung lässt sich natürlich auch für den Weg in den französischen Jura verwenden.

Wir wissen nicht, aus welcher Ecke Deutschlands Sie anreisen. Wir gehen aber davon aus, dass Sie, bevor Sie den Jura erreichen, schon einige Hundert Kilometer hinter sich bringen müssen. Es liegt also der Gedanke nahe, dass Sie nicht an einem Stück in unser Reisegebiet fahren werden und vorher einen oder vielleicht auch zwei Zwischenstopps einlegen wollen.

Für den Südwesten Deutschlands, wo wir zu Hause sind und uns bestens auskennen, schlagen wir Ihnen deshalb einige aus unserer Sicht attraktive Zwischenziele vor, die sich für eine Übernachtung eignen und gleichzeitig Interessantes zu bieten haben. Wir machen das im Sauseschritt, denn für den gesamten Bereich des südwestdeutschen Raumes und seiner Nachbarregionen gibt es bereits WOMO-Bücher die wir Ihnen ans Herz legen, sollten Sie für Ihre Reise viel Zeit mitbringen. Wenn Sie also bei der Anreise über eines dieser Gebiete mehr wissen möchten, so finden Sie die Hinweise zu den jeweiligen Titeln auf Seite 26 in der Karte in einem blauen Kasten genannt. Unsere Kurzbeschreibungen orientieren sich an den Verkehrswegen, die in einem blassen Rot in dieser Karte dargestellt sind. Sie enden in Mulhouse, dort starten wir unsere Reise durch den Jura.

Entlang der A5:

Heidelberg ist ganz sicher eines der attraktivsten Reiseziele in Deutschland, das von Touristen aus aller Welt gern besucht wird. Wer schon auf dem Weg in den Süden ist und diese Stadt noch nicht gesehen hat, der sollte nicht versäumen, die Altstadt und die Schlossruine zu besichtigen. Ausführlich haben wir diesen Ort in unserem Buch über Baden-Württemberg (Band 18) beschrieben. An dieser Stelle wollen

(001) Offizieller WOMO-Stellplatz: Heidelberg

GPS: N49°23'30.3" E8°40'16.1",106 m; Harbigweg 3, 69124 Heidelberg.
Max. WOMOs: 48, maximale Länge 10 m, max. Aufenthalt 10 Tage.
Ausstattung: Geräumiger geschotterter Platz mit Wasserver- und Abwasserentsorgung mit Bodeneinlass (im Winter beheizt), Kassettenentleerung, Stromanschlüsse, Behälter für die Müllentsorgung, schattenlos, WiFi, ganzjährig geöffnet.
Beschreibung: Zwischen Messplatz und Sportgelände. Bis zur Stadtmitte sind es rund 3 km, die per Rad oder ÖPNV leicht zu bewältigen sind. Angrenzend stehen ein Biergarten mit Strandbereich, Minigolf, Hüpfkissen und eine Bouleanlage zur Verfügung. Supermarkt, Bäckerei und Tankstelle in 800 Metern Entfernung.
Preise: 15,00 € für ein Fahrzeug mit vier Personen und zwei Hunden. Alle Ver- und Entsorgungsleistungen sind im Preis enthalten.
Zufahrt: Der Beschilderung zum Sportzentrum Süd folgen.

wir nur auf den Stellplatz hinweisen, von dem Sie die Innenstadt schnell erreichen können.

Auch **Karlsruhe** ist eine attraktive und interessante Stadt. Sehenswert sind vor allem das Schloss mit dem großen Park, der Botanische Garten und der Stadtgarten, der eine Mischung aus Zoo und Parkanlage bietet. Auch diesen Ort haben wir in unserem Band über Baden-Württemberg ausführlich beschrieben. Mit einem attraktiven offiziellen Stellplatz kann die Stadt allerdings nicht aufwarten. Wenn Sie auf Strom- und Wasserversorgung für eine Nacht verzichten können, empfehlen wir Ihnen den großen und schattigen Parkplatz am **Rheinstrandbad Rappenwört** [**002:** N48°59'54.9" E8°17'49.4"]. Er befindet sich am Ende der Hermann-Schneider-Allee im Südwesten der Stadt. Mit der Tram kommen Sie bei Bedarf von diesem Platz bequem in die Innenstadt. Dieser Platz ist rund 10 Kilometer von der Autobahn entfernt und in der Nacht absolut ruhig.

Parkplatz Strandbad Rappenwört.

Wesentlich näher an der Autobahn liegt der Stellplatz in **Ettlingen**. Er befindet sich in unmittelbarer Nähe des Freibades. In dem reizvollen Städtchen mit dem sehenswerten Schloss kann man mit einem Bummel durch die abendliche Altstadt in Kombination mit einem Restaurantbesuch den Tag schön ausklingen lassen.

(003) Offizieller WOMO-Badeplatz: Ettlingen

GPS: N48°56'10", E8°25'03", 140 m; Schöllbronner Str. 69, 76275 Ettlingen.
Max. WOMOs: 10, maximale Länge 9 m.
Ausstattung: Asphaltierter, gepflasterter Platz mit Wasserversorgung und Entsorgung mit Bodeneinlass, Kassettenentleerung, 4 Stromanschlüssen, Behälter für die Müllentsorgung, max. Aufenthaltsdauer: 48 h, ganzjährig geöffnet.
Beschreibung: Ortsrandlage am Albgaubad (Hallen- und Freibad), nachts ruhig.
Preise: Der Platz ist gebührenfrei, 2 € für ca. 100l Wasser, 2 € für 8 h Strom.
Zufahrt: A5 Abfahrt Karlsruhe-Süd durch die Innenstadt 5 Kilometer.

In **Rastatt** liegt der Stellplatz sechs Kilometer von der A5 entfernt. Sehenswert sind das Schloss, das vom Stellplatz zu

(004) Offizieller WOMO-Badeplatz: Rastatt

GPS: N48°51'14.6" E8°11'55.8", 117 m; An der Bastion 6, 76437 Rastatt.
Max. WOMOs: 5, maximale Länge 10 m.
Ausstattung: Gepflasterter Platz mit Wasserversorgung und Entsorgung

mit Bodeneinlass, Kassettenentleerung, 4 Stromanschlüsse, Behälter für die Müllentsorgung, max. Aufenthaltsdauer: 48 h, ganzjährig geöffnet.
Beschreibung: Ortsmitte, neben dem Familienbad ALOHRA, nachts ruhig.
Preise: 7,00 € für ein Fahrzeug, 2,00 € für ca. 100l Wasser, 1,50 € für 5 h Strom, Wertmarken an der Kasse des Familienbades.
Zufahrt: Von der B3 in den Leopoldring abbiegen, 500 Meter.

(005) Offizieller WOMO-Stellplatz: Sasbachwalden

GPS: N48°37'09.6" E8°07'16.8", 218 m; Bachmatt 5, 77887 Sasbachwalden.

Max. WOMOs: >5, maximale Länge 9 m.
Ausstattung: Befestigter Platz mit Wasserversorgung und Entsorgung mit Bodeneinlass, Kassettenentleerung, Stromanschlüssen, Behälter für die Müllentsorgung, max. Aufenthalt: 48 h, ganzjährig geöffnet.
Beschreibung: Ortseingang hinter der Alde Gott Winzergenossenschaft, nachts ruhig.
Preise: 10,00 € für ein Fahrzeug mit zwei Personen, 1,00 € für ca. 100l Wasser, 1,00 € für 8 h Strom, Münzautomat.
Zufahrt: A5, Abfahrt Achern, 8 Kilometer bis Sasbachwalden.

Fuß zu erreichen ist und die barocke Altstadt. Ettlingen und Rastatt finden Sie ebenfalls in unserem Band über Baden-Württemberg beschrieben.

In **Sasbachwalden** liegt der Stellplatz direkt hinter dem Gebäude der Winzergenossenschaft Alde Gott, acht Kilometer von der A5 entfernt. Der Ort ist ein reizvolles Fachwerkstädtchen mit ausgezeichneter Gastronomie.

Etwas weiter weg ist der Parkplatz der **Allerheiligenfälle**, 24 Kilometer von der Abfahrt Achern. Hier steht man ganz einsam und allein auf einem Wanderparkplatz am Lierbach, am Rande des **Nationalparks Schwarzwald**. Die sehenswerten Wasserfälle sind nur wenige Meter von diesem Platz entfernt [**006:** N48°31'43.3" E8°11'16.9"].

Eine Bademöglichkeit bietet das Freibad neben dem offiziellen Stellplatz der Stadt **Oppenau**. Er liegt sieben Kilometer südlich der Allerheiligenfällen [GPS: N48°28'36.0" E8°10'11.7"].

Ein beliebter Etappenplatz ist in Oberkirch, zwölf Kilometer von der Autobahn entfernt anzutreffen. Die schöne Altstadt ist zu Fuß bequem vom Platz erreichbar. Die Stadt ist bekannt für den Weinbau und für ihre Schnapsbrennereien. Beliebtes Ausflugsziel ist die Ruine Schauenburg, die sich oberhalb des Ortes befindet.

In **Kehl** ist der Stellplatz elf Kilometer von der A5 entfernt. Hier bietet sich ein Besuch von **Straßburg** an. Mit der Tram lässt sich die Stadt vom Bahnhof Kehl (1,8 km zu Fuß) bequem erreichen.

(007) Offizieller WOMO-Stellplatz: Oberkirch

GPS: N48°31'43.9" E8°04'22.8", 189 m; Renchallee 7, 77704 Oberkirch.
Max. WOMOs: 37, maximale Länge 10 m.
Ausstattung: Befestigter Platz. Wasserver- und entsorgung (mit Bodeneinlass = offener Gulliabfluss) abseits des Platzes, max. Aufenthaltsdauer: 7 Tage, ganzjährig geöffnet.

Beschreibung: Ortsrand an der Rench neben einem Sportgelände, nachts ruhig.
Preise: 8,00 €, für ein Fahrzeug mit 2 Personen, 1,00 € für ca. 50l Wasser, 0,50 € für 1 kWh Strom über Münzautomat, 40 Stromanschlüsse.
Zufahrt: A5, Abfahrt Appenweier, 12 Kilometer.

(008) Offizieller WOMO-Stellplatz: Kehl

GPS: N48°33'48.4" E7°48'50.0", 136 m; Schwimmbadstraße, 77694 Kehl.
Max. WOMOs: 35, maximale Länge 10 m.
Ausstattung: Befestigter Platz mit Wasserversorgung und Entsorgung mit Bodeneinlass, Kassettenentleerung, 35 Stromanschlüsse, Behälter für die Müllentsorgung, Brötchenservice, max. Aufenthaltsdauer: 48 h, ganzjährig geöffnet.

Beschreibung: Am Wasserturm neben einem Sportgelände, Schwimmbad in der Nähe, nachts ruhig. Bis zum Rheinufer und dem Aussichtsturm sind es 500 Meter, bis in die Innenstadt von Kehl rund 1000 Meter.
Preise: 8,00 €, für ein Fahrzeug mit 2 Personen, 1,00 € für ca. 50l Wasser, Strom 1,00 € für 2 kWh über Münzautomat.
Zufahrt: A5, Abfahrt Appenweier, 11 Kilometer.

Für Fans von Freizeitparks: Der **Europapark** ist 5 Kilometer von der Abfahrt Rust entfernt.

Im krassen Gegensatz zur Lautstärke und dem Getümmel auf dem Gelände des Europaparks, steht eine ruhige Kahnfahrt im Naturschutzgebiet **"Taubergießen"**, eines der größten Naturschutzgebiete des Landes Baden-Württemberg in unmittelbarer Nähe des Freizeitparks.

Der acht Kilometer von der Autobahn entfernt liegende Stellplatz in **Emmendingen** ist ein guter Übernachtungsplatz. Er ist kostenpflichtig und wer nur eine Runde schlafen will, wird sich nicht daran stören, dass der Platz wenig attraktiv ist. Die

(009) Offizieller WOMO-Stellplatz: Europapark Rust

GPS: N48°16'21.3" E7°43'00.5", 164 m; Rheinweg 5, 77977 Rust.
Max. WOMOs: 200, maximale Länge 10 m.
Ausstattung: Befestigter Platz mit Wasserversorgung und Entsorgung mit Bodeneinlass, Kassettenentleerung, Stromanschlüsse, Brötchenservice, Frühstücksraum, Restaurant, Kiosk, Imbiss, Sportanlagen, Behälter für die Müllentsorgung, max. Aufenthaltsdauer: >48 h, geöffnet von April – Januar.

Beschreibung: Asphaltfläche hinter dem Europapark. Bis zum Eingang des Parks sind es nur wenige Meter.
Preise: 2,50 € pro Stunde, bei Übernachtung 40,00 € pro Tag. Ver- und Entsorgung sowie die Stromversorgung sind im Preis enthalten.
Zufahrt: A5, Abfahrt 57b Rust, 5 Kilometer, den Hinweisen zum Europapark folgen.

(010) Offizieller WOMO-Stellplatz: Emmendingen

GPS: N48°07'06.2" E7°50'29.0", 199 m; Am Sportfeld 25, 79312 Emmendingen.
Max. WOMOs: 10, maximale Länge 12 m.
Ausstattung: Asphaltierter Platz mit Wasserver- und entsorgung am Rande des Platzes, Kassettenentleerung, Behälter für die Müllentsorgung, max. Aufenthaltsdauer: 72 h, ganzjährig geöffnet.

Beschreibung: Das Zentrum ist einen Kilometer entfernt, vorbeifahrende Güterzüge sind nachts hörbar.
Preise: 7,00 € pro Fahrzeug, 1,00 € für ca. 80l Wasser, 050 € für die Entsorgung.
Zufahrt: A5, Abfahrt 59 Riegel, 8 Kilometer bis nach Emmendingen.

(011) Offizieller WOMO-Stellplatz: Freiburg

GPS: N48°00'57.8" E7°50'06.4", 244 m; Suwonallee 1, 79108 Freiburg i.Br.
Max. WOMOs: 80, maximale Länge 9 m,
Ausstattung: Befestigte Plätze auf Rasengittersteinen. Wasserversorgung und Entsorgung mit Bodeneinlass, Stromversorgung, max. Aufenthaltsdauer: 7 Tage, ganzjährig geöffnet. Der Stellplatz ist bei Heimspielen des FC geschlossen.
Beschreibung: In der Nähe des neuen Stadions des FC Freiburg und des Messegeländes. Entfernung zur Innenstadt (Münster) rund drei Kilometer.
Preise: 13,00 € für ein Fahrzeug mit zwei Personen und Hund. Ver- und Entsorgung sind im Preis enthalten, Strom 1,00 € pro kWh.
Zufahrt: A5, Abfahrt Freiburg-Mitte, dann den Hinweisen zum Stadion/ Messe folgen.
Reservierung/Kontakt: E-Mail: kontakt@stellplatz-freiburg.de,
Web: www.stellplatz-freiburg.de.

Güterzüge der Rheintalstrecke sind hörbar, stören die Nachtruhe aber nicht wirklich.

Wer auf der Fahrt in den Jura in **Freiburg** vorbeischauen möchte, der sollte sich seinen Stellplatz in der Nähe des neuen Stadions vorher reservieren. Der Platz ist quasi immer ausgebucht. Die Reservierung kann online erfolgen. Ein Bummel durch die Altstadt ist sicher eine lohnenswerte Unterbrechung der Reise.

Die Fahrt zum Stellplatz **Breisach** führt durch den schönen **Kaiserstuhl**, einem Weinanbaugebiet ersten Ranges mit einigen netten Winzerorten. Um dorthin zu gelangen, nehmen Sie bitte die Abfahrt 59 Riegel. Von der Abfahrt bis zum Stellplatz sind es rund 24 Kilometer. In Breisach lohnt es sich neben der Besichtigung des Städtchens auch auf die andere Rheinseite nach **Neuf-Brisach** zu fahren und sich dort die **Vauban-Festung** anzuschauen. Sie ist eine der Meisterleistungen des Festungsbaumeisters, dessen Werke uns im Jura und in den Alpen noch sehr oft begegnen werden, aber nicht in diesem absolut symmetrischen Grundriss, wie er sich nur hier in der Ebene verwirklichen ließ.

Wenn Sie schon in Neuf-Brisach sind, können Sie auch gleich nach Mulhouse weiterfahren, ohne erst nach Deutschland zurückzukehren.

(012) Offizieller WOMO-Stellplatz: Breisach

GPS: N48°01'46.6" E7°34'31.6", 192 m; Josef Bueb Strasse, 79206 Breisach.
Max. WOMOs: 80, maximale Länge 10 m.

Ausstattung: Asphaltierter Platz mit Wasserversorgung und Entsorgung mit Bodeneinlass, Kassettenentleerung, Behälter für die Müllentsorgung, max. Aufenthaltsdauer: 72 h, ganzjährig geöffnet.

Beschreibung: Am Rheinufer, zwischen Hafen und Parkanlage, 500 Meter bis zum Zentrum, mit einigen Restaurants und Weinlokalen.

Preise: 6,00 € für eine Nacht, 10,00 € für zwei Nächte und 13,00 € für drei Nächte, 1,00 € für ca. 50l Wasser, 1,00 € für Abwasser. Der Automat (bei der Ausfahrt rechts) funktioniert mit Münzgeld, Geldscheinen, EC-Karte und Kreditkarte. Die Entsorgung ist kostenfrei.

Zufahrt: A5, Abfahrt Riegel, 24 Kilometer.

Von Neuf-Brisach nach Mulhouse, zum Beginn der **Tour1**, sind es über die D2 und die gebührenfreie A35 rund 40 Kilometer.

Wenn Sie von Norden über die A81 kommen, dann empfehlen wir Ihnen, die Autobahn an der Ausfahrt Horb zu verlassen, nach **Freudenstadt** zu fahren und danach durch das

Kinzigtal hinunter Richtung A5 den Weg fortzusetzen. Allein die Fahrt durch dieses Tal ist reizvoll. Der Stellplatz am Panorama-Bad ist wegen seines leichten Gefälles zwar nicht optimal, aber er bietet zumindest eine Versorgungseinrichtung und das **Panorama-Bad,** eine Kombination aus Hallenfreizeitbad mit Wasserrutschen und Wellnesseinrichtungen sowie einem Freibad mit Panoramablick ist ganz sicher eine attraktive Freizeiteinrichtung. Das Bad finden Sie in der Ludwig-Jahn-Straße, 72250 Freudenstadt, mit diesen GPS-Koordinaten [**013:** N48°28'17.2" E8°24'46.0"].

Das Fachwerkstädtchen **Schiltach** lohnt es sich anzuschauen. Der Stellplatz liegt direkt an der Kinzig und ist sehr nah am Zentrum des Ortes.

(014) Offizieller WOMO-Stellplatz: Schiltach

GPS: N48°17'28.1" E8°20'33.0", 328 m; Gerbergasse, 77761 Schiltach.
Max. WOMOs: 10, maximale Länge 9 m.

Ausstattung: Befestigter Platz mit Wasserversorgung, Stromanschlüsse, Behälter für die Müllentsorgung, max. Aufenthaltsdauer: 24 h, ganzjährig geöffnet.
Beschreibung: Ortsmitte, direkt an der Kinzig, hinter dem Modehaus Trautwein, nachts ruhig. Die Wasserversorgung ist in der Frostperiode abgestellt.
Preise: Kostenlos. Strom und Wasser gegen Spende.
Zufahrt: Im Zentrum an der ersten Brücke rechts und hinter der Brücke gleich scharf links abbiegen. Die Einfahrt zum Stellplatz ist sehr eng.

Von Schiltach zum **Freilichtmuseum Vogtsbauernhof** sind es 17 Kilometer. Verfehlen kann man ihn auf der Strecke talabwärts nicht. Auf dieses besondere Museum wird vielfach an der Straße hingewiesen. Trotzdem geben wir Ihnen die Adresse und die Koordinaten: Vogtsbauernhof 1, 77793 Gutach (Schwarzwaldbahn), [GPS: N48°16'16.9" E8°11'54.9"].

Vom Vogtsbauernhof bis zum nächsten Stellplatz in **Seelbach** im reizvollen Schuttertal sind es rund 27 Kilometer. Adresse und Koordinaten: Tretenhofstraße 74, 77960 Seelbach, [**015:** N48°18'01.7" E7°56'40.0"].

Von diesem Stellplatz, der komplett ausgestattet ist, haben wir kein geeignetes Foto. Er ist mit 20,00 € pro Fahrzeug relativ teuer und eignet sich auch nur dann für eine Übernachtung, wenn man das Angebot vom **Ferienparadies Schwarzwälder Hof** siehe www.spacamping.de nutzen möchte. Aufgrund der Lage an der Hauptstraße ist der Platz allerdings auch relativ laut.

Der Vogtsbauernhof, nach ihm ist das Freilichtmuseum benannt.

(016) Offizieller WOMO-Stellplatz: Donaueschingen

GPS: N47°56'50.7" E8°30'43.1", 679 m;
Prinz Fritzi-Allee, 78166 Donaueschingen.
Max. WOMOs: 20, maximale Länge 10 m.

Ausstattung: Befestigter Platz. Wasserver- und entsorgung abseits des Platzes an der Kläranlage, max. Aufenthaltsdauer: 48 h, ganzjährig geöffnet.
Beschreibung: Ortsrand neben den Pferdesportanlagen. Fürstlich Fürstenbergischer Park in unmittelbarer Nähe. Nachts ruhig.
Preise: Kostenlos, Strom 1,00 € für 1 kWh über Münzautomat
Zufahrt: Über die Fürstenbergstraße.

Wenn Sie aus dem Süden Bayerns anreisen, so sehen wir zwei Möglichkeiten entspannt nach Mulhouse zu fahren. Die eine Route führt über **Donaueschingen** nach Freiburg, die andere durch Schaffhausen und entlang des Hochrheins bis zum Grenzübertritt nach Frankreich.

Wenn Sie durch **Schaffhausen** fahren, benötigen Sie eine **Vignette** und wenn Ihr Fahrzeug mehr als 3,5t hat, so müssen Sie an der Grenze ein Papier für die **Schwerlastabgabe** ausfüllen und dafür natürlich auch eine Gebühr zahlen.

Der weitere Weg von Donaueschingen führt über Titisee-Neustadt durch das Höllental nach Freiburg. Eine landschaftlich reizvolle Strecke, die man noch mal in der Ravennaschlucht für eine Kaffeepause und einen Spaziergang in dieser Schlucht unterbrechen kann. Übernachten können Sie dabei auf diesem Parkplatz [**017:** N47°54'59.1" E8°04'18.7"], wenn Sie die vorbeiführende B31 nicht stört.

(018) Offizieller WOMO-Stellplatz: Schaffhausen

GPS: N47°40'25.8" E8°36'31.2", 381 m; Nohlstrasse, 8212 Neuhausen am Rheinfall.

Max. WOMOs: 50, maximale Länge 10 m.
Ausstattung: Befestigter Platz mit Wasserversorgung und Entsorgung mit Bodeneinlass, Kassettenentleerung, Behälter für die Müllentsorgung, max. Aufenthaltsdauer: 24 h, geöffnet von Apr. – Okt.
Beschreibung: parkähnliches Gelände oberhalb des Rheins, nachts ruhig.
Preise: 5,00 CHF (Schweizer Franken), für ein Fahrzeug mit 2 Personen für die erste Stunde, jede weitere Stunde 2,00 CHF, 47,00 CHF bei Übernachtung, Ver- und Entsorgung kostenlos.
Zufahrt: In Neuhausen über die Nohlstrasse.

Rheinfall bei Schaffhausen.

In der Nähe von **Schaffhausen** ist der **Rheinfall** ein großer Besuchermagnet. Der Stellplatz dort ist leicht anzufahren und nur einen kurzen Fußweg vom Rheinfall entfernt. Erlebnisreich ist eine Rundfahrt mit dem Rhyfall-Express in die Altstadt von Schaffhausen und eine Bootsfahrt auf dem Rhein, der zu den Fällen führt. Vom Stellplatz ist es nur ein kurzer Weg hinunter zur Anlegestelle der Schif-

(019) Offizieller WOMO-Stellplatz: Waldshut-Tiengen

GPS: N47°36'40.5" E8°13'31.3", 313 m; Jahnweg 22, 79761 Waldshut-Tiengen.
Max. WOMOs: 44, maximale Länge 11 m.

Ausstattung: Großer befestigter Platz mit Wasserversorgung und Entsorgung mit Bodeneinlass, Kassettenentleerung, Stromanschlüsse, WiFi, Dusche, WC, Waschmaschinen, Trockner, Gasflaschenservice, Behälter für die Müllentsorgung, max. Aufenthaltsdauer: >48 h, ganzjährig geöffnet.
Beschreibung: Gepflasterte schattenlose Stellflächen in unterschiedlichen Größen. Die Mündung der wasserreichen Aare in den Rhein ist fast in Sichtweite. Freibad, Minigolf und Spielplatz in der Nähe. Nachts sehr ruhig.
Preise: 15,00 € für ein Fahrzeug, 1,00 € für ca. 100l Wasser, Strom 1,00 € für 2 kWh.
Zufahrt: Über die B34, Konstanzer Straße.

fe. Der Mittelfelsen des Rheinfalles kann bestiegen werden. Dafür gibt es eine eigene Anlegestelle.

Die Doppelstadt **Waldshut-Tiengen** kann mit zwei reizvollen Altstadtbereichen aufwarten. Der Stellplatz befindet sich zwischen diesen beiden Altstädten. Bis in das Zentrum von Waldshut sind es rund zwei Kilometer, bis ins Zentrum von Tiengen sind es rund fünf Kilometer.

Bad Säckingen hat eine kleine reizvolle Altstadt. Über die Grenzen bekannt wurde die Stadt durch den Trompeter von Säckingen. Es ist eine romantische Liebesgeschichte.

In **Bad Bellingen** können Sie zum Abschluss dieses Kapitels das Thermalbad aufsuchen und dann die Reise in den französischen Jura ganz entspannt beginnen. Wir wünschen Ihnen viel Freude dabei.

(020) Offizieller WOMO-Stellplatz: Bad Säckingen

GPS: N47°32'56.2" E7°56'50.6", 290 m; Austraße, 79713 Bad Säckingen.
Max. WOMOs: 40, maximale Länge 12 m.

Ausstattung: Befestigter Platz mit Wasserversorgung und Entsorgung mit Bodeneinlass, Kassettenentleerung, Stromanschlüsse, WC, Müllentsorgung, ganzjährig geöffnet.
Beschreibung: Ortsrandlage, nahe am Rhein, der hinter den Sträuchern nicht zu sehen ist, nachts sehr ruhig. Historische Altstadt und Schloss mit Trompetenmuseum und Schlossgarten in unmittelbarer Nähe.
Preise: 13,00 € für ein Fahrzeug mit zwei Personen, 0,50 € für ca. 50l Wasser, Strom kostenlos, Münzautomat.
Zufahrt: Über die Scheffel- und Austraße.

(021) Offizieller WOMO-Badeplatz: Bad Bellingen

GPS: N47°43'47.9" E7°33'08.7", 228 m; Badstrasse 14, 79415 Bad Bellingen.
Max. WOMOs: 30, maximale Länge 9 m.

Ausstattung: Asphaltierter Platz mit Wasserversorgung und Entsorgung mit Bodeneinlass, Kassettenentleerung, Stromanschlüssen, Behälter für die Müllentsorgung, ganzjährig geöffnet.
Beschreibung: Direkt neben den Balinea Thermen und dem Kurparkgelände. Nachts ist der Verkehr auf der dicht vorbeiführenden Autobahn deutlich hörbar.
Preise: 18,50 €, für ein Fahrzeug mit zwei Personen inkl. Kurtaxe. Strom sowie Ver- und Entsorgung ist im Preis enthalten. Die Anmeldung erfolgt an der Tourist-Information im Foyer der Balinea Thermen.
Zufahrt: A5, Abfahrt 67 Efringen-Kirchen, 7 Kilometer bis Bad Bellingen.

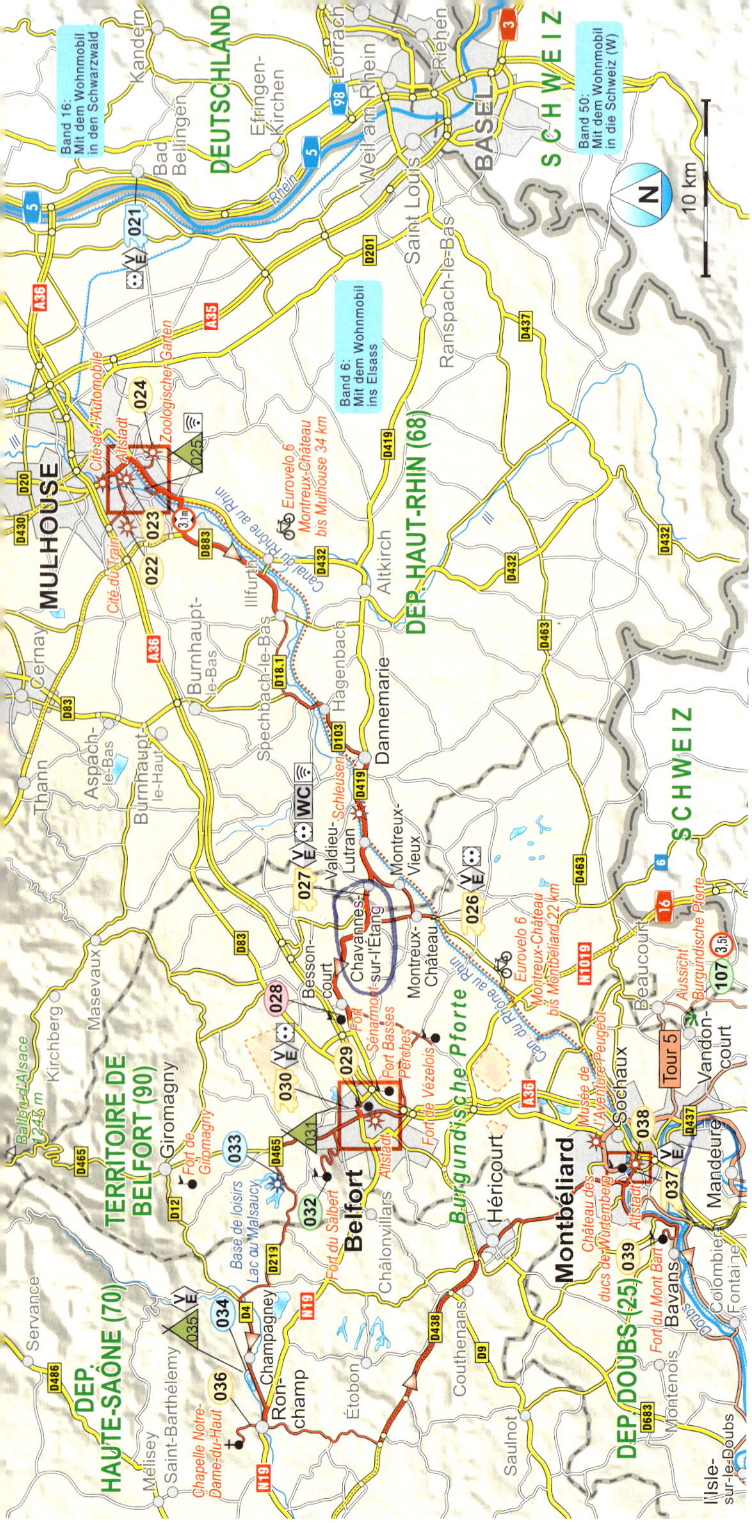

Band 16: Mit dem Wohnmobil in den Schwarzwald
DEUTSCHLAND
Kandern
Bad Bellingen
Efringen-Kirchen
Lörrach
Weil am Rhein
Riehen
BASEL
Saint Louis
S C H W E I Z
Band 50: Mit dem Wohnmobil in die Schweiz (W)
10 km
N
Rhein
021
A36
A35
D201
Band 6: Mit dem Wohnmobil ins Elsass
Ranspach-le-Bas
D437
Cité de l'Automobile
Zoologischer Garten
Altstadt
024
025
MULHOUSE
Cité du Train
022
023
D430
D20
D883
Canal du Rhône au Rhin
Eurovelo 6 Montreux-Château bis Mulhouse 34 km
D419
D432
Altkirch
DEP. HAUT-RHIN (68)
Illfurth
Cernay
Burnhaupt-le-Bas
Spechbach-le-Bas
D18.1
Hagenbach
Dannemarie
D103
D463
D83
Thann
Aspach-le-Bas
Burnhaupt-le-Haut
Schleusen
WC
027
Valdieu-Lutran
Montreux-Vieux
026
Chavannes-sur-l'Étang
Montreux-Château
Besson-court
Masevaux
Kirchberg
Ballon d'Alsace 1245 m
TERRITOIRE DE BELFORT (90)
Giromagny
Fort de Giromagny
D465
028
030
029
031
033
Fort Sénarmont
Fort Basses Perches
Fort de Vézelois
Burgundische Pforte
Eurovelo 6 Montreux-Château bis Montbéliard 22 km
N1019
Beaucourt
Aussicht Burgundische Pforte
107
3,5t
16
6
SCHWEIZ
Base de loisirs Lac du Malsaucy
032
Belfort
Fort du Salbert
Altstadt
Chalonvillars
Héricourt
A36
Musée de l'Aventure Peugeot
Sochaux
Tour 5
Vandoncourt
038
037
Mandeure
Montbéliard
Château des ducs de Wurtemberg
Altstadt
039
Fort du Mont Bart
Bavans
Colombier-Fontaine
Doubs
DEP. DOUBS (25)
Montenois
D683
L'Isle-sur-le-Doubs
Saulnot
Couthenans
D9
D438
Étobon
N19
D219
D4
Champagney
034
035
Ronchamp
036
Chapelle Notre-Dame-du-Haut
Servance
D486
DEP. HAUTE-SAÔNE (70)
Saint-Barthélemy
Mélisey
D12

TOUR 1 (ca. 170 km)

Mulhouse – Dannemarie – Chavannes-sur-l'Étang – Montreux-Chateau – Belfort – Ronchamp – Montbéliard

Stellplätze:	Mulhouse, Chavannes-sur l'Etang, Montreux-Château, Belfort, Lac du Malsaucy, Champagney, Montbéliard.
Campingplätze:	Mulhouse, Belfort, Champagney.
Ver-/Entsorgung:	Chavannes-sur l'Etang, Montreux-Château, Belfort, Champagney, Montbéliard.
Besichtigungen:	Mulhouse (Cité du Train, Cité de l'Automobile, Altstadt); Schleusen bei Dannemarie; Belfort (Festung und Altstadt, Fort Basses Perches, Fort du Salbert); Chapelle Notre-Dame-du-Haut in Ronchamp; Montbéliard (Altstadt und Château).
Wandern/Radtouren:	Radtouren entlang des Canal du Rhône au Rhin, Wanderung um den Lac du Malsaucy, Wanderung rund um Fort du Salbert.
Baden/Wellness:	Strandbad am Lac du Malsaucy.

Mulhouse liegt rund 20 Kilometer hinter der deutschen Grenze. Auch wenn diese Großstadt sich nicht im Jura befindet, sondern noch zum Elsass gehört, wollen wir nicht achtlos daran vorbeifahren. Es ist die erste Station in der Reihe mehrerer großer Städte, die vor und hinter der Burgundischen Pforte liegen und die wir mit einigen Zwischenstopps in dieser und der nächsten Tour nacheinander aufsuchen werden. In Mulhouse werden wir nur das Automobilmuseum (Cité de l'Automobile - Collection de voitures Schlumpf), das Eisenbahnmuseum (Cité du Train) und die Altstadt besuchen. Alles andere nördlich und südlich dieser Großstadt ist im WOMO-Band 6 Mit dem Wohnmobil ins Elsass von Ralf Gréus abgehandelt, darauf möchten wir an dieser Stelle ausdrücklich aufmerksam machen.

Aus Deutschland kommend verlassen wir die A5 über das Autobahndreieck Neuenburg Richtung Frankreich. Nachdem wir den Rhein überquert haben, befinden wir uns auf der gebührenfreien A35 (La Comtoise) in Richtung Lyon. Nach etwa 20 Kilometern nehmen wir die Abfahrt 17 (Lutterbach) und folgen dann der Beschilderung zur Cité du Train in der Rue Alfred de Glehn 2.

Der Parkplatz [**022:** N47°44'59.1" E7°17'40.3"] am Museum ist kostenfrei und kann, wenn das vorbeipfeifen der Züge auf

Salonwagen Napoleons III. aus dem Jahre 1856.

den nahen Gleisen nicht stört, durchaus für eine Übernachtung genutzt werden. Weitere Übernachtungsmöglichkeiten in Mulhouse gibt es am Zoologischen Garten oder auf dem Campingplatz. Wer das Eisenbahnmuseum und das Automobilmuseum besucht hat, wird eine Pause brauchen, zu gewaltig und zeitaufwendig sind diese beiden Museen. Beide sind in ihren Sparten die größten in Europa, es lohnt sich also, sie anzuschauen. Zunächst widmen wir uns dem Eisenbahnmuseum Cité du Train.

Öffnungszeiten: Das Museum ist mit einer Ausnahme (25. Dezember) täglich geöffnet. In den Wintermonaten von November bis März von 10:00 bis 17:00 Uhr, in den anderen Monaten (vom 1. April bis 31. Oktober) von 10:00 bis 18:00 Uhr.

Eintrittspreise: 13,00 € für einen Erwachsenen, Kinder zwischen 4 und 17 Jahren 9,50 €, Familie mit vier Personen 39,00 €.

Mit den deutschsprachigen Audioguides, die an der Kasse zu erhalten sind, werden zu den einzelnen Exponaten eine Fülle von Informationen geliefert. Eine Übersicht bietet auch diese Seite in deutscher Sprache https://de.citedutrain.com.

Cité du Train

Es hat eine Weile gedauert, bis es zur Gründung des Museums kam. Schon um 1900 gab es Überlegungen, die französischen Eisenbahngeschichte mit einem Museum zu dokumentieren. Doch über Jahrzehnte fand man keinen geeigneten Standort und nach den beiden Weltkriegen hatte man dringlicheres zu tun, als sich um ein Eisenbahnmuseum zu kümmern. 1971 war es dann endlich so weit, in einem stillgelegten Maschinenschuppen wurde der Vorläufer des heutigen Museums mit einer bescheidenen Ausstellung von 10 Lokomotiven eröffnet. Nach einigem Auf und Ab in der Entwicklung des Museums wird heute in zwei Hallen mit über 100 Exponaten die Geschichte der französischen

Eisenbahnen präsentiert, von den ersten Dampflokomotiven bis hin zum Hochgeschwindigkeitszug TGV, des Train à Grande Vitesse wird der Bogen gespannt.

In den beiden Gebäuden sind die Ausstellungsbereiche unterschiedlich gestaltet. Im hinteren älteren Bereich stehen diverse Lokomotiven und andere Schienenfahrzeuge dicht gedrängt in einem relativ hellen Raum. Diese Sammlung präsentiert die technische Seite bis in die neueste Zeit. Die älteste Dampflok Europas, die Buddicom Nr. 33 "Saint-Pierre" aus dem Jahre 1844 ist hier zu sehen. Aufgeschnittene Exponate erklären nachvollziehbar die Funktionsweise einer Dampflokomotive. In dem Führerstand eines TGV kann man Platz nehmen und Lokführer spielen. Diesellokomotiven sind in großer Zahl vertreten und die Elektrifizierung der Eisenbahn in den letzten Jahrzehnten wird umfassend erklärt. Hier findet sich also alles, was die technische Seite des Eisenbahnwesens in ihrer rasanten Entwicklungsgeschichte so interessant macht.

Die älteste Dampflok Europas, Buddicom Nr. 33 "Saint-Pierre" aus dem Jahre 1844.

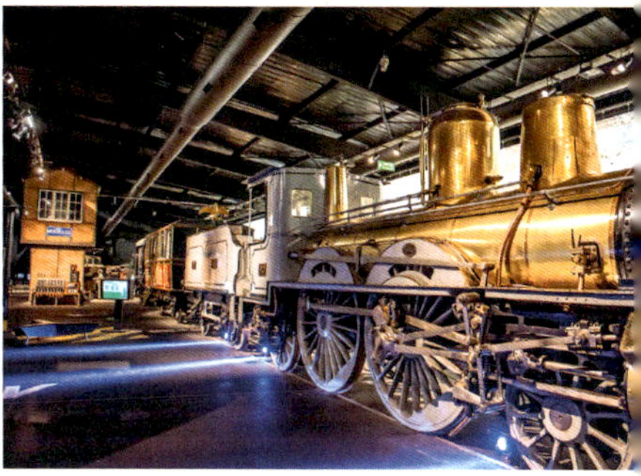

Dampflok 121 A 340 Forquenot, Compagnie du Paris-Orléans, 1883.

Mit dem Betreten der ersten Halle beginnt eine kleine Zeitreise. Hier wird die Entwicklung der Eisenbahn in einem historischen Kontext gesetzt und führt den Besucher so durch die Geschichte mit dem Beginn der industriellen Revolution. Die ausgestellten Lokomotiven und Waggons sind in Themen eingebettet. Es wird dokumentiert, welchen Einfluss die Bahn auf die Entwicklung des Tourismus hatte und welche strategische Bedeutung in den beiden Weltkriegen. Des Weiteren wird gezeigt, wie die verschiedenen politischen Führer ihrer Zeit mit der Bahn reisten und wie komfortbewusst und bequem die Reisen im Laufe der Jahrhunderte wurden. Man kann beim Gang über die Bahnsteige dieser Ausstellung den Epochenwandel regelrecht spüren. Die Halle ist relativ dunkel, Lichteffekte setzen die jeweiligen Objekte in Szene. Manchmal wünscht man sich ein wenig mehr Licht, um die eine oder andere Lokomotive besser betrachten zu können, aber das würde wiederum die besondere Atmosphäre dieser Ausstellung stören. So wird man durch das "Goldene Jahrhundert der Eisenbahn" geführt, wie die Betreiber des Museums es nennen. Dieses Arrangement ist schon gelungen, spricht es den Besucher doch sehr viel emotionaler an als eine reine Aneinanderreihung von Loks und Wagen mit Typbeschreibungen auf davor aufgestellten Tafeln.

Ging es zu Anfang des Eisenbahnzeitalters noch recht behäbig und langsam zu, so erhöhten sich die Geschwindigkeiten von Jahrzehnt zu Jahrzehnt. Galten zu Beginn Fahrten mit 50 km/h schon als "berauschend", so liegt die Regelhöchstgeschwindigkeit des TGV auf den eigens für diese Eisenbahn eingerichteten Strecken heute schon bei 320 km/h. Einem Geschwindigkeitsrekord des TGV kann in der zweiten Halle miterlebt werden. In einem nachempfundenen Führerhausstand führen Filmaufnahmen der Rekordfahrt von 2007 auf ein Tempo von 574,8 km/h. Das ist schon recht flott, faszinierender für einen echten Eisenbahnfreak sind aber sicher die alten Dampfloks.

Wer nach diesem Ausflug in die Eisenbahnwelt noch nicht erschöpft ist, kann sich gleich dem nächsten Museum zuwenden. Das **Musée EDF Electropolis** liegt direkt vor der Cité du Train und widmet sich der Geschichte der Elektrizität, der Entwicklungsgeschichte elektrischer Haushaltsgeräte und gibt einen Ausblick auf die Elektrizität der Zukunft. Prunkstück des Museums ist ein 170 Tonnen schweres Ungetüm, die "grande machine Sulzer-BBC". Es ist ein Stromgenerator, der von einer Dampfmaschine betrieben wurde. Sie versorgte die Textilmaschinen der Firma Dollfus-Mieg et Compagnie (DMC) mit elektrischer Energie und war von 1901 bis 1947 in Betrieb.

Öffnungszeiten: Dienstags bis sonntags von 13:30 bis 18:00 Uhr. Vom 1. bis 31. Januar geschlossen.

Eintrittspreise: 8,00 € für einen Erwachsenen, Kinder zwischen 4 und 18 Jahren 4,00 €.

Die Textilfirma **Dollfus-Mieg et Compagnie (DMC)** existiert heute noch und ist Weltmarktführer in der Herstellung von Stick- und Häkelgarnen. Das Firmengelände befindet sich in der Rue de Pfastatt und ist im Stadtplan „Mulhouse“ auf Seite 47 verzeichnet. Eine Betriebsbesichtigung ist möglich und kann über das Office de Tourisme gebucht werden.

Wir haben dies nicht gemacht und können deshalb nicht beurteilen, ob es sich lohnt oder nicht. Über die Firma informiert diese Seite www.dmc.com/de.

Wir wenden uns einem anderen Museum zu, das es wahrscheinlich gar nicht gäbe, hätten die verantwortlichen Unternehmer ihr Textilunternehmen genauso gewissenhaft geführt wie die Unternehmensleiter von DMC.

Das Automobilmuseum **Cité de l'Automobile - Collection de voitures Schlumpf** ist rund 4 Kilometer von dem Museum Cité du Train entfernt. Die Adresse für den Parkplatz vor dem Museum lautet: 15 Rue de l'Épée, 68100 Mulhouse, [GPS: N47°45'35.4" E7°19'52.2"]. Der Parkplatz ist groß und geräumig genug, um das WOMO abzustellen. Eine Übernachtung an diesem Ort ist nicht möglich, wäre auch nicht sonderlich reizvoll. Neben dem Eintritt für das Museum sind Parkgebühren in Abhängigkeit von der Parkdauer zu entrichten (max. 10,00 €). Wer zudem noch eine der in den Sommermonaten angebotenen Shows im Außengelände besuchen

Ein Prunkstück: Bugatti Royale Coupé Type 41 aus dem Jahre 1929.

will, zahlt einen weiteren Betrag. Billig ist das alles nicht, aber den Besuch des größten Automobilmuseums der Welt kann man nicht auslassen, wenn man ein Faible für Oldtimer und exklusive Autos hat.

Die Entstehungsgeschichte dieses Museums klingt ein wenig sonderbar. Reiche Textilfabrikanten ruinieren durch ihre Sammelleidenschaft ihren Betrieb, legen damit den Grundstein für das größte Automobilmuseum der Welt, das sie selbst nie gesehen haben. Eine Tragödie der besonderen Art.

Cité de l'Automobile Collection de voitures Schlumpf

Die Gebrüder Hans (*21.2.1904; † 1989) und Fritz Schlumpf (*24.2.1906; † 18.4.1992) hatten in den Jahren zwischen 1930 und 1970 mit ihren drei Textilfabriken im Elsass und einer in Nordfrankreich eine marktbeherrschende Position in der Herstellung von gekämmten Garnen. Sie gelangten zu unermesslichen Reichtum. Als 1963 die Tore der Bugatti-Produktionsstätte in Molsheim geschlossen wurden, entschloss sich Fritz Schlumpf, die Produktionsreste und weltweit alle Modelle, die den Namen Bugatti trugen, zu erwerben. Hatte er schon Ende der 50er-Jahre begonnen, einzelne Oldtimer anzukaufen, war jetzt die Sammelleidenschaft entfacht und wurde auch auf andere Nobelmarken europäischer Hersteller ausgedehnt. Wo ein Auto der berühmten Karosserieschmieden des Kontinents angeboten wurde, Fritz Schlumpf kaufte es. Die Preise gingen dadurch in die Höhe, denn überbieten ließ er sich nicht. Das Verhängnis nahm seinen Lauf, als die

Diese luxuriöse Limousine des Herstellers Isotta Fraschini aus dem Jahre 1925 gehörte einem italienischen Textilfabrikanten.

westeuropäische Textilindustrie zu Beginn der 70er-Jahre in die Krise geriet. Mit ihren ohnehin schon veralteten Produktionsstätten waren die Schlumpfs nicht mehr konkurrenzfähig, die Produktion brach ein, der Konkurs war nur noch eine Frage der Zeit. Die Sammelwut aber blieb. Die ganze Geschichte ist auf der Website des Museums zu lesen www.citedelautomobile.com. Dort finden Sie auch die aktuellen Öffnungszeiten, die Eintrittspreise sowie Veranstaltungshinweise.

Das Coupé Landaulet des Automobilherstellers Delahaye aus dem Jahre 1912.

Wir kürzen das hier ab und können den Besuch dieses Museums für Liebhaber alter Automobile nur empfehlen. Es wäre schade auf dem Weg in den Jura einfach daran vorbeizufahren. Die Sammlung ist einfach überwältigend.

Nach diesen beiden großen Museen tut eine kulinarische Stärkung natürlich gut. Wer die Bordküche nicht bemühen mag, findet in der **Altstadt von Mulhouse** sicher ein geeignetes Restaurant oder auch eine "Winstub". Parken lässt sich das WOMO am Altstadtrand auf dem Parkplatz Buffon in der Rue Buffon [**023:** N47°44'52.3" E7°19'52.6"]. Hier lässt es sich sogar übernachten, das ist zwar nicht sonderlich attraktiv, aber zur Not geht es. Die Übernachtungsmöglichkeiten am Zoo oder auf dem Campingplatz sind ruhiger und sicher angenehmer. Einen klassischen WOMO-Stellplatz gibt es in Mulhouse nicht.

Renaissancefassaden und das Hôtel de Ville mit dem Musée Historique am Platz der Wiedervereinigung (Place de la Réunion).

(024) WOMO-Stellplatz: Mulhouse – Parc Zoologique

GPS: N47°43'46.5" E7°20'59.9", 329 m;
Avenue de la 1ère Division Blindée, 68100 Mulhouse.
Max. WOMOs: 4, maximale Länge 8 m.

Ausstattung: Seitenstreifen einer Asphaltstraße. Keine wohnmobilspezifischen Einrichtungen.
Beschreibung: Ortsrandlage im Wald, nachts sehr ruhig.
Preise: Gebührenfrei.
Zufahrt: Der Beschilderung zum Zoo folgen. Am Kreisverkehr vor dem Haupteingang der Parkbeschilderung folgen und einen geeigneten Platz suchen. Es ist eine Einbahnstraße.

(025) WOMO-Campingplatz Mulhouse – Camping de l'Ill

GPS: N47°44'05.0" E7°19'27.6", 239 m;
1, rue Pierre de Coubertin, 68100 Mulhouse.
Max. WOMOs: > 10, maximale Länge 8 m.
Ausstattung: Wasserversorgung und Entsorgung mit Bodeneinlass, Kassettenentleerung, Stromanschlüsse, Behälter für die Müllentsorgung, WiFi, geöffnet vom 20.3. bis 31.10.
Beschreibung: Platz mit Rasenflächen, Ortsrandlage zwischen der Ill und dem Rhein-Rhône-Kanal, nachts sehr ruhig.
Preise: Erwachsene Person saisonabhängig 4,80 € oder 5,80 €, Kinder 2-12 Jahre 2,60 € oder 3,60 €, Jugendliche 13-17 Jahre 4,80 € oder 5,80 €, Hund 2,50 €, Wohnmobil 14,80 € oder 5,80 €, Strom 4,60 pro Tag, Entsorgung 6,00 €.
Zufahrt: Über die Avenue d'Altkirch (D432) in Richtung Altkirch dann der Beschilderung zum Campingplatz folgen. Achtung: Die Durchfahrt der Kanalunterführung ist auf 3,1 m Höhe begrenzt.
Reservierung/Kontakt: Tel.: 03 89 42 64 76
E-Mail: reception@camping-mulhouse.com,
Web: www.camping-mulhouse.com.

Vom Parkplatz Buffon ist es über die Rue de l'Arsenal (siehe grün gepunktete Linie auf dem Stadtplan Seite 47) nur ein kurzer Weg in die historische Altstadt. Die Straßen sind verkehrsberuhigt, aber nicht gänzlich autofrei. In den Sommermonaten haben die zahlreichen Cafés und Restaurants Tische und Stühle vor ihren Lokalen aufgestellt. Das Angebot ist vielfältig und geht von der indischen, der chinesischen und der italienischen Küche bis zur klassischen elsässischen Kochkunst. Wir bevorzugen stets die regionale Küche, die zum Beispiel in der Winstub Henriette in der Rue Henriette, einer Seitenstraße der Place de la Réunion zu finden ist www.winstub-henriette.com. Die Altstadt hat sicher nicht so viel Flair wie z. B. Straßburg, aber der Charme des herausgeputzten Zentrums macht einen Besuch in jedem Fall lohnenswert. Das architektonische Ensemble am Platz der Wiedervereinigung (Place de la Réu-

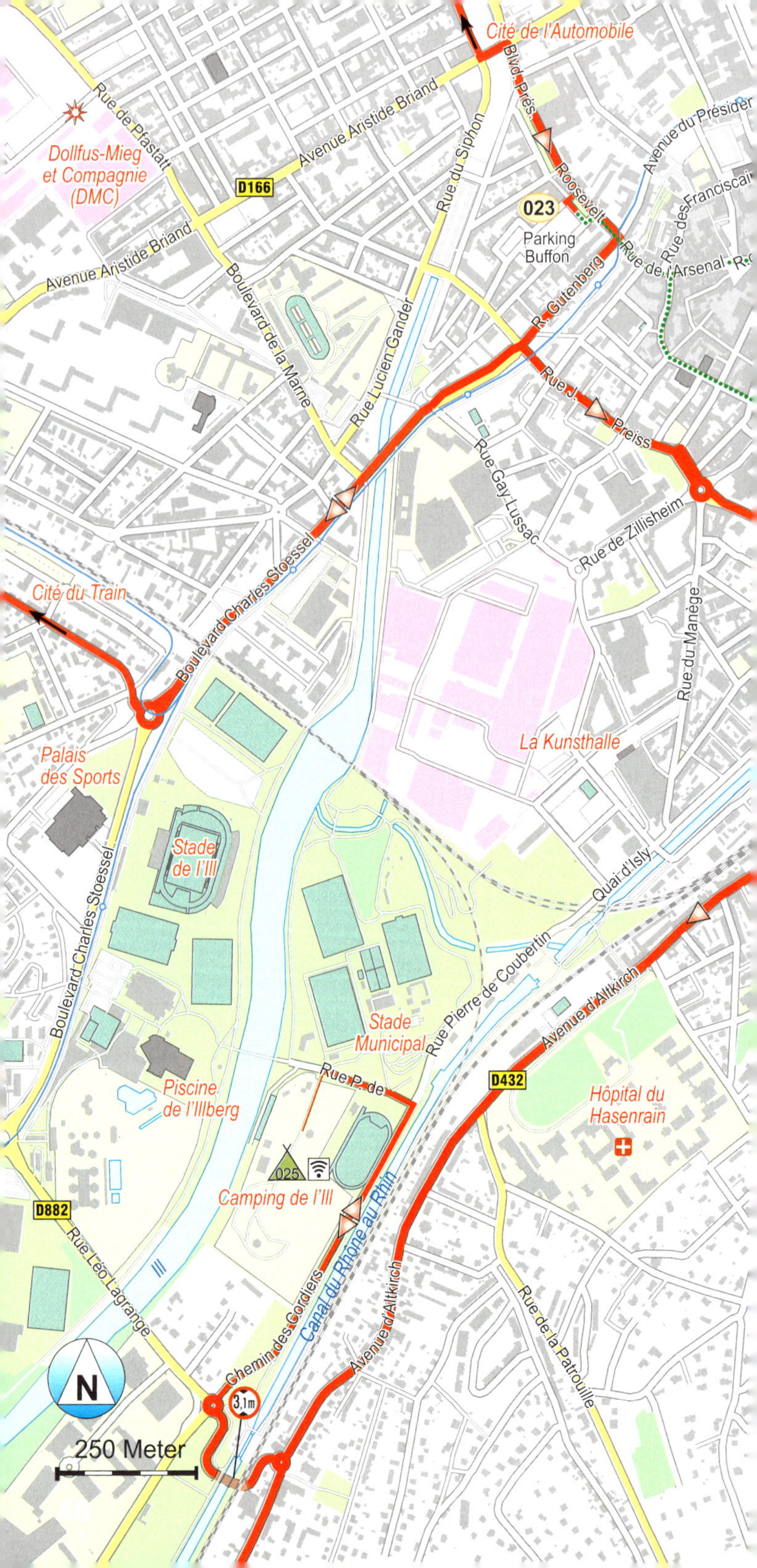
Cité de l'Automobile
Blvd. Prés. Roosevelt
Rue de Pfastatt
Dollfus-Mieg et Compagnie (DMC)
Avenue Aristide Briand
D166
Rue du Siphon
Avenue du Président
Rue des Franciscains
023
Parking Buffon
Rue de l'Arsenal
R. Gutenberg
Boulevard de la Marne
Rue Lucien Gander
Rue J. Preiss
Rue Gay Lussac
Rue de Zillisheim
Boulevard Charles Stoessel
Cité du Train
Rue du Manège
La Kunsthalle
Palais des Sports
Stade de l'Ill
Quai d'Isly
Rue Pierre de Coubertin
Avenue d'Altkirch
D432
Stade Municipal
Rue P. de
Piscine de l'Illberg
Hôpital du Hasenrain
025
Camping de l'Ill
D882
Rue Léo Lagrange
Ill
Canal du Rhône au Rhin
Chemin des Cordiers
Rue de la Patrouille
N
3,1m
250 Meter

Mulhouse

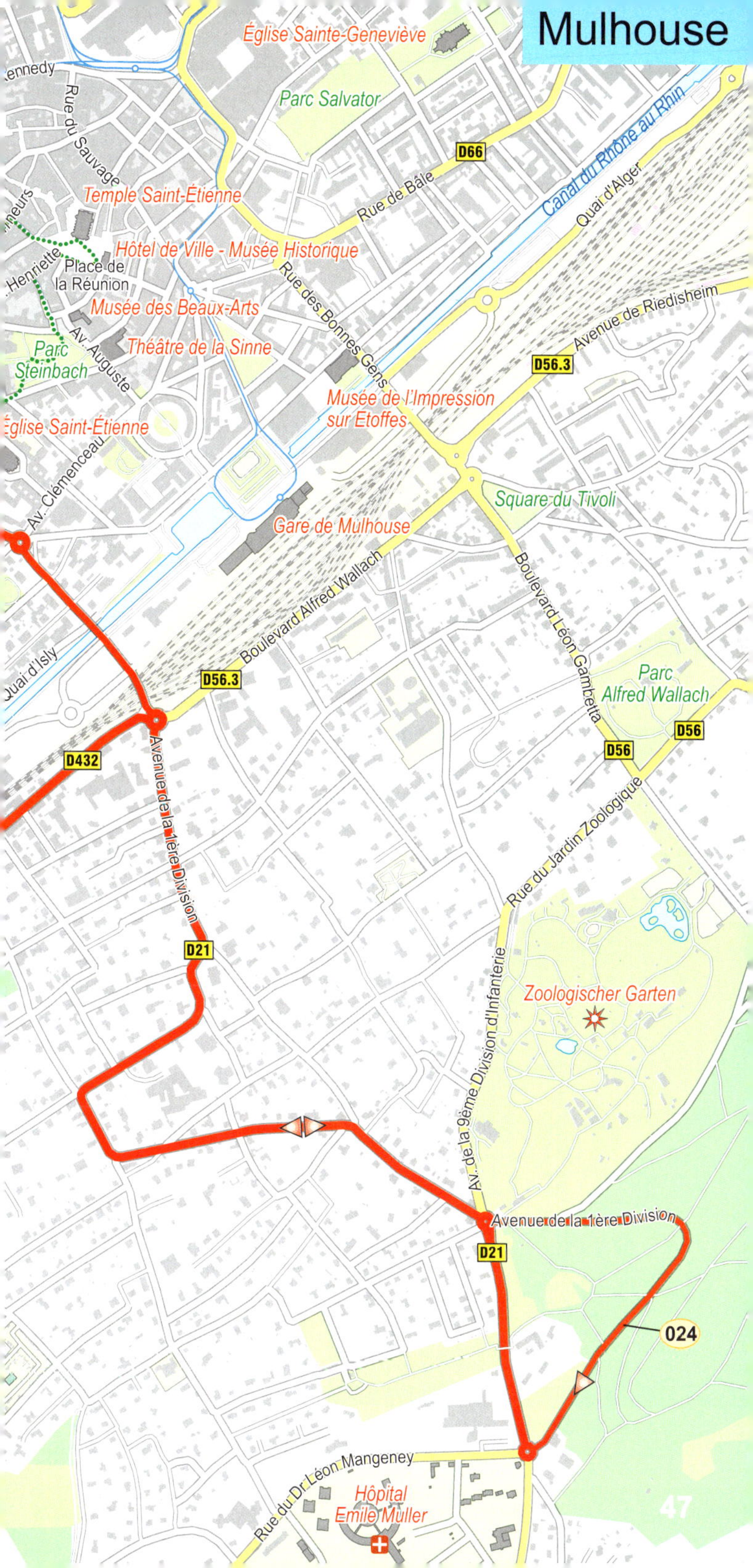
Église Sainte-Geneviève
Parc Salvator
D66
Rue de Bâle
Canal du Rhône au Rhin
Quai d'Alger
Rue du Sauvage
Temple Saint-Étienne
Hôtel de Ville - Musée Historique
Place de la Réunion
Musée des Beaux-Arts
Théâtre de la Sinne
Av. Auguste
Parc Steinbach
Rue des Bonnes Gens
Avenue de Riedisheim
D56.3
Musée de l'Impression sur Etoffes
Église Saint-Étienne
Av. Clémenceau
Square du Tivoli
Gare de Mulhouse
Boulevard Alfred Wallach
Boulevard Léon Gambetta
Quai d'Isly
D56.3
Parc Alfred Wallach
D56
D56
D432
Avenue de la 1ère Division
Rue du Jardin Zoologique
D21
Av. de la 9ème Division d'Infanterie
Zoologischer Garten
Avenue de la 1ère Division
D21
024
Rue du Dr Léon Mangeney
Hôpital Emile Muller

Straßenlokale in der Rue Henriette einer Seitenstraße der Place de la Réunion.

Die protestantische Stephanskirche (Temple Saint-Étienne).

nion) ist beeindruckend. Diese Schokoladenseite der Altstadt kann man in einem der Straßencafés auf dem Platz in aller Ruhe auf sich wirken lassen. Die Renaissancefassaden der Häuser, das Hôtel de Ville mit seiner bemalten Fassade und die Stephanskirche geben auch einen schönen Rahmen für den Weihnachtsmarkt, der alljährlich auf diesem Platz vom 24.11 bis zum 27.12. stattfindet.

Zwei **Stephanskirchen** gibt es in Mulhouse, eine katholische, **(Église Saint-Étienne)** und eine evangelische **(Temple Saint-Étienne)**. Untypisch für französische Städte ist die evangelische Kirche die Hauptkirche. Sie steht am Platz der Wiedervereinigung (Place de la Réunion) und wurde in den Jahren zwischen 1859 und 1868 im neogotischen Stil erbaut. Sie ersetzte eine baufällig gewordene Kirche aus dem Mittelalter. Die Glasgemälde der alten Kirche, die Mitte des 14. Jahrhunderts angefertigt wurden, fanden einen neuen Platz in der 1. Etage des Neubaus. Auf 10 Fenster verteilt erzählen sie christliche Heilsgeschichte mit biblischen und außerbiblischen Szenen. Der Glockenturm ist 97 Meter hoch und ist damit der höchste Kirchturm eines evangelischen Gotteshauses in Frankreich. Auf der Walcker-Orgel in dieser Kirche lernte einst der spätere Friedensnobelpreisträger Albert Schweitzer, der in Mulhouse das Gymnasium besuchte und 1893 in dieser Stadt das Abitur machte, das Orgelspiel.

Alte Fenster in der protestantischen Stephanskirche.

Wohlwissend, dass wir Mulhouse nicht erschöpfend behandelt haben, ziehen wir weiter. Das Historische Museum **(Musée Historique)**, das Museum der schönen Künste **(Musée des Baux Arts)** und das Stoffdruckmuseum **(Musée de l'Impression sur Etoffes)**, das mit sechs Millionen erhaltenen Motiven weltweit einmalig ist, liegen alle sehr nah am oder im Zentrum. Im Stadtplan sind sie verzeichnet, es bleibt Ihnen überlassen, sich mit diesen Reisezielen näher zu befassen. Dasselbe gilt für den Zoologischen Garten, der sicher auch einen Besuch wert ist.

Unsere Route führt entlang des Rhein-Rhône-Kanals über schmale Straßen nach **Dannemarie** und dann mit einigen Zwischenstopps nach Belfort. Spektakulär sind die ersten Kilometer nicht. Ostfrieslandeben ist die Landschaft, Landwirtschaft links und rechts ein paar Dörfer und vom Kanal ist nichts zu sehen, auch wenn wir ihm nach dem Blick auf der Karte sehr nah sind. Vor Hagenbach überqueren wir ihn und hinter Dannemarie kündigt eine leichte Steigung einen Landschaftswechsel an.

Mit Rädern dekorierter Brunnen im Zentrum von Dannemarie.

Das Frankreich eine radsportverrückte Nation ist, wird immer wieder sichtbar. Es gehört offensichtlich zum guten Ton in den Städten und Gemeinden Brunnen, Denkmäler, Gartenanlagen, die Außen-

Schleusen zwischen Dannemarie und Chavannes sur-l'Étang.

wände von Häusern und anderes mit ausrangierten Fahrrädern zu dekorieren. Manchmal temporär im Rahmen von Radsportveranstaltungen insbesondere der Tour de France, manchmal aber auch einfach als Kunstobjekt für längere Zeit. Bis so ein Rad verrostet ist, dauert es schon eine Weile und selbst wenn, bekommt es dadurch natürlich noch eine besondere künstlerische Note. Es wird Ihnen immer wieder begegnen.

Die leichte Steigung hinter Dannemarie war für die Erbauer des **Rhein-Rhône-Kanals** eine Herausforderung. Immerhin waren auf einer Distanz von rund vier Kilometern 42 Höhenmeter zu überwinden. War der Bau der 15 Schleusen zwischen 1784 und 1833 auf diesem Abschnitt sicher mit so manchem Schweißtropfen verbunden, erfreuen sich heute die Radler auf der EuroVelo 6 an den Industriedenkmälern und radeln ganz entspannt und ohne Schweißtropfen zu vergießen an den, immer noch in Betrieb befindlichen Anlagen vorbei. Verkehrstechnisch hat der Kanal heute keine Bedeutung mehr, zumindest für Frachtschiffe. Pläne den Kanal zu einer europäischen Hauptwasserstraße auszubauen wurden verworfen. Für Freizeitkapitäne ist der 237 Kilometer lange Kanal von Mulhouse bis zur Mündung in die Sâone befahrbar. Der Radfernweg EuroVelo 6 begleitet den Kanal auf ganzer Länge. 112 Schleusen werden dabei passiert, 72 von der Sâone bis zum Scheitelpunkt bei Montreux-Vieux und weitere 40 bis nach Mulhouse. Der gut ausgebaute und leicht zu fahrende Radweg lädt zum "Genussradeln" ein. Montreux-Château ist als Standort geradezu ideal für solch ein Vorhaben, hier steht man fasst am Scheitelpunkt der Wasserstraße. Allein der Stellplatz ist ziemlich klein und sehr beliebt. Wer an dieser

(026) Offizieller WOMO-Stellplatz: Montreux-Château

GPS: N47°36'07.1", E7°00'06.5", 341 m;
5 Rue de la Libération (D11), 90130 Montreux-Château.
Max. WOMOs: 8, maximale Länge 8 m.
Ausstattung: Wasserversorgung und Entsorgung mit Bodeneinlass, Kassettenentleerung, Stromanschlüsse, Behälter für die Müllentsorgung, max. Aufenthaltsdauer: 7 Tage, ganzjährig geöffnet.
Beschreibung: Befestigter Platz, Ortsrandlage an einer Schleuse des Rhein-Rhône-Kanals neben dem Restaurant La Péniche, nachts ruhig.
Die Ver- und Entsorgungsstation ist gut anzufahren und befindet sich vor der Schranke. Der Platz ist ziemlich eng. Auf dem theoretisch möglichen und größeren Ausweichparkplatz am gegenüberliegenden Restaurant ist die Übernachtung nicht gestattet.

Preise: Gebühr pro Tag 5,00 €. Stromversorgung, Entsorgung und Frischwasser ist kostenlos. Die Bezahlung erfolgt über einen Automaten, der einen Code generiert, den man dann an der Schranke zum Stellplatz einzugeben hat.

Stelle keinen Platz findet, kann auf das etwas größere Areal in Chavannes-sur-l'Étang ausweichen. Um eine Radtour entlang des Kanals zu machen, müssen dann etwa zwei Kilometer über die D32 nach Montreux-Vieux gefahren werden, dort trifft man auf den Rhein-Rhône-Kanal. Schwer zu fahren ist der Radweg nicht, das können wir immer wieder nur betonen. Er lässt sich auch gut mit Kindern befahren, Autoverkehr hat man kaum. Vielleicht kommt mal ein Schleusenwärter mit seinem Dienstfahrzeug entgegen, ansonsten ist der Weg entlang des Kanals den Radfahrern und Fußgängern vorbehalten.

Ankerplatz an der Schleuse bei Montreux-Château.

Als Planungshilfe einige Kilometerangaben: Von Montreux-Château bis zum Hafen von Dannemarie sind es ca. 10 Kilometer mit einem Höhenunterschied von rund 50 Metern, bis zum Hafen von Mulhouse 34 Kilometer und 108 Meter Höhenunterschied. In die andere Richtung sind es bis nach Montbéliard rund 22 Kilometer mit einem Höhenunterschied von 22 Metern und bis nach Baume-les-Dames 70 Kilometer mit einem Höhenunterschied von 86 Metern. Bis auf die Strecke nach Baume-les-Dames lassen sich die kürzeren Wege bequem an einem Tag hin- und her fahren, mit den

(027) Offizieller WOMO-Stellplatz: Chavannes-sur-l'Étang – Aire de la Porte d'Alsace

GPS: N47°38'00", E7°01'07", 351 m;
Rue d'Alsace, 68210 Chavannes-sur-l'Étang.
Max. WOMOs: 20, maximale Länge 9 m, max. Aufenthalt 5 Tage.
Ausstattung: Wasserversorgung und Entsorgung mit Bodeneinlass, Kassettenentleerung, Stromanschlüsse, Behälter für die Müllentsorgung, WC, WiFi, ganzjährig geöffnet. Ver- und Entsorgung von April bis Oktober in Betrieb.

Beschreibung: Asphaltierter Platz mit Rasenflächen neben dem Bureau d'Information touristique. Ortsrandlage am Waldrand, nachts ruhig.
Preise: Gebühr pro Tag 8,00 €. Die Wasser- und die Stromversorgung sowie die Entsorgung ist kostenlos. Die Gebühren sind im Büro zu entrichten
Zufahrt: Über die Rue d'Alsace (D419) von Chavannes-sur l'Étang in Richtung Belfort.
Reservierung/Kontakt: Tel.: +33 89252399
E-Mail: info@cc-porte-alsace.fr, Web: www.cc-porte-alsace.fr.

mittlerweile weit verbreiteten e-bikes ist das natürlich noch wesentlich einfacher. Die kurze Strecke nach Dannemarie empfiehlt sich in jedem Fall, führt sie doch an der sehr markanten Schleusentreppe vorbei (siehe Foto auf Seite 50). In Abständen von 100 bis 350 Metern folgen zwölf Schleusen aufeinander, mit dem Boot fast eine Tagestour.

Aber wir sind ja nicht mit dem Boot unterwegs, sondern mit dem WOMO und wenden uns, da wir nunmehr in der Burgundischen Pforte angekommen sind, der Stadt Belfort zu. Vorher fassen wir noch einmal kurz zusammen, was diesen Übergang so interessant und wichtig macht. Belfort liegt übrigens nicht am Rhein-Rhône-Kanal.

Burgundische Pforte

An der A36 weisen große Schilder mit der Aufschrift "partage des eaux" auf die Wasserscheide zwischen der Nordsee und dem Mittelmeer hin. Wer diese Schilder zwischen Mulhouse und Belfort passiert, befindet sich auf dem Scheitelpunkt der Burgundischen Pforte (frz. Trouée de Belfort oder auch Porte d'Alsace). Wer unserer Route von Mulhouse über Dannemarie nach Belfort folgt, sieht allerdings nirgendwo am Straßenrand diesen Hinweis.

Diese rund 300 bis 400 Meter hohe hügelige Landschaft zwischen den Vogesen im Norden und dem Jura im Süden ist Teil der Mittelmeer-Mjösen-Zone, einer Bruchzone, die über das Rhônetal und den Bresse-Graben in den Oberrheingraben geht und bis zum Mjösensee (Mjøsa) in Südnorwegen reicht. Dieser 30 bis 40 Kilometer breite Sattel lässt warme Luftströmungen durch das Rhônetal in den Oberrheingraben und die Nordwestschweiz fließen und beschert diesen Regionen ein mildes Klima. Diesen niedrigen Übergang zwischen Burgund und dem Elsass nutzten bereits die Kelten und die Römer für ihre Handelswege. Heute bündeln sich hier die modernen Verkehrswege in Form der Autobahn, der TGV-Strecke Besançon-Strasbourg und andere Straßen. Auch für den Rhein-Rhône-Kanal (frz.: Canal du Rhône au Rhin) wurde dieser niedrige Übergang genutzt, der mit zahlreichen Schleusen aus Richtung Besançon hinaufführt und unter anderem mit den spektakulär dicht aufeinanderfolgenden Schleusen bei Dannemarie in Richtung Mulhouse wieder hinunterführt, bis er schließlich am Rhein endet. Die höchste Linie des Sattels bildet auch die Grenze zwischen dem Departement Haut-Rhin im Elsass und dem Territoire de Belfort, das zur Region Bourgogne-Franche-Comté gehört. Über Jahrhunderte war diese Grenze Schauplatz von militärischen Konflikten, vor allem zwischen Deutschland und Frankreich. Die zahlreichen Festungsanlagen in und um der militärstrategisch wichtigen Stadt Belfort legen darüber Zeugnis ab.

Wir verlassen Montreux-Château beziehungsweise Chavannes-sur-l'Étang und fahren über die D419 in Richtung Belfort. Es wird merklich hügeliger. Wir wollen uns zunächst einige der alten Verteidigungsanlagen ansehen, die in der Umgebung von Belfort in großer Zahl vorhanden sind.

Der Osten Frankreichs ist bekanntlich übersät mit Festungsanlagen. In diesem und auch in unserem Alpenbuch begegnen sie uns häufig. Hinweisschilder an den Straßen weisen immer wieder auf die Forts und Châteaus hin. Viele davon sind für Besucher geöffnet, mit Museen erweitert oder werden als Verwaltungsgebäude, Tierheime oder gar als Käserei genutzt. Einige dienen immer noch militärischen Zwecken. Die Vauban-Festungen sind Besuchermagnete und seit sie von der UNESCO mit dem Welterbestatus geadelt wurden, wird das Interesse noch größer. Die Städte wissen es werbewirksam umzusetzen.

Wir besuchen in diesem und im Alpenbuch nicht alle Festungen, die es in dieser Region gibt, das sind einfach zu viele. Wir haben uns die herausgepickt, die eine besondere historische Bedeutung haben und auch die, die wir als WOMO-Fahrer gut als Übernachtungsplatz und als Startplatz für eine Wanderung oder Radtour nutzen können.

Um nun nicht bei jeder Festung den gesamten historischen Kontext zu wiederholen, der zum Bau der jeweiligen Anlage gehört, haben wir uns dazu entschlossen, die wesentlichen Ereignisse, die zum Bau dieser Festungen geführt haben, hier einzufügen.

Die Festungen im Jura und in den Alpen

Unter **Ludwig dem XIV.**, dem Sonnenkönig, erreichte Frankreich durch zahlreiche Kriege seine bis dahin größte territoriale Ausdehnung. In unserem Reisegebiet annektierte er 1678 die Franche Comté, die Freigrafschaft Burgund, die bis dahin zu Spanien gehörte. Um seinen Herrschaftsbereich militärisch abzusichern, ließ er im ganzen Land Festungen errichten. Dies war die große Zeit des **Sébastien Le**

Prestre de Vauban (siehe Seite 122), dem Festungsbaumeister Ludwigs XIV. Über 160 Befestigungsanlagen wurden unter der Regie von Vauban neu errichtet oder verstärkt. Diese Anlagen blieben im Wesentlichen unverändert bis zum Deutsch-Französischen Krieg 1870/71. Die zwischenzeitlich vorgenommenen Verstärkungen der Anlagen reichten nicht aus, um gegen neuere Entwicklungen in der Militärtechnik zu bestehen. Der Artillerie der Preußen mit ihren kruppschen Kanonen konnten sie nicht standhalten, auch wenn sie wie in Belfort "heldenhaft" Widerstand leisteten. Der Krieg 1870/71 wurde für die Franzosen ein Trauma und war ein wesentlicher Beitrag zu der sogenannten "Erbfeindschaft" zwischen unseren beiden Nationen und gleichzeitig Initialzündung für die nächste Aufrüstungsspirale.

Mit der **Barrière de fer**, der Eisernen Barriere, auch als **Système Séré de Rivières** bekannt, benannt nach dem ausführenden General **Raymond Adolphe Séré de Rivières**, wurden zwischen 1883 und 1886 158 Forts, 40 Zwischenwerke und 254 Batterien gebaut.

Dieses Gesamtkonzept zur Verteidigung der Ostgrenze Frankreichs wurde von der Nordsee bis zum Mittelmeer errichtet. Die einzelnen Anlagen standen in der Regel in Sichtkontakt und die Kommunikation wurde mit Lichtsignalen betrieben. Zwischen den Anlagen wurde ein Feldbahnnetz eingerichtet, das die Versorgung mit Lebensmitteln und Munition sicherstellen sollte.

In Elsass-Lothringen, das nach dem Krieg 1870/71 vom Deutschen Reich annektiert wurde, war auch das deutsche Militär nicht untätig. Es setzte den Verteidigungsanlagen Frankreichs unter anderem den Festungsring um Straßburg entgegen und wenige Jahre später auch die riesige Festung Mutzig (Feste Kaiser Wilhelm II) bei Molsheim im Elsass. Beide Nationen rüsteten auf für den nächsten Krieg, wie es 1914 weiterging, ist bekannt.

Kaum waren die Festungsanlagen fertig, die in der Regel aus Mauerwerk bestanden und mit Erdreich abgedeckt waren, war die Kriegstechnik schon wieder einen Schritt weiter. Die Entwicklung der sogenannten Brisanzgranaten führten ab etwa 1890 dazu, dass die Festungsanlagen verstärkt werden mussten, wenn sie noch einen Schutz bieten sollten. Die Brisanzgranaten waren hochexplosive Geschosse, die gegenüber der alten, mit Schwarzpulver versehenen Munition eine vielfach höhere Sprengkraft besaßen und die klassischen Festungen leicht zerlegen konnten. Nur wenige Festungen wurden noch mit Stahlbeton verstärkt, der inzwischen in der zweiten Hälfte des 19. Jh. erfunden worden war. Der Festungsbau hatte sich überlebt. Die allermeisten Festungen der Barrière de fer, waren nie in Kampfhandlungen verwickelt. Fast alle stehen noch und sind heute die steinernen und stummen Zeugen konfliktreicher Zeiten in Europa.

Im Wesentlichen stammen die Festungen also aus zwei Epochen. Die erste geht auf Vauban zurück, die zweite auf **Raymond Adolphe Séré de Rivières**.

Nach diesem kurzen Überblick des Festungsbaus in Frankreich setzen wir unsere Tour fort. Wir fahren ungefähr neun Kilometer bis nach **Bessoncourt**. Wir durchfahren den Ort weiter in Richtung Belfort. Am Ortsende geht es rechts ab in die Rue du Fort de Sénarmont und nach 300 Metern ist der Park- und Picknickplatz des Forts bereits erreicht. Ein Hinweisschild, das auf das Fort aufmerksam macht, gibt es übrigens nicht. Das Fort ist gewöhnlich geschlossen, nur zu besonderen Anlässen oder nach Voranmeldung kann es besichtigt werden. Die Website www.fort-bessoncourt.fr des Forts informiert über die Öffnungszeiten. Der Picknickplatz am Fort ist das ganze Jahr über frei anfahrbar. Er eignet sich sehr gut für eine Übernachtung [**028:** N47°38'52.7" E6°55'32.2"] . Er ist mit Tischen, Bänken, Mülleimern und einem Wetterschutz

Fort Sénarmont in Bessoncourt vor den Toren Belforts.

ausgestattet. Die relativ nah vorbeiführende Autobahn stört nicht. Sehen kann man sie nicht und zu hören ist nur sehr wenig.

Picknickplatz am Fort Sénarmont in Bessoncourt.

Die Anlage gehört zum zweiten Festungsgürtel von Belfort und damit zum System Barrière de fer. Die Anlage ist relativ groß und wurde aus Kalkstein gemauert. Sie ist von tiefen Gräben umgeben und war mit 25 Kanonen bestückt. Ihre Aufgabe war es, die Straßen nach Colmar und Basel sowie die Eisenbahnlinie nach Mulhouse zu schützen sowie die Forts de Roppe (nordöstlich von Belfort) und Vézelois (südöstlich von Belfort) zu sichern.

Die Burgundische Pforte als strategisch besonders wichtiger Ort wurde insgesamt mit 25 Forts und Zwischenwerken abgeriegelt, mittendrin die Zitadelle von Belfort.

Fort Vézelois, auch **Fort Ordener** genannt, liegt gut sieben Kilometer südöstlich vom Fort Sénarmont. Es befindet sich an der Rue de Vezelois 24 in 90400 Meroux. Sie finden es mit diesen Koordinaten [GPS: N47°36'06.0" E6°54'27.1"]. Als Übernachtungsplatz scheint uns dieser Ort weniger geeignet. Das Fort kann besichtigt werden und ist im Gegensatz zum Fort Sénarmont in den Sommermonaten Juli und August jeden Mittwoch ab 14:00 Uhr für Besucher geöffnet. Der Eintritt kostet 5,00 € pro Person. Auch für dieses Fort wurde eine Website angelegt www.fortdevezelois.com. Vor einem Besuch ist eine Überprüfung der Öffnungszeit ratsam.

Fort Vézelois südöstlich von Belfort.

Ein Besuch der nächsten beiden Festungsanlagen **Fort Basses Perches** und **Fort Hautes Perches** wird schwierig bzw. unmöglich. Fort Hautes Perches liegt im militärischen Sperrgebiet, hier ist der Zutritt für Besucher gar nicht möglich. Belfort ist immer noch ein bedeutender Militärstützpunkt in Frankreich, daran hat sich seit Vaubans Zeiten nichts geändert.

Das Fort Basses Perches ist eingezäunt, kann aber besucht werden. Es gibt keine regelmäßigen Öffnungszeiten. Gelegentlich finden Veranstaltungen auf dem Gelände statt. Nähere Informationen gibt es dazu auf der Website der Freunde des Forts, die sich ehrenamtlich um die Erhaltung und Pflege der Anlage bemühen http://fortbassesperches.com. Bei unserem Besuch hatten wir Glück, die Anlage war geöffnet. Es wurden gerade Vorbereitungen für eine Veranstaltung getroffen und wir erhielten eine Privatführung in perfektem Deutsch mit leicht holländischem Akzent, denn derjenige, der gewöhnlich die Besucher durch die Anlage führt, ist gebürtiger Niederländer, lebt seit Jahrzehnten in Frankreich und hatte schon in seinen Kindertagen die deutsche Sprache erlernt.

Fort Basses Perches.

Sollten Sie die Möglichkeit haben, das Fort besuchen zu können, so werden Sie mit einem Parkproblem konfrontiert werden. Das Fort ist nur über die Rue des Perches zu erreichen (siehe Stadtplan Seite 63 unten). An der Straße zu parken ist nicht möglich, sie ist viel zu schmal. Direkt vor dem Fort zu

Blick vom Fort Basses Perches auf die Zitadelle von Belfort.

Fort Basses Perches mit Blumenschmuck..

parken ist begrenzt möglich, allerdings ist der Waldweg zum Fort nur kastenwagentauglich. Am Ende der Rue des Perches, dort wo sie im rechten Winkel nach Nordosten abbiegt, gibt es einen kleinen Platz, um das Fahrzeug abzustellen.

Die Geschichte dieser beiden Forts im Südosten Belforts ist von besonderer Bedeutung, weil sie von den Preußen 1871 nach langer Belagerung erobert wurden und danach der Krieg endlich ein Ende fand. Auf der Website der Freunde des Forts können Sie das alles im Detail nachlesen. Wir liefern hier nur eine Kurzfassung.

Belfort ist seit dem Mittelalter eine befestigte Stadt. Die erste Burg wurde 1226 erbaut. Nach mehreren Belagerungen wurden die Festungsanlagen in der Mitte des 17. Jahrhunderts erweitert. Auch Vauban der Festungsbaumeister Ludwig XIV hatte einen großen Anteil an den Baumaßnahmen. Er fügte ein zweites Verteidigungssystem hinzu, das die Sicherheit wesentlich erhöhte und die preußische Armee 1815 bei dem Versuch, die Stadt zu erobern, scheitern ließ. Doch wenige Jahre später entsprach dieses Verteidigungssystem schon nicht mehr den Anforderungen.

Die Entwicklung der Artillerie erforderte in den folgenden Jahrzehnten einen größeren Ring von Verteidigungsbauwerken, La Miotte und La Justice kamen in der ersten Hälfte des 19. Jahrhunderts hinzu, Fort de Barres sowie **Basses Perches** und **Hautes Perches** erst mit Beginn des Deutsch-Französischen Krieges 1870 (sie sind alle auf dem Stadtplan verzeichnet). Ein weiteres Fort wurde zu Beginn des 20. Jh. zerstört und ist längst überbaut.

Nachdem die preußischen Truppen bereits 1870 in den anderen Landesteilen Frankreichs siegreich die Kampfhandlungen beendet hatten, wurde der Belagerungsring um Belfort mit den nun frei gewordenen Kapazitäten verstärkt. Kontinuierlich kämpften sich die Preußen zwischen November 1870 und Februar 1871 von Süden an die beiden Festungen Basses Perches und Hautes Perches heran. Die Überlegenheit der Artillerie zwang die Franzosen zur Aufgabe der beiden Festungen. Nach der Übernahme wurden nun die preußischen Geschütze in diesen Anlagen installiert und mit freiem Schussfeld auf die Zitadelle, die Stadt und auf La Miotte und La Justice gerichtet. Eine weitere Verteidigung war sinnlos. Die kruppschen Kanonen konnten bis zu zehn Schuss pro Minute abfeuern und entfalteten mit ihrer hohen Treffsicherheit und Durchschlagskraft eine verheerende Wirkung. Eine Kapitulation war das Gebot der Stunde, um weiteres Blutvergießen zu vermeiden. Am 15. Februar wurde die Kapitulation vollzogen und am 18. Februar zog der preußische General von Resckow in Belfort ein. Die französischen Truppen waren vorher, wie im Waffenstillstand vereinbart, mit ihren verbliebenen Waffen abgezogen. 4747 Tote hatten die Franzosen zu beklagen, 2137 gefallene Soldaten zählten die Preußen auf ihrer Seite. Mit dieser Kapitulation war der deutsch-französische Krieg beendet. **Napoleon III.**, dessen Salonwagen wir im Musée du Train gesehen haben, war nicht mehr Kaiser von Frankreich, Elsass und Lothringen wurden dem Deutschen Reich angegliedert und das **Territoire de Belfort**, dass bis 1871 zum Department Haut Rhin und damit zum Elsass gehörte, wurde von dieser Annexion ausgeklammert. Auch dies wurde bereits bei den Waffenstillstandsverhandlungen vereinbart und in dem Friedensvertrag von Frankfurt 1871 bestätigt. Es wurde ein selbstständiges Département und blieb dies auch nach der Rückgliederung des Elsass in Frankreich im Jahre 1919.

Teilansicht der Zitadelle von Belfort.

Der **Löwe von Belfort**, die monumentale gemauerte Steinskulptur aus rotem Vogesensandstein, erinnert an den Widerstand der Stadt während der Belagerung. Sie ist 22 Meter lang und 11 Meter hoch. Die Skulptur wurde zwischen 1875 und 1880 von dem Bildhauer **Fréderic Auguste Bartholdi** geschaffen, von dem Künstler, der auch die Freiheitsstatue auf Liberty Island vor New York schuf.

Heute ist der Löwe das Wahrzeichen der Stadt. Von der Besucherplattform vor dem Sockel des Monuments kann man ihn aus der Nähe betrachten. In den Abendstunden wird er angestrahlt und kommt dann farblich besonders schön zur Geltung.

Der Löwe von Belfort.

(029) WOMO-Stellplatz: Belfort – Rue Jean-Pierre Melville

GPS: N47°38'24", E6°51'59", 365 m; Rue Jean-Pierre Melville 4, 90020 Belfort.
Max. WOMOs: 3, maximale Länge 7 m, max. Aufenthaltsdauer: 24 h.

Ausstattung: Keinerlei Versorgungseinrichtungen, ganzjährig geöffnet.
Beschreibung: Kleiner, enger asphaltierter Platz für Kastenwagen direkt an der Festung.
Preise: Gebührenfrei.
Zufahrt: Von der D583 (Autobahnzubringer) an der zweiten Ampelkreuzung links in Richtung Fort abbiegen.

(030) Offizieller WOMO-Stellplatz: Belfort – Aire de Camping-Car l'Epide

GPS: N47°38'31.1", E6°51'56.7", 373 m; Avenue de la Miotte, 90020 Belfort.
Max. WOMOs: >20, maximale Länge 8 m, max. Aufenthaltsdauer: 48 h.
Ausstattung: Wasserversorgung und Entsorgung mit Bodeneinlass, Kassettenentleerung, 8 Stromanschlüsse, Behälter für die Müllentsorgung, ganzjährig geöffnet.

Beschreibung: Asphaltierter Nebenbereich eines gemischten Parkplatzes im Stadtgebiet mit einer Mauer zur Straße abgegrenzt, deshalb auch relativ ruhig. Schmale Stellflächen.
Preise: Gebührenfrei. Stromversorgung, Entsorgung und Frischwasser alles kostenlos.
Zufahrt: Über die D583, die in die D83 übergeht (Autobahnzubringer) am Ende der geteilten Fahrbahn rechts abbiegen.

Weiter geht es nach **Belfort**. Um das WOMO abzustellen, haben wir für Sie drei Möglichkeiten herausgesucht. Der erste Platz ist für große Fahrzeuge nicht geeignet, hier findet die Kastenwagenfraktion aber ein schattiges Plätzchen. Der zweite eignet sich für alle Größen. Auch wenn nur acht Plätze offiziell ausgewiesen sind, bietet die Parkfläche doch sehr viel mehr Raum, auf der man ungehindert stehen kann. Auf einen Stromanschluss muss man dann allerdings verzichten, das ist der einzige Nachteil. Der Campingplatz bietet sich für diejenigen an, die etwas länger bleiben wollen und zwischendurch auch gern einmal in das kühle Nass eines Schwimmbades springen möchten. Von allen drei Plätzen ist er am weitesten von der Zitadelle entfernt, 2,5 Kilometer sind hier zu Fuß zurückzulegen. Von den anderen beiden Plätzen sind die Zitadelle und die Innenstadt bequem zu erreichen.

Die folgende Beschreibung folgt der grün gepunkteten Linie auf dem Stadtplan. Der Rundweg beginnt und endet auf dem

(031) WOMO-Campingplatz: Belfort – Camping l'Étang des Forges

GPS: N47°39'12.0" E6°51'53.8", 365 m;
Rue du Général Bethouart 1, 90020 Belfort.
Max. WOMOs: >10, maximale Länge 8 m, Plätze 80-100 qm.

Ausstattung: Rasenplätze mit Wasserversorgung und Entsorgung mit Bodeneinlass, Kassettenentleerung, Stromanschlüsse, Behälter für die Müllentsorgung, Wifi, Schwimmbad, Sportgelände (Volleyball, Bogenschießen), Kanu- und e-bikeverleih. Geöffnet von April – Okt.
Beschreibung: Am Rande des Etang des Forges, sehr ruhig.
Preise: Je nach Saison für die Übernachtung vor der Schranke 9,00 bis 11,00 € für ein Fahrzeug mit 2 Personen. Auf dem Platz variieren die Preise je nach Saison zwischen 18,00 und 21,00 €, bei einer Mindestaufenthaltsdauer von 2 Tagen. Stromversorgung, Entsorgung und Frischwasser ist im Preis enthalten.
Zufahrt: Über die D83 und die D13 (Av. Jean Moulin) der Beschilderung zum Camping International de l'Étang des Forges folgen.
Reservierung/Kontakt: Tel.: 03 84 22 54 92
E-Mail: contact@camping-belfort.com,
Web: www.camping-belfort.com.

Stellplatz l'Epide und ist rund drei Kilometer lang. Einkehrmöglichkeiten gibt es auf diesem Spaziergang mehrere. Für den Weg zum **Fort La Miotte** sind hin und zurück etwas mehr als zwei Kilometer zu gehen.

Vom Stellplatz ist es nur ein kurzer Weg bis zur Demi-Lune einem dreieckigen Vorwerk und der kleinen Brücke mit dem mächtigen Torturm, der den Eingang in die Zitadelle gewährt. **Breisacher Tor (Porte de Brisach)** heißt das Bauwerk und ist links und rechts mit mächtigem Mauerwerk eingefasst. Vauban ließ dieses Tor 1687 erbauen bzw. verschönern. Das Li-

Das Breisacher Tor, östlicher Eingang in die Zitadelle von Belfort.

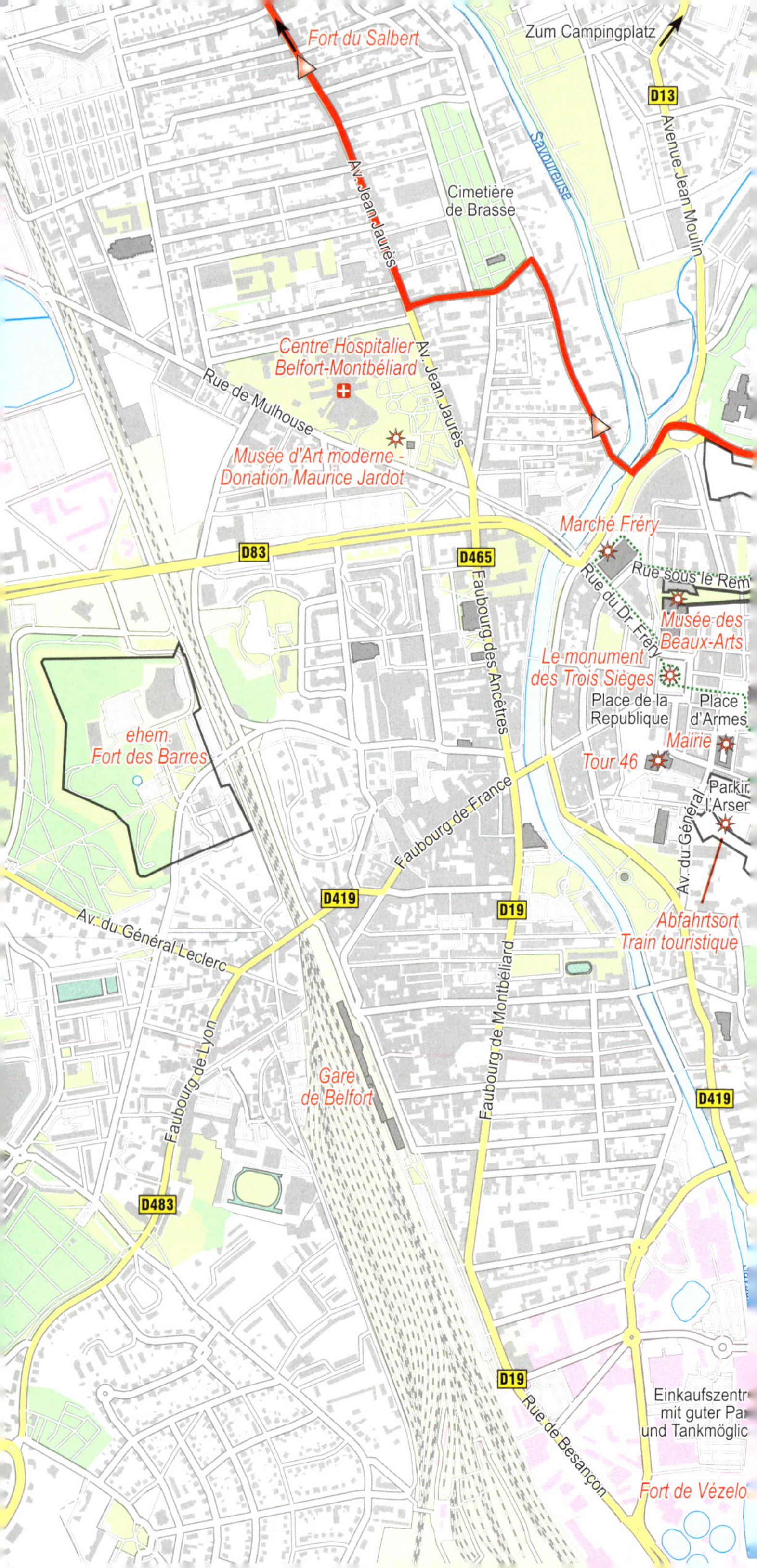

Fort du Salbert
Zum Campingplatz
D13
Avenue Jean Moulin
Savoureuse
Av. Jean Jaurès
Cimetière
de Brasse
Centre Hospitalier
Belfort-Montbéliard
Av. Jean Jaurès
Rue de Mulhouse
Musée d'Art moderne -
Donation Maurice Jardot
Marché Fréry
D83
D465
Rue sous le Rem
Rue du Dr. Fréry
Musée des
Beaux-Arts
Faubourg des Ancêtres
Le monument
des Trois Sièges
Place de la
Republique
Place
d'Armes
ehem.
Fort des Barres
Mairie
Tour 46
Faubourg de France
Parkin
l'Arser
Av. du Général
D419
D19
Av. du Général Leclerc
Abfahrtsort
Train touristique
Faubourg de Lyon
Faubourg de Montbéliard
Gare
de Belfort
D419
D483
D19
Rue de Besançon
Einkaufszentr
mit guter Pa
und Tankmöglic
Fort de Vézelo

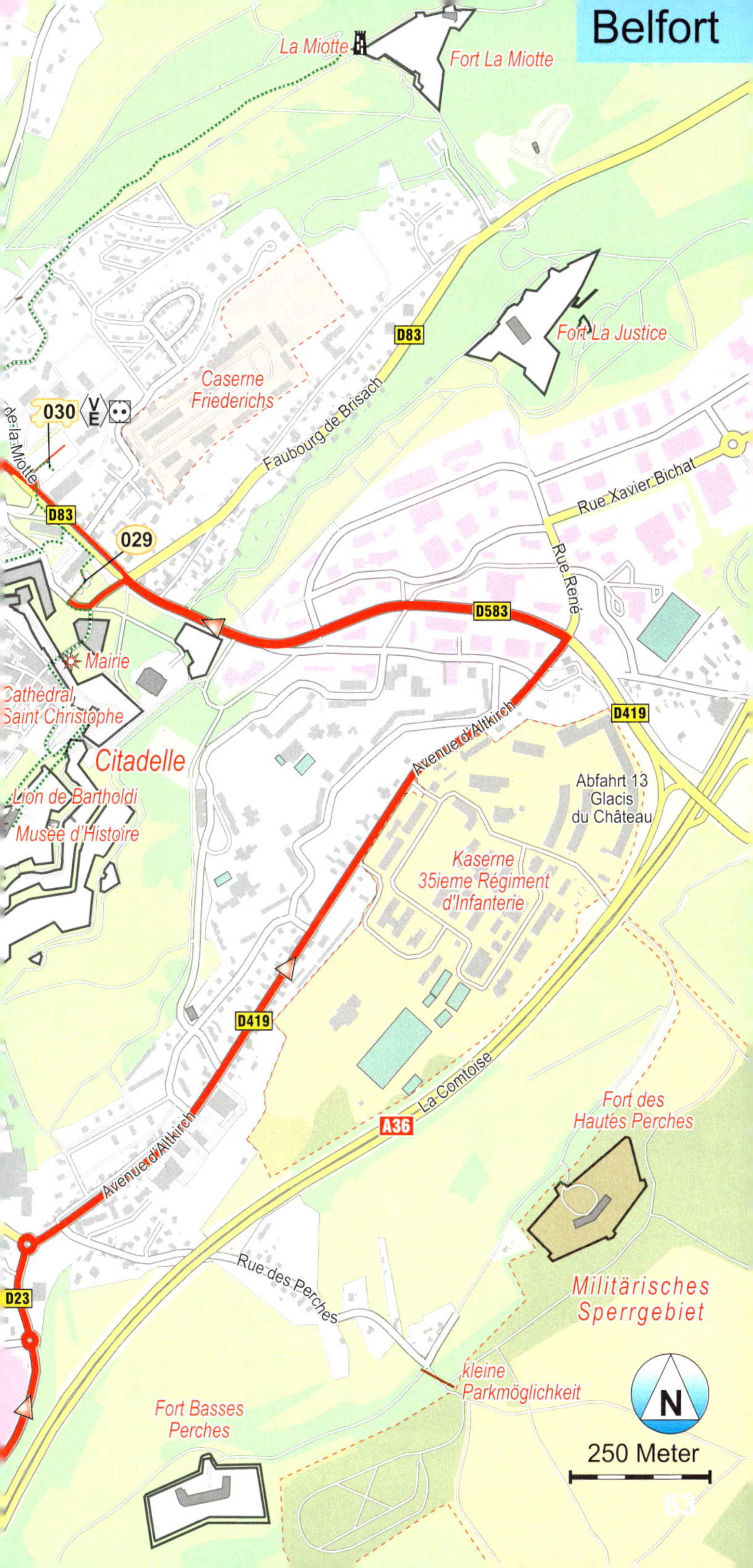
La Miotte
Fort La Miotte
Fort La Justice
D83
Caserne
Friederichs
030
V
E
de-la-Miotte
Faubourg de Brisach
Rue Xavier Bichat
D83
029
Rue René
D583
Mairie
Cathédral
Saint Christophe
Citadelle
Lion de Bartholdi
Musée d'Histoire
D419
Avenue d'Altkirch
Abfahrt 13
Glacis
du Château
Kaserne
35ieme Régiment
d'Infanterie
D419
La Comtoise
A36
Fort des
Hautes Perches
Avenue d'Altkirch
Militärisches
Sperrgebiet
D23
Rue des Perches
kleine
Parkmöglichkeit
Fort Basses
Perches
N
250 Meter

Scharwachttürmchen, geschützte Beobachtungsposition für Wächter der Zitadelle.

lienwappen oberhalb der Durchfahrt ist eine Huldigung an Ludwig XIV.

Hinter dem Durchgang geht es links weiter und über die Treppe oder entlang der schmalen Straße zu einem PKW-Parkplatz. Von hier führen zwei Fußwege weiter. Einer geht hoch zur Festung, der andere führt zum Löwen und von dort auch wieder hinunter in die Stadt. Wir wählen den Weg zur Festung. Er führt durch Tunnels auf den ehemaligen Ehrenhof, wo sich heute das **Historische Museum (Musée d'Histoire)** und ein kleines Restaurant befinden. Zwischendrin geht es über

Blick von der Aussichtsplattform der Zitadelle auf die Innenstadt von Belfort.

eine Zugbrücke an der eine Fotografie zeigt, welche Schäden die Artillerieangriffe 1870/71 erzeugt haben. Das Historische Museum ist in der ehemaligen Kaserne untergebracht. Es widmet sich nicht nur den Festungsanlagen und dem Deutsch-Französischen Krieg, sondern reicht mit seinen Exponaten bis in die Steinzeit zurück. In den Sommermonaten ist das Museum täglich von 10:00 bis 19:00 Uhr geöffnet. In den anderen Monaten sind die Öffnungszeiten reduziert. Die genauen Zeiten finden Sie hier: www.museumspass.com/Museen/Belfort/Musee-d-Histoire. Auf der ehemaligen Kaserne befindet sich eine große Aussichtsplattform. Den Gang hinauf sollten Sie nicht auslassen, gewährt diese Plattform doch eine fantastische Aussicht auf die Festungsanlage, die Stadt, die Burgundische Pforte sowie dem Jura im Süden und den Vogesen im Norden.

Massiv gesicherte Tunnelgänge führen hinauf zum Ehrenhof der Festung.

In der Mitte des Bildes die Kathedrale, im fernen Hintergrund die Vogesen.

Um zum **Löwen von Belfort (Le Lion de Belfort)**, diesem kolossalen Monument von Bartholdi zu gelangen, geht der Weg durch die Tunnelanlagen zurück und am Fuß der Festungsmauer entlang. Er ist ausgeschildert und gar nicht zu verfehlen. Von dort führen Treppen hinunter in die Stadt. Kleine Restaurants finden sich auf dem Weg rund um den Platz der **Großen Fontaine (Place de la Grande Fontaine)** oder auch in der Grand Rue. Weiter geht es zum **Exerzierplatz (Place d'Armes)**. Hier sind die Kathedrale und das Rathaus zu sehen. Wenige Meter weiter befindet sich der **Platz der Republik (Place de la République)** mit einem Denkmal von Bartholdi **(le monument des Trois Sièges)**, das an drei Belagerungen der Stadt erinnert (1813/14 mit Jean Legrand als Kommandant, 1815 mit General Lecourbe und 1870/71 mit Colonel Denfert-Rochereau als Verteidiger Belforts.

Sehr auffällig ist die große Markthalle **Marché Fréry** an der Rue du Dr. Fréry, die freitags und samstags von 7.00 Uhr bis 13.00 Uhr geöffnet ist. In der 16 Meter hohen lichtdurchfluteten Stahlkonstruktion aus dem Jahre 1905 werden auf einer Fläche von 2258 Quadratmetern nicht nur regionale Spezialitäten angeboten. Auf

Restaurants an der Grande Rue.

le monument des Trois Sièges, Denkmal von Bartholdi auf dem Platz der Republik.

Musée des Beaux Arts im von Vauban entworfenen Festungsturm 41.

Die Markthalle Marché Fréry.

dem weiteren Weg liegt noch das **Museum der schönen Künste (Musée des Beaux-Arts)**, das in einem der von Vauban entworfenen Festungstürme untergebracht ist. Es werden mehrheitlich Bilder alter Meister von Künstlern ausgestellt, die weniger bekannt sind. Ausnahmen bilden Werke von Dürer und Auguste Rodin. Für die kunstorientierten Leser wollen wir der Vollständigkeit halber noch auf das **Museum moderner Kunst (Musée d'Art moderne - Donation Maurice Jardot)** in der Rue de Mulhouse hinweisen. Unter den 150 Werken, die ausgestellt sind, finden sich Zeichnungen und Skulpturen von Georges Braque, Le Corbusier und Pablo Picasso. Die Öffnungszeiten können Sie hier finden www.musees-franchecomte.com. Auf dieser Website sind auch die anderen Museen in der Franche-Comté mit ihren Öffnungszeiten aufgeführt.

Turm der Festung La Miotte.

Wer sich noch die Mühe macht zur Festung **La Miotte** hinaufzugehen, kann den Turm, der als Beobachtungsstand

Ruine der optischen Telegraphenstation des Fort du Salbert. Hier wurden optische Signale der anderen Forts empfangen und von hier wurden mit dem Licht von Petroleumlampen oder mithilfe von Sonnenspiegeln Signale nach dem Morsealphabet an die umliegenden Forts geschickt. Die größte Distanz, die dabei überbrückt wurde, ging bis zum 67 km entfernten Fort Chailluz bei Besançon.

diente allerdings nicht besteigen. Aber die Aussicht ist auch so nicht schlecht. Zu Füßen der Festungsmauer liegt der **Étang des Forges**, der Campingplatz und am Horizont sind die Vogesen zu sehen. Auf der anderen Seite fällt der Blick auf die Zitadelle und im hügeligen grau verschwindet der Jura weit dahinter ein wenig aus dem Blick. Damit ist unser Stadtbummel durch Belfort auch schon zu Ende. Noch ein Hinweis: Wer mag, kann sich auch mit einer rund einstündigen Fahrt mit dem Train touristique die Sehenswürdigkeiten der Stadt ansehen. Abfahrtsort ist der Parkplatz l'Arsenal am Fuße des Löwen. In den Sommermonaten fährt der Zug täglich. In den Monaten September und Oktober

Étang du Malsaucy links und Étang de la Véronne rechts.

mittwochs bis sonntags. Die Fahrt mit Erklärungen (auch in deutscher Sprache) kostet sechs Euro pro Person.

Unser nächstes Ziel ist schon wieder ein Fort. Hier lassen wir die Festungsgeschichte weg. Auf den Hinweistafeln rund um die Anlage finden sie sehr ausführliche Beschreibungen und viele Informationen über das **Fort du Salbert** [**032:** N47°39'38.0" E6°49'01.9"], das einfach schön liegt und sich als Wandergebiet und als Übernachtungsort in hervorragender Weise eignet. Einziger Nachteil: die Straße, die hochführt, ist recht schmal. Solange man keinen Gegenverkehr hat, ist das Sträßchen gut zu befahren, auch wenn man wegen der kurvenreichen Strecke am Lenkrad viel zu tun hat. Für den Gegenverkehr gibt es Ausweichmöglichkeiten, sodass es eigentlich kein Problem sein dürfte, den Weg nach oben zu finden, wenn man nicht gerade zum ersten Mal mit einem WOMO unterwegs ist.

Grill-, Spiel- und Übernachtungsplatz am Fort du Salbert.

Oben findet man einen großen Grillplatz mit Tischen und Bänken und einen Kinderspielplatz vor. Nachts herrscht hier himmlische Ruhe. Tagsüber lassen sich auf der Höhe schöne Spaziergänge unternehmen. Belfort liegt einem auf der Südseite zu Füßen und auf der Nordseite kann man in der Fer-

Étang de la Véronne, ein ruhiges Fischgewässer.

ne bei genauer Betrachtung bereits die Corbusier-Kapelle in Ronchamp erkennen. Klar erkennbar sind die beiden Seen **Étang du Malsaucy** und der **Étang de la Véronne** am Fuße des Berges. Hierher lässt es sich auf den gut ausgewiesenen Wegen wandern, es sind rund 4,5 Kilometer.

Begeben wir uns doch gleich zu den Seen. Mit dem WOMO sind es rund elf Kilometer und man benötigt mindestens eine halbe Stunde dafür.

An den Seen gibt es beiderseits der Straße große Parkplätze [**033:** N47°41'03.2" E6°48'50.2"]. Der seenähere ist asphaltiert, der andere geschottert. Für eine Übernachtung eignen sich beide, nur dann nicht, wenn wie jedes Jahr Anfang Juli zwischen den beiden Seen die **Eurockéennes**, eines der größten Rockfestivals Frankreichs stattfindet. Dann tummeln sich hier so um die 100.000 Besucher bei bekannt unleiser Musik an den Seeufern. In dieser Zeit ist die Beschaulichkeit der Seen unterbrochen. Kein Angler sitzt dann in aller Seelenruhe am Étang de la Véronne, der als reines Fischgewässer zum Baden nicht erlaubt ist und gleichzeitig als Trinkwasserreserve dient.

Badestrand am Étang du Malsaucy.

Angler am Étang de la Véronne.

Badegäste finden am Strand des 55 Hektar großen Étang du Malsaucy viel Platz. Die bereits im 15. Jahrhundert angelegten künstlichen Seen sind übrigens frei zugänglich. Eintritt muss man nirgendwo zahlen, nur wer angeln möchte, muss sich ein Ticket am "maison des pêcheurs" am Parkplatzrand kaufen.

Ein vier Kilometer langer Naturlehrpfad wurde um den Étang de la Véronne angelegt. Barrierefrei geht es über Holzbohlenwege und geschotterten Wanderwegen an 15 Schautafeln vorbei, die über die hier vorkommenden Fisch- und Vogelarten informieren. Für den geduldigen Besucher ist eine überdachte Vogelbeobachtungsstation eingerichtet, von der Schwäne, Enten, Reiher, Fischadler und andere in diesem

"Vogelschutzgebiet mit herausragender Bedeutung", wie es offiziell genannt wird, beobachtet werden können.

Der Étang du Malsaucy ist der Badesee. Neben dem Badevergnügen am breiten Sandstrand bietet der See Platz für Segler, Surfer und anderem, nicht motorisierten Wassersport. In den Sommermonaten sorgen ein Café und ein Restaurant für das leibliche Wohl.

An den nächsten See gelangen wir auf dem Weg nach Ronchamp. Hier bietet ein großer Parkplatz an einem Baggersee bei **Champagney** [**034:** N47°42'16.9" E6°40'28.3"] eine gute Übernachtungsmöglichkeit. Auch wenn er direkt vor der Zufahrt zum Campingplatz liegt, ist ein nächtigen an diesem Ort kein Problem. Die Nutzung der Wohnmobilver- und entsorgungsanlage direkt am Eingang des Campingplatzes steht allen Wohnmobilisten während der Öffnungszeiten des Campingplatzes zur Verfügung. Für 2,00 € kann man Frischwasser tanken und sein Chemieklo und den Abwassertank entleeren. Der Badestrand des Baggersees befindet sich an der anderen Seite des Sees.

Der Architekt des Empfangsgebäudes des Campingplatzes in Champagney scheint ein Verehrer Le Corbusiers zu sein. Gewisse Parallelen zur Kapelle **Notre Dame du Haut** in Ronchamp sind einfach nicht von der Hand zu weisen. Nur fünf Kilometer ist die Kapelle, die seit 2016 mit anderen Corbu-

(035) WOMO-Campingplatz: Champagney – Camping des Ballastieres

GPS: N47°42' 22.5" E6°40'26.0", 364 m;
20 Rue du Pâquis, 70290 Champagney.
Max. WOMOs: >10, maximale Länge 8 m, Plätze ca. 100 qm.

Ausstattung: Rasenplätze mit Wasserver- und Entsorgung mit Bodeneinlass, Kassettenentleerung, Stromanschlüssen, Behälter für die Müllentsorgung, Wifi, Restaurant, Badestrand, Pool, Sportgelände (Volleyball, Bogenschießen), Kanuverleih.
Geöffnet von April – Okt.
Beschreibung: Am Rande des Baggersees am Ortsrand von Champagney, sehr ruhig.
Preise: Je nach Saison variieren die Preise zwischen 13,50 und 22,00 €, bei einer Mindestaufenthaltsdauer von 2 Tagen. Stromversorgung wird zusätzlich abgerechnet, Entsorgung und Frischwasser sind kostenlos.
Eine Nacht vor der Schranke inkl. Ver- und Entsorgung 11,00 € für ein Fahrzeug mit 2 Personen.
Zufahrt: Über die D4 in Champagney der Beschilderung zum Campingplatz folgen.
Reservierung/Kontakt: Tel.: 03 84 23 11 22
E-Mail: campingdesballastieres@ccrc70.fr,
Web: http://campingdesballastieres.com.

Die Kapelle Notre Dame du Haut in Ronchamp.

sier-Werken zum Welterbe der UNESCO zählt, entfernt. Die Architektur der Kapelle ist vollkommen untypisch für den in La Chaux-de-Fonds in der Schweiz geborenen Architekten, der sich mit seinen anderen Werken doch eher als ein Freund des rechten Winkels gezeigt hat. Seinem offensichtlich beliebtesten Baustoff, dem Beton, blieb er auch bei dem Bau von Notre Dame du Haut treu. "Beton – Es kommt drauf an, was man draus macht". Dieser Werbeslogan, der in den 80er-Jahren an jedem deutschen Zementlaster prangte, hätte von diesem großen Meister der Architektur kommen können. Er führte die auch heute noch übliche Spannbetondeckenkonstruktion, die nur von einem System von Pfeilern getragen wird, ein. Die

Die Fensterwand der Kapelle Notre Dame du Haut.

damit erzielte freie Grundrissgestaltung und freie Gestaltung der Fensterfronten überzeugte Auftraggeber weltweit. Er war ständig unterwegs, baute in Argentinien, in Japan, in Indien mit Chandigarh gleich eine ganze Stadt und zwischendurch auch noch zwei Häuser in der Stuttgarter Weißenhofsiedlung. Dieser viel beschäftigte Mann lehnte es zunächst ab, ein religiöses Gebäude in **Ronchamp** zu errichten. Doch mit Beharrlichkeit konnte er dann doch dazu bewegt werden, diesen Auftrag anzunehmen.

Der Hügel, auf dem die Kapelle steht, ist schon seit Jahrhunderten ein **Marienwallfahrtsort**. Die alte Kapelle war nach einer Zerstörung im Zweiten Weltkrieg nicht wieder aufgebaut worden. Die alten Steine der Ruine wurden zum Bau einer begehbaren Pyramide verwendet, die nur wenige Meter neben der neuen Kapelle steht.

Die von **Le Corbusier** gebaute Kapelle hat nach innen gewölbte Mauern und trägt eine überdimensionale Mütze aus Beton als Dach. Ehrfürchtig wird sie besucht, von den Pilgern aus Glaubensgründen, von Architekturstudenten und anderen aus Ehrfurcht vor dem großen Architekten, wie ich nach drei Besuchen meine sagen zu können. Diese Kapelle ist schon sehr ungewöhnlich und eher kühl und wirkt protestantisch im Vergleich zu den sonst mit Ornamentik und Bildern überladenen Gotteshäusern der katholischen Kirche. Aber schauen Sie selbst, sehenswert ist sie allemal. Das Klarissenkloster am Fuße der Kapelle stammt übrigens nicht von Le Corbusier, es wurde erst 2011 vom Architekten Renzo Piano erbaut.

Wie kommen Sie hin? Der Parkplatz der Kapelle ist von der Mitte des Ortes dank der guten Beschilderung ohne große Mühe zu erreichen [GPS: N47°42'11.6" E6°37'14.8"].

Klostergebäude unterhalb der Kapelle Notre Dame du Haut.

Den Hinweis auf den Pendelverkehr mit Bussen (service de navette) können Sie getrost ignorieren, wenn nicht gerade eine Wallfahrt stattfindet. Für den Besuch der Kapelle ist ein Eintritt in Höhe von 8,00 € pro Person zu entrichten.

Die Straße zur Kapelle führt an dem **Schacht Sainte-Marie** vorbei [**036:** N47°42'10.4" E6°37'47.5"], der an den Kohlebergbau in der Franche-Comté erinnert. Aufgegeben wurde der Abbau bereits Ende der 50er-Jahre. Nur wenige Bauwerke erinnern noch an die rund 150-jährige Geschichte dieses Industriezweigs. Ein Museum (**Musée de la Mine**, 33 Place de la Mairie, 70250 Ronchamp), informiert mit einer umfangreichen Ausstellung über die Bergbaugeschichte dieser Region. Die Öffnungszeiten und Eintrittspreise finden Sie auf dieser Seite www.mineronchamp.fr.

Schacht Sainte-Marie in Ronchamp.

Der Platz am Schacht Saint-Marie bietet sich durchaus für eine Übernachtung an. Bis zur Ortsmitte mit seinen wenigen Restaurants sind es nur 500 Meter.

Wenden wir uns dem nächsten Ziel zu. Durch

bewaldetes, hügeliges Gelände fahren wir über die D4 und die D438 rund 33 Kilometer bis nach Montbéliard. Der Stellplatz an der Merkzweckhalle "La Roselière" ist ideal, um das WOMO für einen Stadtbummel abzustellen, um Frischwasser zu tanken und um das WC zu leeren.

(037) WOMO-Stellplatz: Montbéliard, Aire Municipale

GPS: N47°30'24.1" E6°47'29.2", 314 m;
Rue du Champ de Foir, 25200 Montbéliard.
Max. WOMOs: 4, maximale Länge 8 m, max. Aufenthaltsdauer: 48 h.
Ausstattung: Wasserversorgung und Entsorgung mit Bodeneinlass, Kassettenentleerung, Stromanschluss nur an der Wasserversorgungseinrichtung, Behälter für die Müllentsorgung, ganzjährig geöffnet.

Beschreibung: Asphaltierter Nebenbereich eines gemischten Parkplatzes in der Nähe des Zentrums (750 Meter), unweit des Rhein-Rhône-Kanals und nur wenige Meter vom Großparkplatz entfernt. Schmale Stellflächen.
Preise: Gebührenfrei. Stromversorgung, und Frischwasser jeweils 2,00 €, Kassettenentleerung und Grauwasserentsorgung ist kostenlos. Für den Bezug von Strom und Wasser werden Jetons benötigt, die es an einem Automaten gibt, der sich in der Außenwand der Mehrzweckhalle befindet (rund 30 Meter vom Stellplatz entfernt).
Zufahrt: Seitenstraße der D438 kurz hinter der Brücke über die l'Allan.

Für eine Übernachtung ist es uns zu unruhig und zu eng. Da gefallen uns die Plätze am Parc du Près la Rose nur wenige Meter weiter **[038:** N47°30'20.5" E6°47'36.0"] (siehe Stadtplan Seite 76) und an der Festung Mont Bart (siehe Seite 85) wesentlich besser.

Saucisse de Montbéliard.

Wer **Montbéliard** besucht, der kommt an den Saucisse de Montbéliard nicht vorbei, um gleich kulinarisch zu beginnen. Es gibt allerlei Gerichte mit dieser Wurst, die einer geräucherten Mettwurst, wie wir sie aus unseren Landen kennen, ähnlich ist. Man kann sie in den Supermärkten dieser Region holen und damit den Kühlschrank der Bordküche auffüllen, man kann sie in einem Restaurant aber auch erst einmal testen. In Montbéliard geht dies z.B. sehr gut im Restaurant Bains Douches in der Rue Charles Contjean. Die Speisekarte finden Sie hier www.bainsdouches-montbeliard.com.

Montbéliard

Fontäne in der l'Allan mit der Terrasse des Restaurants Bains Douches.

Auf der Terrasse des Restaurants kann man sich mit einem Plätschern der Fontäne im Hintergrund mit einem leckeren Gericht verwöhnen lassen. Wer gefallen an dieser Spezialität gefunden hat, findet hier www.saucisse-montbeliard.com weitere Anregungen und Rezepte, um vielleicht später zu Hause ein wenig kulinarisch den Urlaub aufzuarbeiten. Die Wurst verdirbt nicht so schnell und bei der Rückreise lässt sich ein kleiner Vorrat mitnehmen, der neben dem Jurakäse Platz finden muss, den wir natürlich auch in einer größeren Menge einpacken werden. Dazu mehr bei der Tour 7.

Das Château des ducs de Wurtemberg.

Wenn Ihnen das Restaurant Bains Douches nicht gefällt oder Sie keinen Platz finden, in der Rue du Château und in der Rue de Belfort gibt es noch einige Alternativen.

Gestärkt geht es nun mit dem Stadtbummel weiter. Was haben Freudenstadt im Schwarzwald, unser Wohnort Altensteig und Montbéliard gemeinsam? Das ist keine Frage aus "Wer wird Millionär" und es gibt leider auch keinen

Preis für die richtige Beantwortung, die lauten muss **"Architektur von Heinrich Schickardt"**. Das wird den meisten Lesern vermutlich nichts sagen und mit **Mömpelgard** werden sicher auch nur die wenigsten etwas anzufangen wissen.

Wegweiser des 3 Kilometer langen Themenpfades H. Schickardt und seine Zeit.

Aber der Reihe nach. Die Grafschaft Mömpelgard kam 1397 durch die Heirat des späteren Grafen von Württemberg **Eberhard IV.** mit der Erbprinzessin **Henriette von Mömpelgard** zunächst unter württembergische Verwaltung und nach dem Tod Henriettes 1444 vollständig zu Württemberg. Rund 400 Jahre währte die württembergische Herrschaft über die Grafschaft Mömpelgard. Nach der Französischen Revolution und nach verlorenen Kriegen gegen das revolutionäre Frankreich (Koalitionskriege) erzwang Napoleon Bonaparte u.a. eine Neuordnung des südwestdeutschen Raumes. Betroffen waren davon auch Gebiete im Elsass und eben die Grafschaft Mömpelgard, die das Haus Württemberg 1802 an Frankreich abtrat, zum Ausgleich dafür aber Oberschwaben erhielt, das vorher zum Hause Habsburg gehörte. Diese "napoleonische" Flurbereinigung hat die Landkarte des damaligen Europa ordentlich durchgeschüttelt, was wir hier aber nicht weiter vertiefen wollen.

In der Rue du Château.

Einige Gebäude in Montbéliard erinnern immer noch an die württembergische Zeit. Das Schloss aus dem Mittelalter, das im Laufe der Jahrhunderte mehrfach umgestaltet und erweitert wurde, weist mit seinem Namen **Château des ducs de Wurtemberg** schon darauf hin.

Nun kommen wir auf Heinrich Schickhardt zurück, dem württembergischen Hofbaumeister, der von 1579 bis zu sei-

Temple Saint Martin, lutherische Kirche im Renaissancestil nach Plänen von Heinrich Schickardt erbaut.

nem Tod 1635 für sehr viele Bauvorhaben im Herzogtum Württemberg die Verantwortung trug. In Montbéliard gehen auf den "schwäbischen Leonardo da Vinci" unter anderem auf dem Schlossberg das **Hôtel du Baili** (heute Musikschule) und unten in der Stadt der **Temple Saint Martin** (auch heute noch lutherische Kirche) zurück. Für die vielen calvinistisch geprägten Flüchtlinge dieser Zeit, die in Frankreich um ihr Leben fürchten mussten, ließ Herzog Friedrich I. durch Schickardt ein neues Stadtviertel bauen. Sie konnten sich unter der Bedingung Lutheraner zu werden, hier niederlassen. Mömpelgard erlebte durch den Zuzug dieser Flüchtlinge ein rasantes Bevölkerungswachstum sowie einen fulminanten wirtschaftlichen und kulturellen Aufschwung. Montbéliard hat auch heute noch die größte lutherische Gemeinde in Frankreich. Für diejenigen, die den Spuren Schickardts folgen wollen, hat die Stadt einen drei Kilometer langen Themenpfad

Georges Cuvier, wissenschaftlicher Begründer der Paläontologie, wurde in Montbéliard geboren.

angelegt. Das Begleitheft dazu gibt es kostenlos im Office de Tourisme.

Vom Touristenbüro sind es noch 500 Meter bis zum **Pavillon des Sciences** der am Rande des **Parc du Prés-la-Rose** liegt. Nach der Überquerung der Avenue Aristide Briand führt der Rad- und Fußweg parallel zur Eisenbahnbrücke über die l'Allan und der "Wissenschaftspavillon" ist dann schnell erreicht. Auf spielerische Art werden im Pavillon und im Park naturwissenschaftliche Phänomene und Zusammenhänge erklärt. Für die Erklärung eines Analemmas steht die 35 Meter hohe Konstruktion des **"méridienne géante"** bereit, und mit dem Foucaultsches Pendel **"Le pendule de Foucault"** lässt sich spielerisch die Erdrotation belegen. Sie werden in diesem Park noch viel mehr entdecken, der ganz bewusst mit dem Ziel angelegt wurde, das wissenschaftliche und das technische Verständnis der Jugend zu fördern.

Musée l'Aventure Peugeot. Verschiedene Modelle der Jahre 1904 bis 1918.

Chausson Wohnmobil auf einem Peugeot J7 aus dem Jahr 1978.

Nun sind wir schon am Hafen "Port de Plaisance" angelangt, noch ein paar Meter weiter und wir sind am WOMO zurück.

Das nächste Ziel ist das **Musée l'Aventure Peugeot**, das sich in **Sochaux** in rund fünf Kilometern Entfernung befindet. Die beiden Städte gehen nahtlos ineinander über. Auf dem Weg dorthin fährt man praktisch nur an den riesigen Fabrikationshallen des PSA-Konzerns entlang. Es ist das größte Automobilwerk in Frankreich und eines der modernsten Europas.

Um das Museum zu erreichen, geben Sie "Carrefour de l'Europe, 25600 Sochaux" in das Navigationssystem ein oder diese Koordinaten [GPS: N47°30'56.6" E6°49'54.0"]. Der Parkplatz vor dem Museum ist groß genug, um ein WOMO bequem abstellen zu können. Die Öffnungszeiten und Eintrittspreise entnehmen Sie bitte dieser Seite www.museepeugeot.com. Von montags bis freitags werden Werksbesichtigungen auch in deutscher Sprache angeboten. Hier ist aber eine Reservierung erforderlich. Näheres dazu können Sie auf der bereits genannten Website erfahren.

Type 156 Torpédo mit Dieselmotor.

Im Museum werden nur Fahrzeuge von Peugeot gezeigt. Citroën-Modelle, die hier im Werk Sochaux schon seit längerer Zeit auch vom Band laufen, finden in diesem Museum keine Berücksichtigung. Hier wird nur die Geschichte der Industriel-

Im Jugendstilambiente werden in diesem Ausstellungsbereich die Modelle von der Gründung bis zum Jahr 1904 präsentiert.

lenfamilie Peugeot präsentiert und dazu gehören neben den Automobilen auch Sägen, Gewürz- und Kaffeemühlen, Fahrräder und Mopeds. In Hérimoncourt rund 10 km südlich von

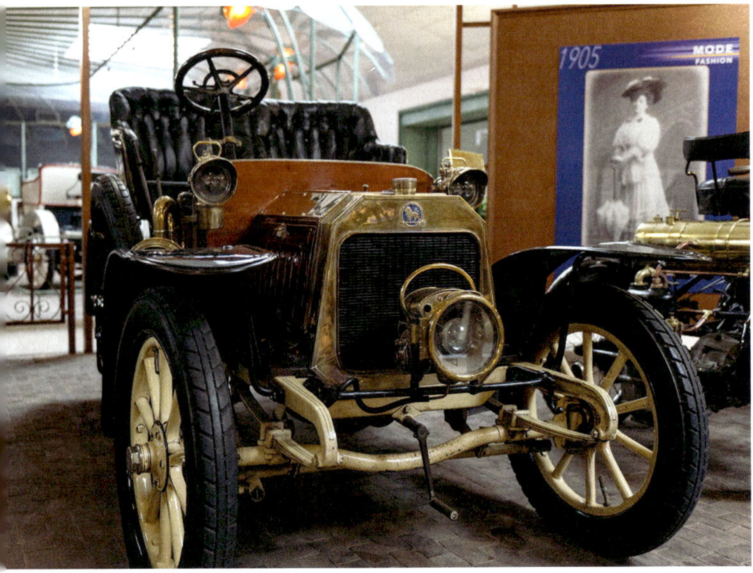

Voiturette Lion Type A von 1907.

Sochaux, begann die Geschichte des Automobilunternehmens mit den Gebrüdern **Jean-Frédéric** und **Jean-Pierre Peugeot**, die 1818 ihr erstes Patent für die Herstellung von Sägen angemeldet hatten und mit der Produktion von Werkzeugen die Arbeitswelt revolutionierten. Da die Sägezähne an den Rachen eines Löwen erinnerten und damit Kraft, Ausdauer, Schnelligkeit und Beweglichkeit symbolisierten, wurde es als Kennzeichen des Herstellers eingraviert und 1858 als Markenlogo registriert. Seitdem hat das Logo zwar einige Veränderungen erlebt, wird aber immer noch verwendet. Pfeffermühlen, Haushaltsgeräte, Fahr- und Motorräder werden auch heute noch mit dem Peugeot-Logo produziert, obwohl sie teilweise nicht mehr zum PSA-Konzern gehören.

Im Museum sind neben den Automobilen diverse Küchengeräte, Fahrräder und motorisierte Zweiräder ausgestellt. Große Hinweistafeln in französischer und englischer Sprache erklären die Exponate und erläutern die Geschichte dieses Industrieunternehmens. Hier einen halben Tag zu verbringen, fällt nicht schwer.

Der Ausgang eines Museums führt heutzutage fast immer durch einen Shop, das ist hier nicht anders. Neben einer großen Anzahl von Büchern und Bildbänden über die Automobil- und Industriegeschichte sowie einigen Modellautos, gibt es hier auch die berühmten Pfeffermühlen von Peugeot zu kaufen. Die sind tatsächlich gut, das können wir nach jahrelangem Gebrauch in der heimischen Küche bestätigen. Wenn Sie also noch ein Mitbringsel brauchen, das wäre eine Gelegenheit.

Genug der Technik. Die Tour von Mulhouse nach Montbéliard neigt sich dem Ende zu. Für die weitere Fahrt stehen jetzt zwei Optionen offen. Die eine führt entlang des Doubs weiter nach Besançon, das ist die Tour 2 und folgt nach dem Ende dieses Kapitels. Die andere führt in das Juragebirge zum Saut du Doubs, zu dem viel besuchten Wasserfall an der Grenze zwischen Frankreich und der Schweiz. Das ist die Tour 5 und diese beginnt auf der Seite 196. Sie beginnt mit zwei möglichen Übernachtungsplätzen in der Nähe von Montbéliard, das noch als Hinweis, bevor wir uns der letzten Station dieser Tour, dem **Fort Mont Bart** widmen.

Über die Festungsanlagen haben wir hier nun schon genug geschrieben, wir werden das nicht wiederholen. Mont Bart wurde nach dem Krieg 1870/71 erbaut und war ein Teil der Barriere de fer, die wir auf der Seite 54 schon kurz umschrieben haben.

Das sehr gut erhaltene Fort kann im April, Mai, Juni und September samstags und sonntags besichtigt werden. Im Juli und August ist es täglich (außer montags) von 14:00 bis 18:00 Uhr geöffnet, der Eintritt kostet 3,00 € pro Person. Der Panzerspähwagen vor dem Fort ist ein Modell aus den 50er-Jahren des letzten Jahrhunderts und hat nichts mit der Geschichte des Forts zu tun.

Spähpanzer EBR-75 aus den 50er-Jahren vor dem Fort Mont Bart.

Aussicht vom Fort Mont Bart auf die Burgundische Pforte. Im Hintergrund sind die Höhenzüge des Jura erkennbar.

Es gibt mehrere Möglichkeiten, hier oben das Fahrzeug abzustellen. Vor dem stillgelegten Restaurant steht man einigermaßen waagerecht, ein größerer Parkplatz unterhalb des Forts ist leicht schräg, da muss man dann halt die Keile rausholen. Etwas weiter oberhalb gibt es einige Parkmöglichkeiten für kleinere Fahrzeuge. Hier ist die Aussicht auf Montbéliard am besten. Diese Plätze sind schnell belegt. Wie auch immer, Sie werden sicher Ihren Platz finden. Hier sind die Koordinaten [**039:** N47°29'10.4" E6°45'47.6"] .

Der Weg dorthin ist schmal und kurvenreich, das sagen wir einschränkend gleich dazu. Nach dem Ortseingang von Bavans geht es rechts hoch, rund zwei Kilometer sind dann noch zurückzulegen. Die Hinweisschilder zum Fort sind klein, die übersieht man schnell. Noch ein Hinweis: An den Wochenenden ist das Gelände am Fort Treffpunkt für Grillpartys. Das kann dann auch mal laut werden, wenn Jugendliche in ihrem Überschwang nach dem Genuss von alkoholischen Getränken ihre Sangeskünste ausprobieren. So haben wir es erlebt, wirklich belästigend war das aber nicht. Da oben ist genug Platz, um sich aus dem Weg zu gehen und irgendwann wird das junge Volk auch mal müde und dann kehrt Ruhe ein.

Parkplatz vor dem stillgelegten Restaurant mit Blick auf das Fort Mont Bart.

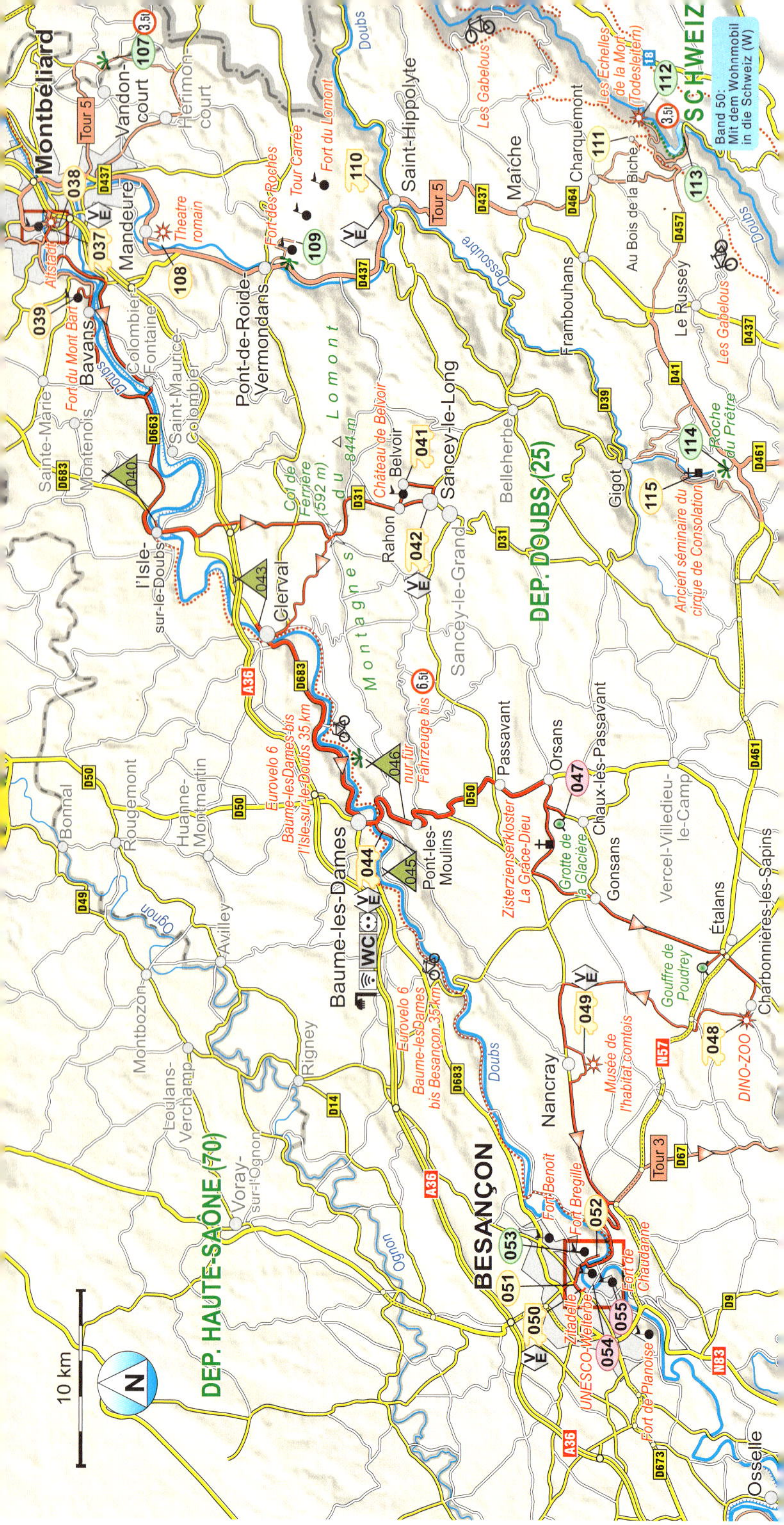

Montbéliard
Tour 5
Vandoncourt
Hérimoncourt
107
3,5t
Doubs
Saint-Hippolyte
Les Gabelous
Les Echelles de la Mort (Todesleitern)
18
112
SCHWEIZ
Band 50: Mit dem Wohnmobil in die Schweiz (W)
038
037
D437
Mandeure
Théâtre romain
108
Tour Carrée
Fort du Lomont
Fort des Roches
110
109
Maîche
Charquemont
111
Au Bois de la Biche
113
D464
D457
Dessoubre
Frambouhans
Le Russey
Les Gabelous
039
Altstadt
Fort du Mont Bart
Bavans
Colombier-Fontaine
Saint-Maurice-Colombier
Pont-de-Roide-Vermondans
Sainte-Marie
Montenois
D683
D663
040
Col de Ferrière (592 m)
Montagnes du Lomont
844 m
Château de Belvoir
Belvoir
041
Rahon
Sancey-le-Long
D31
042
Belleherbe
D39
Gigot
114
115
Roche du Prêtre
D41
D461
Ancien séminaire du cirque de Consolation
DEP. DOUBS (25)
l'Isle-sur-le-Doubs
043
Clerval
Sancey-le-Grand
A36
nur für Fahrzeuge bis 6,5t
Passavant
Orsans
047
Chaux-lès-Passavant
046
Bonnal
D50
Rougemont
Huanne-Montmartin
Eurovelo 6 Baume-les-Dames bis l'Isle-sur-le-Doubs 35 km
Baume-les-Dames
044
045
Pont-les-Moulins
Zisterzienserkloster La Grâce-Dieu
Grotte de la Glacière
Gonsans
Vercel-Villedieu-le-Camp
Étalans
Charbonnières-les-Sapins
D49
Ognon
Avilley
WC
Montbozon
Rigney
Eurovelo 6 Baume-les-Dames bis Besançon 35 km
Gouffre de Poudrey
049
Nancray
Musée de l'habitat comtois
048
DINO-ZOO
N57
Loulans-Verchamp
D14
Voray-sur-l'Ognon
DEP. HAUTE-SAÔNE (70)
Tour 3
D67
BESANÇON
Fort Benoit
Fort Bregille
052
053
051
Fort de Chaudanne
050
Zitadelle
UNESCO-Welterbe
055
054
Fort de Planoise
D9
N83
D673
Osselle
10 km
N

TOUR 2 (ca. 175 km)

l'Isle-sur-le-Doubs – Belvoir – Sancey-le-Long – Clerval – Baume-les-Dames – Pont-les-Moulins – Grotte de la Glaciere – Charbonnières-les-Sapins – Nancray – Besançon

Stellplätze:	Château de Belvoir, Sancey-le-Long, Baume-les-Dames, Chaux-lès-Passavant (an der Grotte de la Glaciere), Charbonnières-les-Sapins (am Dino-Zoo), Nancray (am Musée de l'habitat comtois), Besançon.
Campingplätze:	L'Isle-sur-le-Doubs, Clerval, Pont-les-Moulins.
Ver-/Entsorgung:	L'Isle-sur-le-Doubs, Sancey-le-Long, Baume-les-Dames, Nancray, Besançon.
Besichtigungen:	Château de Belvoir, Baume-les-Dames, Grotte de la Glaciere, Gouffre de Poudrey (Schauhöhle), Dino Zoo, Musée de l'habitat comtois (Freilichtmuseum), Zitadelle und Altstadt von Besançon.
Wandern:	Mit dem Fahrrad entlang des Doubs. 35 km von Baume-les-Dames bis nach Besançon und/oder 35 km von Baume-les-Dames bis nach l'Isle-sur-le-Doubs.
Baden/Wellness:	Besançon (Freibad).

Diese Tour führt zunächst entlang des Doubs und des Rhein-Rhône-Kanals bis nach l'Isle-sur-le-Doubs. Es ist ein guter Standort für Radtouren auf dem Fernradweg EuroVelo 6. Nach dem Aufenthalt in diesem Städtchen geht es über den Höhenzug der Montagnes du Lomont nach Sancey-le-Long und von dort zum Château de Belvoir. Nachdem wir das Schloss besucht haben, fahren wir weiter nach Clerval und sind damit an den Doubs zurückgekehrt. Entlang des Flusses geht es nun bis nach Baume-les-Dames. Der Stellplatz in diesem Ort ist ein beliebtes Etappenziel für Wohnmobilisten, die sich auf den Weg in den Süden gemacht haben, ist er doch von der Autobahn bequem und schnell zu erreichen.

Zwei Höhlen sind die nächsten Programmpunkte in unserer Reiseplanung. Die erste ist eine sehr kühle, naturbelassene Grotte, die zweite eine ausgebaute Schauhöhle mit Lichteffekten und Showveranstaltungen. Danach erfolgt ein Besuch des Dino-Zoos. Wir begeben uns damit in die Welt der Dinosaurier, schauen uns die Nachbildungen der lebensgroßen Urtiere an und erfahren viel über die Zeit, in der sie gelebt haben. Von dort geht es weiter zu einem Freilichtmuseum, das uns die bäuerliche Kultur des Jura und der Franche-Comté näherbringt. Letzte Station dieser Tour ist Besançon. Hier stehen die Zitadelle, die umliegenden Festungen und die Altstadt, die sich in einer Flussschleife des Doubs befindet, auf unserem Besuchsprogramm.

Wir starten diese Tour nunmehr von der Festung Mont Bart, wo wir übernachtet haben, fahren durch den kleinen Ort Bavans und weiter über die D663 nach l'Isle-sur-le-Doubs. Das Tal des Doubs ist hier breit und flach, der Verkehr nicht übermäßig stark. Viehweiden, Maisfelder und Wälder bestimmen das Landschaftsbild. Es ist intensiv genutztes Agrarland nicht sehr spannend. Mal schmiegt sich die Straße direkt an den Doubs und dem Rhein-Rhône-Kanal, mal nicht. Vielfach kann man den Verlauf dieser Wasserwege nur erahnen. Sie verstecken sich hinter Buschreihen oder kleinen Wäldern und sind nicht zu sehen. Die Straße führt durch Dörfer, deren Namen man auch gleich vergessen hat, sobald man den Ort wieder verlassen hat. **l'Isle-sur-le-Doubs** ist ein kleines Städtchen mit rund 3000 Einwohnern. Beim überqueren des Doubs und des Rhein-Rhône-Kanals fällt ein Blick auf die Schleuse, das sieht recht malerisch aus. Verkehrsgünstig ist der Intermarché, der an der Avenue Foch liegt [GPS: N47°26'50.5" E6°34'48.6"]. Er eignet sich gut, um zu tanken und um die Bordvorräte aufzustocken. Der Campingplatz, der sich zwischen dem Doubs und dem Kanal befindet, ist ein guter Standort für eine Radtour auf dem EuroVelo 6 entlang des Doubs und des Rhein-Rhône-Kanals. Nach Baume-les-Dames sind es 35, nach Montbéliard 25 Kilometer.

L'Isle-sur-le-Doubs.

(040) WOMO-Campingplatz: L'Isle-sur-le-Doubs – Camping Les Lûmes

GPS: N47°27'06.9" E6°34'57.7", 289 m;
10 Rue des Lumes, 25250 L'Isle-sur-le-Doubs.
Max. WOMOs: 76, maximale Länge 10 m.
Ausstattung: Frischwasserversorgung, Abwasserentsorgung mit Bodeneinlass, Kassettenentleerung, Stromanschlüsse, Behälter für die Müllentsorgung, WiFi, Bar, Kinderspielplatz. Der Platz ist vom 1. April bis zum 30. September geöffnet.
Beschreibung: Große sonnige, teilweise auch schattige Rasenplätze zwischen dem Doubs und dem Rhein-Rhône-Kanal. Bäckerei, Supermarkt in der Nähe. Angeln möglich.
Preise: Erwachsene Person 4,00 €, Kinder 0-12 Jahre 2,80 €, Hund kostenlos, Wohnmobil 5,60 €, Strom 4,50 pro Tag, Ver- und Entsorgung 5,50 €.
Zufahrt: Im Ort in Richtung Besançon, A36 fahren, die Brücken über den Doubs überqueren, danach links abbiegen.
Reservierung/Kontakt: Tel.: 03 81 92 73 05 oder 06 85 42 97 81.
E-Mail: contact@les-lumes.com, Web: www.les-lumes.com.

Die Fahrt mit dem WOMO geht weiter Richtung Autobahn, die wir, nachdem wir sie erreicht haben, unterqueren und danach der braunen Beschilderung zum **Château de Belvoir** folgen. Die Landschaft ändert sich, es wird hügeliger, dann bergig und wir überqueren den Höhenzug der **Montagnes du Lomont** über den Pass **Col de Ferrière**. Auf dem Pass befinden sich eine Straßenkreuzung und ein kleines Restaurant.

Wir fahren auf der D31 weiter bis nach Rahon, dort geht es gleich am Ortseingang links ab Richtung Belvoir und nach wenigen hundert Metern auf dem schmalen Sträßchen ist das Schloss bereits hoch oben auf einem Bergsporn sichtbar.

Der Stellplatz ist rund 800 Meter vom Château de Belvoir entfernt. Näher an das Schloss heranzufahren macht keinen Sinn. Die Gasse dorthin ist schmal und Parkmöglichkeiten vor dem Schloss gibt es für Wohnmobile nicht.

(041) Offizieller WOMO-Stellplatz: Château de Belvoir

GPS: N47°19'17.1" E6°36'38.7", 654 m.
Max. WOMOs: 3, maximale Länge 10 m.
Ausstattung: Asphaltierter Parkstreifen mit Picknicktisch und Bänken. Ganzjährig geöffnet.
Beschreibung: Ortsrandlage, 800 Meter vom Château entfernt, nachts sehr ruhig.
Preise: gebührenfrei.
Zufahrt: Über die D21 nach Belvoir fahren und ab dem kleinen Ort der guten Beschilderung zum Château und dem Stellplatz folgen.

In den Sommermonaten Juli und August ist das Schloss täglich für Besucher geöffnet. In den anderen Monaten nur an Sonn- und Feiertagen.

Innenhof des Château de Belvoir.

Das Ende des 12. Jahrhunderts erbaute Schloss war lange Zeit dem Verfall preisgegeben. Erst als 1955 der wenig bekannte Maler **Pierre Jouffroy** das Anwesen erwarb und nach und nach Restaurationsarbeiten vornehmen lies, wurde das Schloss zu neuem Leben erweckt. Die Räumlichkeiten wurden mit antiken Möbeln ausgestattet und Platz für jährlich wechselnde Ausstellungen geschaffen. Über die Geschichte des Schlosses und die Termine der Ausstellungen sowie die genauen Öffnungszeiten und Eintrittspreise informiert diese Seite www.chateau-belvoir.com (nur französisch).

Besonders charmant wirkt der Ort durch die Ruhe, die er ausstrahlt, die man auch bei einem kleinen Spaziergang auf einem ausgewiesenen Wanderweg durch die unter Naturschutz stehenden Trockenrasengebiete rund um das Dorf Belvoir genießen kann. Störend im Landschaftsbild wirken die Windräder, die am nahen Horizont auf den Lomontbergen stehen. Ein Wanderweg und ein Informationspfad zur Windenergie ist am Fuße dieser Anlagen angelegt worden.

Bis nach **Sancey-le-Long** sind es etwas weniger als vier Kilometer. Zu sehen gibt es hier nichts Besonderes, gäbe es nicht die Versorgungsstation neben einem Supermarkt, würde der Ort hier keine Erwähnung finden.

Clerval der nächste Ort auf dieser Reise ist da schon reizvoller. Die Lage des Campingplatzes direkt am Ufer des Doubs ist ausgezeichnet. Manchmal erscheint es uns so, dass die Entwicklung der Campingplätze in unserem Reisegebiet nur zwei Richtungen kennen. Entweder mutieren sie zu kleinen Freizeitparks mit Ferienhauskolonien oder sie entwickeln sich zu Wohnmobilstellplätzen mit großem Platzangebot, auf denen man auch noch mit einem Wohnwagen stehen kann oder sein Zelt aufschlagen darf. So ein Campingplatz scheint der

(042) Offizieller WOMO-Stellplatz: Sancey-le-Long

GPS: N47°18'19.9" E6°35'41.1", 496 m;
2 Route de Clerval, 25430 Sancey-le-Long.
Max. WOMOs: 2, maximale Länge 10 m.
Ausstattung: Asphaltierter Platz neben einem Supermarkt, mit Wasserversorgung und Entsorgung mit Bodeneinlass, Kassettenentleerung, einem Stromanschluß, ganzjährig geöffnet.

Beschreibung: Ortsmitte, an einer Straßenkreuzung. Eine Übernachtung ist hier zwar möglich, aber durch den vorbeiführenden Verkehr nicht besonders angenehm.
Preise: Frischwasser und Strom jeweils 2,00 €. Jetons für den Betrieb gibt es an der Kasse des Supermarktes Maximarché. Mit Euromünzen lässt sich der Automat nicht bedienen.
Zufahrt: An der Kreuzung von D31 und D464.

(043) WOMO-Campingplatz: Clerval – Camping Municipal les Iles

GPS: N47°23'39.3" E6°29'54.5", 279 m;
3 Rue de la Porte des Noyes, 25340 Clerval.
Max. WOMOs: >10, maximale Länge 12 m.

Ausstattung: Befestigter Platz mit Wasserversorgung und Entsorgung mit Bodeneinlass, Kassettenentleerung, Stromanschlüssen, WC, Behälter für die Müllentsorgung, geöffnet von Anfang April bis Ende Oktober.
Beschreibung: Ortsrandlage direkt am Doubs, in unmittelbarer Nähe des Rhein-Rhône-Kanals und nur wenige Meter vom Zentrum des Ortes entfernt. Nachts sehr ruhig.
Preise: Gebühr pro Tag 11,00 € für ein Fahrzeug mit zwei Personen. Hinzu kommt eine Kurtaxe in Höhe von 2 % des Preises pro Tag und pro Person. Stromversorgung, Entsorgung und Frischwasser ist im Preis enthalten.
Zufahrt: Der Platz befindet sich an der D683 in Richtung l'Isle-sur-le-Doubs am Ortsausgang links.
Reservierung/Kontakt: Tel.: 03 81 97 81 80
E-Mail: mairie@clerval.fr, Web: www.clerval.fr.

in Clerval zu sein, auf dem auch sehr große Fahrzeuge Platz finden. Bei unserem Besuch sehen wir fast nur Wohnmobile, zwischendrin mal ein Wohnwagen und nur sehr wenige Zelte.

Im Ort, der vom Campingplatz nur wenige Meter entfernt ist, gibt es kleine Restaurants, über die wir allerdings nichts sagen können. Der Platz ist ein guter Standort, um eine Strecke auf der EuroVelo 6 entlang des Rhein-Rhône-Kanals zu radeln. In Richtung l'Isle-sur-le-Doubs muss man dazu nur die Brücke über den Doubs überqueren. Der Weg dorthin ist gut ausge-

Ortsansicht von Clerval am Doubs.

schildert, den kann man nicht verfehlen. Wir starten unsere Radtour aber erst von der nächsten Station auf dieser Reise.

Baume-les-Dames liegt wie Clerval ebenfalls am Doubs. Rund 16 Kilometer trennen diese beiden Orte voneinander. Die Distanz ist über die D683 relativ rasch zu überwinden und die Landschaft auf dieser Strecke entlang des Doubs gewinnt zunehmend an Charme.

(044) Offizieller WOMO-Stellplatz: Baume-les-Dames – Aire de Camping-Car

GPS: N47°20'23.2" E6°21'27.6", 270 m; Quai du Canal, 25110 Baume-les-Dames.
Max. WOMOs: >10, maximale Länge 10 m.
Ausstattung: Befestigter Platz mit Wasserversorgung und Entsorgung mit Bodeneinlass, Kassettenentleerung, Stromanschlüssen, WC, Dusche, Behälter für die Müllentsorgung, max. Aufenthaltsdauer: 7 Tage, ganzjährig geöffnet.

Beschreibung: Ortsrandlage am Rhein-Rhône-Kanal in unmittelbarer Nähe des kleinen Kanalhafens von Baumes-les-Dames, nachts sehr ruhig.
Preise: Gebühr pro Tag 11,60 € für ein Fahrzeug mit zwei Personen, Stromversorgung und Entsorgung ist im Preis enthalten, Frischwasser 2,00 €, Dusche 2,20. Gezahlt wird in der Capitainerie am Rande des Platzes. Hier gibt es auch einen kostenlosen WiFi-Zugang und ein kleines Restaurant.
Zufahrt: Auf der D50 in Richtung Ornans nach der Brücke über den Doubs rechts abbiegen.

Der Stellplatz in Baume-les-Dames ist relativ groß und immer gut besucht. Es handelt sich hier um einen beliebten Etappenparkplatz für WOMO-reisende, die in den Süden unterwegs sind oder sich schon wieder auf dem Heimweg befinden. Er ist nur etwas mehr als fünf Kilometer von der Autobahn entfernt. Sollte er bei Ihrer Ankunft belegt sein, so gibt es direkt hinter dem Stellplatz noch einen Campingplatz oder Sie fahren fünf Kilometer weiter nach Pont-les-Moulins und quartieren sich auf dem idyllischen Camping de l'Ile ein.

(045) WOMO-Campingplatz: Baume-les-Dames Vacances ULVF Le Domaine d'Aucroix

GPS: N47°20'11.3" E6°21'16.1", 270 m;
Quai du Canal, 25110 Baume-les-Dames.
Max. WOMOs: 40, maximale Länge 10 m.
Ausstattung: Frischwasserversorgung, Abwasserentsorgung mit Bodeneinlass, Kassettenentleerung, Stromanschlüsse, Behälter für die Müllentsorgung, WiFi. Im Servicegebäude gibt es Duschen, WCs, Waschmaschinen und Trockner. Der Platz ist von Anfang April bis Ende September geöffnet.
Beschreibung: Große sonnige Rasenplätze mit Hecken voneinander abgetrennt. Reichlich Platz für Markise, Tisch und Stühle.
Preise: Je nach Saison zwischen 11,50 und 15,00 €.
Zufahrt: Auf der D50 in Richtung Ornans nach der Brücke über den Doubs rechts abbiegen und an dem Stellplatz vorbeifahren.
Reservierung/Kontakt: Tel.: 04 77 56 66 09.
Web: www.vacances-ulvf.com.

Baume-les-Dames ist ein sehr alter Ort. Schon die Römer hatten hier eine Siedlung. Das Zentrum der Stadt ist klein und hat seinen mittelalterlichen Grundriss bewahrt. Die unvollendete Abtei aus der Mitte des 18. Jahrhunderts liegt ein wenig versteckt hinter dem Rathaus an der Place de la République. Das Wahrzeichen der Stadt ist die Kirche **Saint-Martin**, die im Wesentlichen im frühen 17. Jahrhundert errichtet wurde. Der Reliquienschrein in der Kirche stammt aus dem 16. Jahrhundert. Das Angebot an Restaurants und Straßencafés ist überschaubar und so hat man auch sehr schnell einen Bummel durch die Altstadt abgeschlossen.

Saint-Martin in Baumes-les-Dames.

Wenn man allerdings einen Faible für alte Drucktechnik hat oder sich dafür interessiert, wie noch vor wenigen Jahrzehnten Bücher produziert wurden, der schaut im **Atelier et Espace d'Exposition** der Fa. Æncrages & Co in der 1 rue Faivre d'Esnans vorbei. Hier kann man sich zeigen lassen wie Bücher ohne Tastatur, Bildschirm, komfortablen Grafik- und Seitenlayoutprogrammen mit automatischer Rechtschreibkorrektur und Bildbearbeitungssoftware produziert wurden. Einen kleinen Eindruck können Sie schon mal auf der Website des Unternehmens gewinnen www.aencrages.com (nur französisch). Über diese Seite können Sie auch Besuchstermine vereinbaren.

Auf dem Radweg EuroVelo 6 zwischen Baume-les-Dames und Clerval.

Hafen an der Capitainerie, Startort der Radtour. Das Hausboot in der Mitte kann gemietet werden.

Baume-les-Dames ist der ideale Standort, um eine Radtour auf der **EuroVelo 6** entlang des Doubs bzw. des Rhein-Rhône-Kanals zu machen. Landschaftlich reizvoll sind sowohl die Strecke nach l'Isle-sur-le-Doubs wie die Strecke nach Besançon. Beide sind mit ca. 35 Kilometern gleich lang. Die Wege sind topfeben, asphaltiert und ausgezeichnet ausgeschildert. Nur wenige Passagen verlaufen entlang von Autostraßen, sonst sind es reine Rad- und Fußwege, bequem zu fahren und für eine Tagestour ideal und abwechslungsreich. Wer die Lust verspürt, den Rhein-Rhône-Kanal mit einem Hausboot entlang zu schippern, der kann hier ein Boot mieten. Nähere Auskünfte gibt es bei der Capitainerie am Hafen oder hier: www.baume-les-dames.org.

In Baume-les-Dames ist es möglich, einige Tage zu verbringen, ohne Langeweile aufkommen zu lassen. Die Möglichkeit, den Tag mit Radtouren oder

Wanderungen zu gestalten, sind vielfältig, dazu gehört auch das kleine Seitental des Cusancin, das wir auf unserem weiteren Weg nach Besançon durchfahren. Wir verlassen also die Stadt und fahren auf der D50 in südliche Richtung weiter. Nach rund fünf Kilometern erreichen wir den bereits erwähnten Campingplatz in **Pont-les-Moulins**. Das Flüsschen **Cusancin**, das an diesem Gelände vorbeifließt, eignet sich als Wasserspielplatz für Kinder und für die ersten Übungen mit einem Kanu, jedenfalls versichern uns das die Eigentümer dieses Areals, ein Deutsch sprechendes Schweizer Paar, das diesen Campingplatz in den Sommermonaten betreibt. Wir haben den Wasserspielplatz dieses idyllisch gelegenen, einfach gehaltenen Platzes allerdings selbst nicht ausprobiert.

(046) WOMO-Campingplatz: Pont-les-Moulins – Camping de l'Ile

GPS: N47°19'29.5" E6°21'40.1", 279 m;
1, Rue Pontarlier, 25110 Pont-les-Moulins.
Max. WOMOs: >10, maximale Länge 8 m.
Ausstattung: Befestigter Platz mit Wasserversorgung und Entsorgung mit Bodeneinlass, Kassettenentleerung, Stromanschlüssen, WC, Behälter für die Müllentsorgung, kleinem Restaurant, geöffnet von Ende April – Anfang September.
Beschreibung: Ortsrandlage am Flüsschen Cusancin, nachts sehr ruhig.

Preise: Gebühr pro Tag 15,50 € für ein Fahrzeug mit zwei Personen. Kinder ab 2 Jahren 2,50 €, Hund 1,00 €, Stromversorgung 2,50 €, Entsorgung und Frischwasser ist im Preis enthalten.
Zufahrt: Auf der D50 in Richtung Pontarlier gleich nach dem Ortseingang links. Die Einfahrt ist schmal und nur für Fahrzeuge bis 6,5t zugelassen.
Reservierung/Kontakt: Tel.: 03 81 84 15 23
E-Mail: info@campingdelile.fr, Web: www.campingdelile.fr.

Wir fahren weiter. Hinter Pont-les-Moulins wird es kurvig und wir gewinnen rasch an Höhe auf unserem Weg zur **Grotte de la Glacière**, dem nächsten Etappenziel.

Rund 12 Kilometer sind es auf der D50 bis zu dem Dorf Orsans. Hier biegen wir rechts ab auf die D120. Der weitere Verlauf bis zur Grotte de la Glacière, ist gut ausgeschildert. Verfehlen kann man die mitten im Wald liegende Höhle eigentlich nicht. Der Parkplatz **[047:** N47°14'55.6" E6°21'53.2"**]** ist nicht groß, was nicht weiter stört, denn die Besucherzahlen sind nicht hoch. Wenn Sie Übernachtsplätze in Waldeinsamkeit lieben: Hier haben Sie einen! Ruhiger und einsamer geht es kaum.

Nur wenige Meter sind es bis zum Eingang der Höhle. Das Eingangsgebäude und das Restaurant nebenan könnten einige handwerkliche Tätigkeiten gut vertragen, um die Renovierungsbedürftigkeit diplomatisch zu umschreiben.

Parkplatz an der Grotte de la Glacière.

Eine **Eishöhle** im Sommer zu besuchen ist erfrischend. Am Eingang wird darauf hingewiesen, dass der Besuch der Höhle für Menschen mit Herz-Kreislaufproblemen bedenklich sein kann. Nachdem man die kleine Ausstellung mit zahlreichen Fossilien und Mineralien (die alle nicht aus dieser Höhle kommen) passiert hat, geht es nur im Rahmen einer Führung die Treppen hinunter in die Grotte. Der Temperatursturz ist beträchtlich. Wer vergessen hat, sich eine Jacke anzuziehen, wird hier unten bei 5°C schnell frieren. Im Winter gehen die Temperaturen noch tiefer in den Keller und es kann sich am Boden der Höhle Eis bilden, das lange bleiben kann, auch dann, wenn es draußen schon längst wieder grünt, blüht und die Temperaturen im zweistelligen Bereich liegen. Da die Höhle nur einen Nordeingang hat, der zudem durch Bäume geschützt wird, dringt kein laues Frühlings- oder Sommerlüftchen in das Innere. Eine große Tropfsteinlandschaft findet sich hier allerdings nicht. Nur ein großes Gebilde ist im unteren Teil der Höhle zu bewundern. Diese Grotte beeindruckt vor allem durch ihre Größe und die Kälte, die in der Zeit, als es noch keine Kühlschränke und Gefriertruhen gab, auch zur Gewinnung von Eis und als Lagerraum genutzt wurde.

In der Grotte de la Glacière.

Wir fahren weiter. Es geht vorbei an der Abtei von La Grâce-Dieu, die wir nicht besuchen. Sie wird für Seminare und Treffen unterschiedlicher Gruppen genutzt und hat für Touristen keine Besuchsangebote. Ziel ist eine weitere Höhle, die **Gouffre de Poudrey**, die wir nach einer rund halbstündigen Fahrt durch eine flachwellige Weide- und Waldlandschaft erreichen. Die Einfahrt zum ausreichend dimensionierten Parkplatz unmittelbar vor dem Eingang finden wir sehr leicht mit diesen Koordinaten [GPS: N47°09'56.4" E6°14'49.6"].

Tropfsteinformationen in der Gouffre de Poudrey.

Die Höhle kann nur im Rahmen einer Führung betreten werden. Die nimmt etwa eine Stunde in Anspruch. Die Öffnungszeiten und die Eintrittspreise finden Sie auf dieser Seite www.gouffredepoudrey.com. Auch wenn vielleicht nicht alle Erläuterungen wegen der Sprache und der Fachbegriffe verstanden werden, so ist doch allein das, was zu sehen und zu erleben ist, mehr als beeindruckend. In der Höhle ist es frisch. Ohne Jacke oder Pullover werden Sie schnell frieren, das ist hier nicht anders als in der Grotte de la Glacière. Über 250 Stufen geht es 70 Meter unter die Erde. Betreten wird eine der geräumigsten Hallen, die in den Karstgebieten Europas anzutreffen sind. Es soll der größte unterirdische Saal Frankreichs sein. Das Volumen misst etwa eine Million Kubikmeter. Die Höhle hat einen ovalen Grundriss mit einer Länge von 130 und einer Breite von rund 100 Metern und weist ein starkes Gefälle auf. An der tiefsten Stelle hat sich einer kleiner See gebildet. Von ihm fließt das Wasser durch das klüftige Gestein nach außen und tritt in 15 Kilometern Entfernung als Quelle zutage. Gebankte Schichten aus mächtigen weißen und weniger voluminösen farbigen Kalksteinen werden durch eine Licht- und Tonshow mit der Vielzahl von Stalagmiten und Stalaktiten eindrucksvoll in Szene gesetzt.

Schon bei dem Besuch der Höhle werden wir auf den Dino-Zoo hingewiesen, der sich in der Nähe befindet und der nächste Programmpunkt auf unserer Liste ist. Wir folgen der Wegweisung zum **Parc Préhistorique**. Das Dorf, in dem dieser Park liegt, heißt **Charbonnières-les-Sapins**. Wenn man der Wegweisung folgend die Hauptstraße verlassen hat und auf den letzten Kilometern zu diesem Dorf unterwegs ist, fragt man sich unweigerlich, ob das wohl der richtige Weg sein kann. Schmal ist das Sträßchen, sehr schmal. Aber es ist schon richtig, wundern Sie sich also nicht, die Wegweisung stimmt schon. Wer das Schild mit der Aufschrift **"DINO-ZOO"** entdeckt hat, ist richtig gefahren. Praktischerweise befindet sich nur wenige Meter von diesem Schild entfernt ein sehr großer Übernachtungsplatz für die WOMO-Reisenden. Er ist mit P4 ausgeschildert, ist leicht geneigt, geschottert und sehr sonnig. Wir haben uns ganz eng an den Rand gestellt, um wenigstens noch ein wenig Schatten zu ergattern.

(048) WOMO-Stellplatz: Dino-Zoo

GPS: N47°08'55.3" E6°12'42.8", 535 m;
Rue de la Préhistoire, 25620 Charbonnières-les-Sapins.

max. Womos: > 10, maximale Länge 10 m.
Ausstattung: geschotterter, leicht geneigter und sonniger Platz mit Rasenflächen. Keinerlei Versorgungseinrichtungen. Max. Aufenthaltsdauer: 7 Tage, ganzjährig geöffnet.
Lage: Am Rande des Dino-Zoos, nachts sehr ruhig.
Preise: Gebührenfrei.
Zufahrt: Folgen Sie den Hinweisschildern "Parc Préhistorique" die großräumig und unübersehbar entlang der Zufahrtsstraßen zu dem Park aufgestellt sind.

Bis zum Eingang sind es ca. 400 Meter. Direkt vor der Pforte befinden sich weitere Parkplätze, die allerdings für eine Übernachtung nicht zugelassen sind. Wer nur in den Park will, kann hier aber genauso gut parken wie weiter oben.

Was erwartet uns nun in dieser rund 15 Hektar großen Parklandschaft, dessen Eintrittspreise und Öffnungszeiten wir auf dieser Seite www.dino-zoo.com auch in deutscher Sprache finden?

Eins sei gleich vorausgeschickt, so abenteuerlich wie in Steven Spielbergs Jurassic Park-Filmen ist es nicht, vor allem hat man von diesen täuschend echt aussehenden Figuren nichts zu befürchten. Über 100 Exemplare können Sie hier in der Waldkulisse betrachten. Es sind keine Kitschfiguren, sie spiegeln schon den Stand der wissenschaftlichen Erkenntnis über das Aussehen der Saurier wieder. Umrissen wird dabei die erdgeschichtliche Entwicklung dieses Raumes. Jura ist eben nicht nur ein Landschaftsbegriff, Jura ist auch eine Epoche der Erdgeschichte, die etwa vor 200 Mio Jahren begann und vor etwa 145 Mio. Jahren endete. Das Juragebirge besteht hauptsächlich aus den Ablagerungen des damaligen Tethysmeeres, das fossilienreich auch Saurierknochen aufweist. Vor allen Figuren steht eine wetterfeste Tafel, auf der auch in deutscher Sprache die wesentlichen Informationen zusammengestellt sind. Aufgeführt werden immer die Größe, die Art und die Zeitepoche dieser Urviecher. Es wird dabei nicht nur der erdgeschichtliche Zeitabschnitt des Jura abgehandelt, sondern auch die Zeit davor (Trias) und die Epoche danach (Kreide). So wird der Weg durch diesen Park zu einem Spaziergang durch die prähistori-

Camarasaurus, Pflanzenfresser, Fundstellen in den USA, ca. 150 Mio Jahre alt.

Tyrannosaurus Rex, einer der letzten fleischfressenden Saurier der Kreidezeit.

Unsere Vorfahren, vom Hominiden bis zum Homo Sapiens.

sche Geschichte der Erde, die mehr als 500 Millionen Jahre zurückreicht. Nach einem Spaziergang durch diese Anlage sind Sie um einige paläontologische Erkenntnisse reicher.

Gefunden wurden Saurierknochen weltweit, auch einige hier im Jura. Überreste des **Plateosaurus**, ein (aufgerichtet) bis zu neun Meter großer pflanzenfressender Saurier wurden in der Nähe von Lons-le-Saunier gefunden. Er lebte vor rund 230 Mio. Jahren, ist der älteste in Frankreich gefundene Saurier und einer der größten in seiner Epoche. Der Brachiosaurus ist einer der größten Landtiere in der Erdgeschichte überhaupt. Mit 12 bis 13 Metern in der Höhe und 25 Metern in der Länge sowie einem geschätzten Gewicht von 30 Tonnen ein echter Koloss. Von diesem pflanzenfressenden Ungetüm, das vor rund 153 Mio. Jahren lebte, wurden Knochen in den USA, in Portugal und Tansania gefunden.

Jetzt haben wir hier mit kurz gefassten Sätzen nur zwei Saurier beschrieben. Wenn Sie durch den Park gehen, jede Skulptur betrachten und jede Tafel aufmerksam lesen, dann werden Sie Zeit brauchen. Einen halben Tag mindestens. Dann gibt es im Eingangsbereich noch

Ausstellungen, Filmvorführungen und Animationen. Wer das alles mit anschauen und miterleben möchte, kann hier einen ganzen Tag verbringen. Wenn Sie danach erschöpft sind und in ihrer Bordküche nichts mehr anrichten wollen: Am Ausgang wartet ein Restaurant auf Gäste. Haute cuisine wird hier allerdings nicht angeboten, es ist eher ein Schnellrestaurant mit einfachen Gerichten.

Bevor Sie aber dorthin gelangen, kommen Sie auf dem Spazierweg durch die Saurierlandschaft noch an unseren Vorfahren vorbei. Da stehen sie schön aufgereiht, der Hominide, der Homo Habilis, der Homo Erectus, der Neandertaler und der Homo Sapiens.

Einen ebenfalls ausgezeichnet angelegten Dinosaurierpark sogar mit Original-Fußspuren dieser Tiere gibt es in Münchehagen. Wir haben diesen Park in unserem Buch über die Lüneburger Heide (Band 63 der WOMO-Reihe) ausführlich beschrieben und bebildert.

Genug der Urwelten. Wir fahren weiter. Das **Museum Maisons Comtoises**, ist das nächste Ziel. Wieder geht es über schmale Straßen durch die flachwellige Weide- und Waldlandschaft dieser Region. Nach einer halben Stunde haben wir den Stellplatz

Kolossalfigur des Brachiosaurus.

am Museum erreicht. Er befindet sich auf einer Anhöhe zwischen dem Eingang und einem Picknickgelände an einem Waldrand.

(049) Offizieller WOMO-Stellplatz: Nancray – Museum Maisons Comtoises

GPS: N47°14'22.5" E6°11'08.1", 445 m; Rue du Musée, 25360 Nancray.
Max. WOMOs: >10, maximale Länge 12 m.
Ausstattung: Befestigter Platz mit Wasserversorgung und Entsorgung mit Bodeneinlass, Kassettenentleerung, Behälter für die Müllentsorgung, max. Aufenthaltsdauer: 7 Tage, ganzjährig geöffnet.

Beschreibung: Ortsrandlage, nachts sehr ruhig. Panoramablick über die Juralandschaft, Picknickplatz in unmittelbarer Nähe.
Preise: Kostenlos, Frischwasser 2,00 €, funktioniert nur mit Jetons, die an der Museumskasse erhältlich sind.
Zufahrt: Von der D464 am Ortseingang in die Rue du Musée fahren. Das Hinweisschild "Musée de Plein Air des Maisons Comtoises" weist den Weg.

Diese Sammlung älterer Bauernhäuser auf einem 15 ha großen Gelände besteht seit den 80er-Jahren. Aus allen Teilen der Franche-Comté wurden Häuser aus dem 17. bis 19. Jahrhundert ab- und an dieser Stelle originalgetreu wieder

Gehöft aus Jonchery im Museumsdorf Maisons Comtoises.

aufgebaut. Es sind nicht sehr viele. Wer den Vogtsbauernhof im Schwarzwald kennt oder es mit dem Museumsdorf in Tittling im Bayerischen Wald vergleicht, wird vielleicht enttäuscht sein.

Hier steht nicht die Summe der Häuser im Vordergrund. Den Betreibern dieses Museums geht es nicht nur darum, alte Häuser vor dem Verfall zu retten und zu erhalten, es geht auch darum, die Lebensweise in den vergangenen Jahrhunderten zu zeigen. Von A wie Anbau von Getreide bis Z, dem Zusammenstellen einer Brotbackmischung werden in den Gehöften die unterschiedlichen Tätigkeiten gezeigt. In den Sommermonaten wird man dabei zum Mitmachen eingeladen. Eine große Zahl von Veranstaltungen und Ausstellungen werden hier angeboten. Man kann natürlich auch einfach nur durchschlendern und sich über WiFi und dem eigenen Mobiltelefon ganz modern und sogar in deutscher Sprache die einzelnen Objekte erklären lassen. Das Museum ist von Ende März bis Anfang November geöffnet.

Teig kneten und Brot backen im Museum.

Wer mehr über die Veranstaltungen erfahren möchte: Auf der Website www.maisons-comtoises.org des Museums ist alles auch in deutscher Sprache zu finden. Hier sind auch die aktuellen Öffnungszeiten sowie die Eintrittspreise aufgeführt.

War es bei den letzten Etappenzielen recht ruhig und beschaulich, wird es nun etwas unruhiger und lauter, das lässt sich nun mal mit dem Besuch einer Großstadt nur schwerlich vermeiden. **Besançon** steht jetzt als nächstes Ziel auf unserer Liste. Die Stadt zählt fasst 120.000 Einwohner und ist die Hauptstadt der Franche-Comté. Die Altstadt wird von einer Flussschleife des Doubs umschlossen. Oberhalb der Stadt thront die Zitadelle, ein Meisterwerk Vaubans, des Festungsbaumeisters des Sonnenkönigs Ludwigs XIV.

Um sich besser orientieren zu können, haben wir für Besançon einen Stadtplan eingefügt, den Sie auf der Seite 107 finden. Darin sind auch alle Stellplätze und Übernachtsplätze markiert, die wir für Sie ausgesucht haben.

Neben dem offiziellen Aire de Camping Car zeigen wir Ihnen noch einige andere, sehr reizvolle Möglichkeiten. Den Anfang macht der einzige Platz mit einer Ver- und Entsorgungsanlage.

(050) Offizieller WOMO-Stellplatz: Besançon – Aire de Camping-Car

GPS: N47°14'14.3" E6°00'56.1", 245 m; Rue d'Arènes, 25000 Besançon
Max. WOMOs: 12, maximale Länge 8 m.

Ausstattung: Asphaltierter Platz mit Wasserversorgung und Entsorgung mit Bodeneinlass, Kassettenentleerung, Behälter für die Müllentsorgung, max. Aufenthaltsdauer: 3 Tage, ganzjährig geöffnet.
Beschreibung: Direkt am Quai Veil Picard am Ufer des Doubs. Tram-Station in unmittelbarer Nähe. Fußweg durch die Innenstadt über die Grande Rue zur Zitadelle ca. 2 km.
Preise: Gebühr pro Tag 7,00 €. Entsorgung und Frischwasser ist kostenlos.
Zufahrt: Nur über die Rue d'Arènes erreichbar.

(051) WOMO-Stellplatz: Besançon – Parking des Arènes

GPS: N47°14'18.6 E6°00'57.5", 244 m; 67 Rue d'Arènes, 25000 Besançon.
Max. WOMOs: >5, maximale Länge 10 m.
Ausstattung: Befestigter, bei Trockenheit recht staubiger Platz, ganzjährig geöffnet.

Beschreibung: Stadtzentrum, nicht ruhig. Kürzeste Alternative zum Aire de Camping-Car Nr. 50. Von uns kein bevorzugter Übernachtungsplatz, aber als Parkplatz für eine Stadtbesichtigung durchaus empfehlenswert.
Preise: Gebührenpflichtig, max. 7,00 € für 24h, kostenlos zwischen 19.00 und 9.00 Uhr. Kassenautomat an der Einfahrt.
Zufahrt: Von der D683 in die Rue d'Arènes fahren.

(052) WOMO-Stellplatz: Besançon – Parking "La Rodia"

GPS: N47°13' 53.9" E6°02'18.3", 246 m;
8 Avenue de Chardonnet, 25000 Besançon.
Max. WOMOs: 20, maximale Länge 8 m, max. Aufenthaltsdauer 7 Tage.
Ausstattung: Befestigte Stellflächen am Rande eines PKW-Parkplatzes. Keine Versorgungseinrichtungen, ganzjährig geöffnet.

Beschreibung: Er liegt direkt am Ufer des Doubs und ist der Parkplatz des Konzerthauses La Rodia (manchmal laut!). Auf der anderen Seite des Flusses befindet sich die Zitadelle. Fußweg dorthin ca. 1 km. Hier stehen auch einige Dauercamper.
Preise: Kostenlos.
Zufahrt: Von der Pont de Bregille auf der rechten Seite des Doubs im Kreisverkehr in die Avenue de Chardonnet fahren.

(053) WOMO-Wanderparkplatz: Besançon – Fort de Bregille

GPS: N47°14'05.2" E6°02'32.8", 428 m;
99 Chemin du Fort de Bregille, 25000 Besançon.
Max. WOMOs: 2, maximale Länge 7 m.
Ausstattung: Befestigter Platz ohne Versorgungseinrichtungen, ganzjährig geöffnet.
Beschreibung: Vor den Mauern der Festung. Fantastische Sicht auf die Stadt und die Zitadelle (siehe Foto auf der Seite 108).
Preise: Gebührenfrei.
Zufahrt: Der Straße Chemin du Fort de Bregille bis zum Ende folgen. Achtung, die Straße ist sehr eng!

(054) WOMO-Picknickplatz: Besançon – Parking Chamars

GPS: N47°14'00.3" E6°01'08.7", 241 m;
Boulevard Charles de Gaulle, 25000 Besançon.
Max. WOMOs: >5, maximale Länge 10 m.
Ausstattung: Topfebener asphaltierter schattiger Platz, ganzjährig geöffnet.
Beschreibung: Stadtzentrum, relativ ruhig. Als Parkplatz für eine Stadtbesichtigung empfehlenswert. Picknick am Doubs neben dem Tour du Marais möglich.
Preise: Gebührenpflichtig, max. 7,00 € für 24h, kostenlos zwischen 19.00 und 9.00 Uhr. Kassenautomat an der Einfahrt. Kauf einer Kombination von Park- und Bus-/Tramticket für 24, 48 oder 72 Stunden möglich.
Zufahrt: Von der D683 in den Boulevard Charles de Gaulle fahren, dann links halten.

(055) WOMO-Picknickplatz: Besançon – Fort de Chaudanne

GPS: N47°13'36.7" E6°01'28.2", 410 m;
68 Chemin du Fort de Chaudanne, 25000 Besançon.
Max. WOMOs: 2, maximale Länge 8 m.
Ausstattung: Befestigter Platz mit Grillstelle und Aussichtspunkt auf die Stadt am Fuße der Festung. An manchen Tagen stark frequentiert (Kindergeburtstag, Jugendtreff und Ähnliches), ganzjährig geöffnet.
Beschreibung: Am Fort de Chaudanne, gute Sicht auf die Stadt und die Zitadelle.
Preise: Gebührenfrei.
Zufahrt: Zunächst über die Montée Jean de Gribaldy in den Stadtteil Chaudanne fahren. Dort angekommen der Straße Chemin du Fort de Chaudanne bis zum Ende folgen. Die Straße ist nicht so eng wie die zum Fort de Bregille.

Promenade des Glacis
Avenue de la Paix
Av. Edgar Faure
Square Bouchot
Fort Griffon
Tour de la Pelote
BATTANT
Doubs
Départ bateau
Rue de la Madeleine
Hôtel de Champagney
Avenue Charles Siffert
Église Sainte-Madeleine
Marquis Jouffroy d'Abbans
Mus. de beaux-arts et d'archéologie
Place de la Révolution
051
Parking des Arènes
Pont Battant
Passage Pasteur
Grande Rue
Église Saint-Pierre
Rue d'Arènes
Quai Veil Picard
Place du 8 Septembre
LE BOUCLE
Église Saint-Maurice
LA BUTTE
VE
050
Tour bastionnée des Cordeliers
Musée du Temps
Parc Granvelle
Statue Victor Hugo
Eglise Notre-Dame de Besançon
Parc Chamars
054
Rue Gabriel Plançon
Quai Henri Bugnet
Rue Charles Nodier
Avenue de la Gare d'Eau
Tour du Marais
Boulevard Charles de Gaulle
Tour de Chamars
Doubs
Montée Jean de Gribaldy
Picknickplatz
Fort de Chaudanne
055
CHAUDANNE
Chemin du Fort de Chaudanne

Besançon

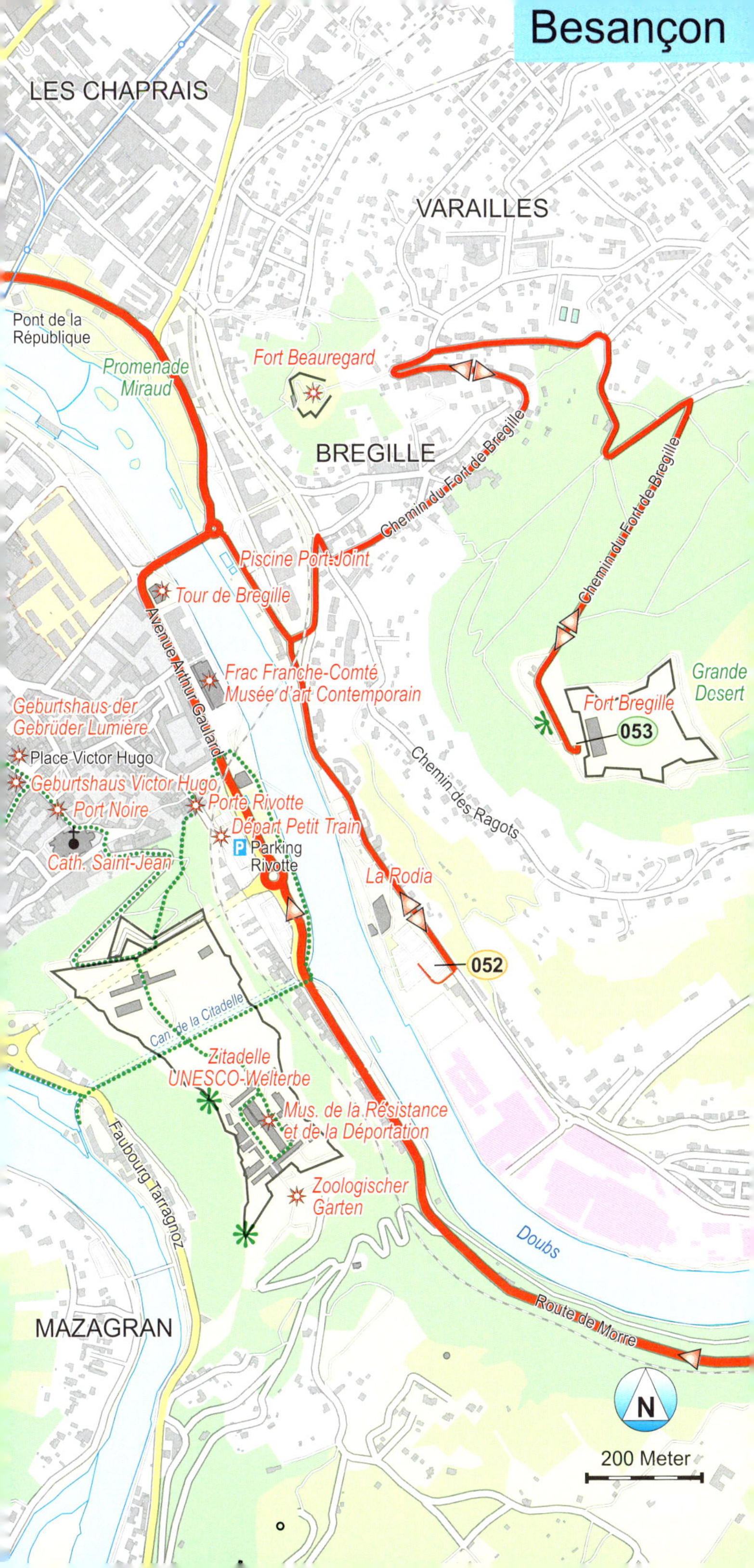
LES CHAPRAIS
VARAILLES
Pont de la République
Promenade Miraud
Fort Beauregard
BREGILLE
Chemin du Fort de Bregille
Piscine Port-Joint
Tour de Bregille
Frac Franche-Comté
Musée d'art Contemporain
Grande Desert
Fort Bregille
053
Avenue Arthur Gaulard
Geburtshaus der Gebrüder Lumière
Place Victor Hugo
Geburtshaus Victor Hugo
Porte Rivotte
Port Noire
Départ Petit Train
Parking Rivotte
Cath. Saint-Jean
Chemin des Ragots
La Rodia
052
Can. de la Citadelle
Zitadelle UNESCO-Welterbe
Mus. de la Résistance et de la Déportation
Zoologischer Garten
Faubourg Tarragnoz
Doubs
Route de Morre
MAZAGRAN
N
200 Meter

Von all den hier aufgezeigten Standorten hat uns der am Fort Bregille am besten gefallen. Die Straße, die dort hinaufführt, ist wegen der schmalen und oft eng beparkten Straßenführung von Nachteil, für den geübten Fahrer und die geübte Fahrerin aber sicher kein Problem. Am Abend dauert es ein wenig, bis die anderen Besucher, die ihr Bett nicht dabei haben, diesen Ort wieder verlassen haben. Es ist ein beliebter Flecken, das muss man schon sagen. Verliebte sitzen hier auf den Bänken und genießen die Aussicht, Jugendliche grillen, Hundehalter führen ihre Vierbeiner aus und es keucht auch der eine oder andere Jogger vorbei. Das alles legt sich erst, wenn es dunkel wird, dann hat man den Platz fast für sich allein und kann sich über diesen Blick wie auf dem Foto auf die Zitadelle und die Stadt freuen.

Wer sich nun fragt, wie dieser Höhenzug, auf dem die Zitadelle steht, entstanden sein mag und warum der Doubs eine omegaförmige Schleife um diesen Höhenzug gelegt hat, der findet auf einem Geologischen Lehrpfad, der um das Fort Bregille herumführt, auf Schautafeln einige Erklärungen.

Noch mal zurück zu den anderen Übernachtungsmöglichkeiten: Der Platz am Fort de Chaudanne ist zwar besser zu

Aussicht vom Fort de Bregille auf die Zitadelle von Besançon bei Nacht.

erreichen als der am Fort Bregille, dafür ist der Parkraum sehr viel kleiner und die Aussicht auf die Zitadelle und die Stadt zwar gut, aber nicht so spektakulär. Der Grillplatz am Fußende des Forts führt überdies dazu, dass bei gutem Wetter hier natürlich immer etwas los ist. Bei lauen Sommernächten bis tief in den Abend hinein.

Der offizielle Stellplatz an der Rue d'Arènes ist immer gut besucht, jedenfalls haben wir dies so erlebt. Wen es nicht stört, wenn man Tür an Tür nebeneinander steht, für den ist das der geeignete Platz. Die Versorgungsanlage ist übrigens immer anfahrbar, wenn auch ein wenig eng. Sie lässt sich also auch dann nutzen, wenn man hier nicht übernachten möchte. Eng kann es auch auf dem nächstliegenden Parkplatz an der Rue d'Arènes werden. Es ist eigentlich ein PKW-Parkplatz, aber hier sind auch Transporter und Anhänger abgestellt, "reizvoller Übernachtungsplatz" wäre hier absolut unzutreffend formuliert. Der Platz ist aber sehr gut anzufahren und als Parkplatz gut zu nutzen. Gut und bequem anzufahren ist auch der Platz am Park Chamars. Die Grünanlage mit den hohen Bäumen spendet im Sommer einen angenehmen Schatten. Bleibt noch darauf hinzuweisen, dass es auf dem Stellplatz am Kon-

Aussicht vom Fort de Bregille auf die Zitadelle von Besançon bei Tag.

zerthaus La Rodia etwas lauter zugehen kann, wenn dort Veranstaltungen stattfinden. Es ist nämlich kein Opernhaus, vor dem die Damen und Herren Besucher in edler Garderobe mit chromblitzenden Limousinen ganz ruhig zum Besuch vorfahren, sondern ein Haus, in dem Rock-, Pop- und auch Heavy Metall-Konzerte stattfinden. Das Publikum das hier parkt, ist kein schlechteres, nur etwas lauter und unkonventioneller. Und so manch einer, der es noch nicht auf die Bühne geschafft hat, übt gut hörbar nach einem Konzert auf dem Parkplatz. Dafür hat dieser Platz den Vorteil, dass man das Freibad (Piscine Port-Joint) bequem zu Fuß erreichen kann (rund 700 Meter).

Eingangsportal der Église Sainte-Madeleine an der gleichnamigen Straße.

Jeder Platz hat also seine Vor- und seine Nachteile. Sie haben die Wahl!

Bevor wir unseren Stadtbummel und die Besichtigung der Zitadelle starten sei noch darauf hingewiesen, dass man sich auch führen lassen kann. Einmal mit dem **"Petit Train"** und einmal mit dem Schiff auf dem Doubs, bzw.

Rhein-Rhône-Kanal. Der Petit Train startet am Parkplatz Rivotte am Fuße der Zitadelle (siehe Stadtplan). Er fährt hoch bis zur Festung und hält auch in der Innenstadt an der Place du 8 Septembre. Die Fahrt dauert etwa eine Stunde. Preis 8,50 € pro Person. Erläuterungen zu den Sehenswürdigkeiten gibt es unterwegs auch in deutscher Sprache. Von Mai bis September fährt der kleine Zug täglich zwischen 10:00 und 17:00 Uhr.

Mit dem Schiff "le Vauban" durchfährt man zwei Schleusen und den **Tunnel fluvial sous la Citadelle**. Die Fahrt dauert etwas mehr als eine Stunde. Die Fahrt kostet 12,00 € pro Person. Die Mitnahme von Hunden auf dem Schiff ist erlaubt. Der Ab- und Anlegeplatz befindet sich an der Pont de la République (siehe Stadtplan). Die Fahrt mit dem Schiff durch die Schleusen und den Tunnel ist sicher sehr reizvoll. Diesen kann man übrigens auch mit dem Rad oder zu Fuß durchqueren, der Straßentunnel ist dagegen für Fußgänger und Radfahrer gesperrt.

Ja, und zu Fuß machen wir uns nun auf den Weg, die Stadt und die Festung zu erkunden. Das WOMO stellen wir auf dem Parkplatz an der Rue d'Arènes ab und los geht es durch die Stadtteile "Battant", nördlich der omegaförmigen Flussschleife des Doubs, dem Zentrum "La Boucle", mit seiner vielfältigen historischen Bausubstanz und der Festung, die jährlich von mehr als 250.000 Touristen besucht wird.

Vom Parkplatz an der Rue d'Arènes sind es nur wenige Meter bis zum Quai Veïl Picard, einer autofreien Straße, die nur von der Straßenbahn, Radfahrern und Fußgängern genutzt

Blick von der Pont Battant auf den Quai Veïl Picard.

werden kann. Unweit der Brücke Battant befindet sich die **Église Sainte-Madeleine** mit einem beeindruckenden Altar. Das ist eines der bedeutendsten der 184 Baudenkmäler der Stadt und, davon ist man in Besançon überzeugt, auch eine der schönsten Kirchen des 18. Jahrhunderts in Frankreich. Achtlos vorbeigehen muss man also nicht. Ein Blick ins Innere lohnt durchaus.

Auf der Brücke Battant blickt **Marquis Jouffroy d'Abbans** (*1751, †1832) auf den Doubs, auf dem er seine **Palmipède**, das erste funktionierende Dampfschiff der Welt fahren ließ. Es funktionierte nach dem Paddelprinzip einer Ente und verkehrte 1776 zwischen Besançon und Montbéliard. Die Antriebstechnik war aber keineswegs perfekt. Eine technische Weiterentwicklung war vonnöten und so entwickelte er den **Pyroscaphe**, den ersten Raddampfer der Welt, den er allerdings nicht mehr hier, sondern in Lyon bauen ließ. Offen gestanden haben wir uns nie darüber Gedanken gemacht, wo der Raddampfer erfunden worden ist. Auf Besançon hätten wir aber ganz sicher nicht getippt. Reisen bildet!

Weiter geht es in die **Grande Rue.** Es ist die shopping-Meile von Besançon. Geschäfte der Haute Couture, Boutiquen, Ca-

Blick in die Grande Rue.

fés, Restaurants, Anwaltskanzleien, alles ist hier in einer bunten Mischung zu finden. Schon die Römer hatten hier vor rund 2000 Jahren eine Straße angelegt. Heute ist der verkehrsberuhigte Bereich mit seinen Altstadtfassaden eine beliebte Einkaufsstraße der **Bisontins**, wie die Einwohner Besançons genannt werden. Es gibt viele Innenhöfe, die Zufahrten sind zumeist offen. Freunde der Architektur werden vielleicht den einen oder anderen Blick hineinwerfen und sich an den Baustilen des 18. und 19. Jahrhunderts erfreuen. Um die Lebendigkeit der Innenstadt zu erhalten, werden auch ganz mutig hinter alten Fassaden neue Ladenpassagen errichtet. Die **Passage Pasteur** ist die erste und wie wir finden, ein gutes Beispiel, wie man baufällig gewordenen Innenhöfen neues Leben einhauchen kann.

Blick in Passage Pasteur.

Am Platz des 8. September (Place du 8 Septembre), dem Herz der Stadt, befindet sich das Rathaus. Wer großes Interesse an der Architektur und der Stadtentwicklung Besançons hat, kann hier eine Ausstellung besuchen, die sich genau diesen Themen widmet. Über dem Eingangsportal des Rathauses prangte einst die Inschrift "Gott und dem Kaiser auf ewig treu". Mit dem Kaiser war der Habsburger Karl V. gemeint, der auf dem Höhepunkt seiner Macht auch Herrscher über die Franche-Comté war. In der Nische neben dem Portal, in der heute ein Brunnen plätschert, stand einst seine Statue. Im 16. Jh. war man noch gut auf ausländische Herrscher zu sprechen, gewährte Karl V. ihnen doch gewisse Privilegien wie das Prägen eigener Gold- und Silbermünzen. Das änderte sich im Laufe der Geschichte. Erst wurde die Franche-Comté 1678 unter Ludwig XIV. französisch, was den stolzen Comtois nicht gefiel. Die Kriege gegen die Preußen 1870/71 sowie die beiden Weltkriege erfreuten natürlich auch niemanden. In den letzten Kriegen waren die Deutschen immer der Feind und wurden keineswegs so wohlwollend betrachtet

Nische von Karl V.

wie Karl V. (*24. Februar 1500; †21. Sept. 1558), dem letzten römisch-deutschen Kaiser, dessen Statue zu einer Zeit weggeräumt wurde, als man auf die Deutschen nicht besonders gut zu Sprechen war. Aber warum erzählen wir das alles? Wir stehen hier eben nicht nur vor einer "leeren" Nische, sondern auch am **Place du 8 Septembre**, der an den Tag der Befreiung von der deutschen Besatzung im Jahre 1944 erinnert. Ein Blick in die Geschichte auf kleinstem Raum sozusagen.

Die **Église Saint-Pierre** mit dem eigenwilligen Turm und der Aussichtsplattform (nicht zugänglich für Besucher) steht übrigens auch an diesem Platz. Die Kirche wurde im 18. Jahrhundert erbaut. Sie ersetzte eine Kirche aus dem 4. Jahrhundert. Die Plattform diente dem Turmwächter als Aussichtsterrasse. In der Kirche befand sich eine Uhr, die als "Uhr des Bürgermeisters" bekannt war. Sie gab die offizielle Zeit an und läutete das Öffnen und Schließen der Stadttore ein. Uhren spielen in Besançon eine besondere Rolle, wie wir gleich noch sehen werden.

Église Saint-Pierre.

Links neben der Kirche erregt das Büro der **Mouvement Franche-Comté** unsere Aufmerksamkeit. Die Comtois (damit sind die Einwohner der Franche-Comté gemeint), gelten als stolz und eigenwillig, vergleichbar den Katalanen oder Basken in Spanien. Sie kokettieren damit aufrührerisch, widerspenstig, wagemutig, utopistisch und gleichzeitig auch kreativ zu sein. "Comtois rends-toi ! Nenni, ma foi" ("Ergebt euch, Bürger der Franche-Comté! Nein, niemals!") ist ihr Motto, das der Überlieferung nach als kämpferischer Dialog zwischen französischen Truppen und den Comtois bei einer Belagerung der Stadt Dole entstanden sein soll. Heute ist es auch das Motto separatistischer Gruppen. Im Zuge der Gebietsreform von 2016, die die Anzahl der Regionen von 22 auf 13 reduzierte, wurden Burgund und die Franche-Comté zu einer Region zusammengelegt. Der Mouvement

Franche-Comté gefiel das nicht und versuchte die Bevölkerung für einen Anschluss an die Schweiz zu mobilisieren. Wenn schon keine Unabhängigkeit von Frankreich erzielt werden kann, dann würde ein Beitritt in die Schweiz zumindest zu mehr Autonomie führen, lautete eine Argumentation. Eine Mehrheit dafür gab es zwar nicht, aber seien Sie nicht überrascht bei Ihrem Stadtspaziergang am Platz des 8. September ein "Franche-Comté Autonom" hoch oben an einem Balkongeländer zu sehen. Der Weg zu einer europäischen Einigung ist noch weit. Das kann man nicht nur fast täglich in der Zeitung lesen, man kann es auch auf Reisen sehen und erleben.

Eingang des Palais Granvelle.

Der Innenhof des Palais Granvelle.

Nun zum nächsten Thema: Der Aufstieg und der Niedergang der Uhrenindustrie in Besançon wird wenige Meter weiter im **Palais Granvelle** im **Musée du Temps** gezeigt. Das Palais ließ Nicolas Perrenot de Granvelle, der Kanzler des Kaisers Karl V. war in den Jahren zwischen 1532 und 1547 errichten. Für ihn war das im Renaissancestil erbaute prachtvolle Gebäude ein Symbol seiner Macht und seines sozialen Aufstiegs. Der 1484 in Ornans geborene Jurist und Staatsmann stammte nämlich aus einfachen bürgerlichen Verhältnissen. In dieser Epoche höchste Staatsämter zu bekleiden, ohne einen aristokratischen Hintergrund zu haben, ist beachtlich.

Seit 2002 ist nun das Musée du Temps hier untergebracht, das mit mehr als 40.000 Exponaten die Geschichte und Entwicklung der Zeitmessung dokumentiert.

Uhrenindustrie in der Franché-Comte

Das Wachstum der Uhrenindustrie in Besançon und in der Franché-Comte begann mit dem Genfer Uhrenhändler **Laurant Mégavand** im Jahre 1793. Mit der Französischen Revolution sympathisierend, musste er die Schweiz verlassen und siedelte nach Frankreich über. Er ließ sich mit weiteren 80 Schweizer Uhrmachern in Besançon nieder und gründete eine Manufaktur. Prominente Unterstützer wie der französische Schriftsteller und Politiker **Honore Gabriel Riqueti, Comte de Mirabeau** erleichterten den Aufbau des Unternehmens, das mit einer neuen Arbeitsteilung in den Produktionsabläufen rasch Erfolge erzielte. Was heute mit Zulieferbetrieben in der Industrie gang und gäbe ist, entwickelte er für die Uhrenproduktion. Weitere 400 Werkstätten wurden in der Stadt gegründet. Hunderte weitere Uhrmacher ließen sich hier und im Umland nieder. Besonders entlang der Verbindungswege nach **Le Locle** und **La Chaux-de-Fonds**, den beiden Zentren der Schweizer Uhrenindustrie an der französisch-schweizerischen Grenze. Jeder dieser kleinen Betriebe hat seine spezielle Aufgabe, der eine machte die Zahnrädchen, der andere lieferte Gehäuse etc. und in Besançon wurde dann alles in mehreren Fabrikationsstätten zusammengebaut. 1883 wurden mehr als 500.000 Uhren gefertigt, das war die Glanzzeit der Uhrenindustrie in der Franche-Comté. Heute gibt es sie zwar noch, sie hat aber die große wirtschaftliche Bedeutung für die Region längst verloren.

Hinter dem Museum liegt der Park Granvelle mit einer netten Brasserie, die Kaffee, Kuchen und kleine Gerichte anbietet. **Victor Hugo**, der große Sohn der Stadt, hat die Außenterrasse der Brasserie fest im Blick. Seine Statue steht am Rande des Parkes. Hier schaut er sitzend den Gästen und den Parkbesuchern zu.

Sein Geburtshaus ist nur wenige Meter entfernt. Das **Maison natale de Victor Hugo** befindet sich in der Grande Rue 140 und ist seit September 2013 für die Öffentlichkeit zugänglich. Es präsentiert sein literarisches und politisches Werk. Wenn Ihnen der Name nichts sagt, den **"Glöckner von Notre-Dame"** kennen Sie sicher, wenn nicht als Roman, dann als Film. Es ist eines seiner Meisterwerke und sein Roman **"Les Misérables"** wurde ebenfalls verfilmt und auch als Musical inszeniert. Öffnungszeiten, Eintrittspreise und weitere detaillierte Informationen über Ausstellungen des Hauses finden Sie auf dieser Seite https://maisonvictorhugo.besancon.fr.

Place Victor Hugo, mit dem Geburtshaus des Schriftstellers rechts.

Schräg gegenüber am Platz Victor Hugo steht das Geburtshaus der Gebrüder **Lumière**, den Erfindern des Cinematographen, dem Vorläufer der Filmprojektoren. Außer einer großen Tafel, die im ersten Stock an dem Haus angebracht ist, erinnert nichts an die Gebrüder, die den Bildern durch ihre Erfindung das Laufen beibrachten.

Das **Schwarze Tor (Port Noire)** ist vom Geburtshaus des berühmten französischen Schriftstellers nur wenige Meter entfernt. Es ist kein Stadttor, sondern ein Triumphbogen, der im 2. Jahrhundert unter Mark Aurel errichtet wurde, als der Ort noch **Vesontio** hieß und unter römischer Herrschaft stand.

Wenige Meter von diesem Bogen fallen auf der linken Seite am **Square archéologique Auguste-Castan** einige Säulen auf. Es handelt sich dabei um eine nicht mehr vollständig erhaltene Säulenreihe vom Peristyl eines Nymphäums aus der Römerzeit, also einer Brunnen- oder Beckenanlage. Hier endete ein von den Römern errichteter Aquädukt. Auch Teile eines Theaters sind erkennbar. Die Parkanlage mit den archäologischen Überresten ist recht klein.

Wir durchschreiten das Schwarze Tor und haben nur noch wenige Meter bis zur **Cathédrale Saint-Jean** zu gehen.

Diese gewaltige dreischiffige Kathedrale entstand im 12. Jahrhundert. Einige Gebäudeteile, wie der nach einem Einsturz im Jahre 1729 neu errichtete Turm und ein Teil des Ostchores stammen aus dem 18. Jahrhundert. Erhalten gebliebe ist der Grundriss der karolingischen Vorgängerkirche.

Die Johannes dem Täufer geweihte Kirche kann mit zahlreichen Kunstwerken aufwarten. Mit Charles André van Loo, Charles-Joseph Natoire und Jean-François de Troy waren für diese Kirche Künstler am Werk, die in ihrer Zeit in der Mitte

Das Schwarze Tor (Port Noire), im Hintergrund die Kathedrale Saint-Jean.

des 18. Jahrhunderts zu den besten ihrer Zunft in Frankreich und Europa gehörten. Ihre großen Bilder in der Kirche mit über drei Metern Höhe und mehr als zwei Metern Breite sind in der Apsis der Kathedrale zu bewundern. Beachtenswert sind auch die Nebenaltäre mit ihren Kunstwerken.

Gemälde der Künstler Charles André van Loo, Charles-Joseph Natoire und Jean-François de Troy in der Apsis der Cathédrale Saint-Jean.

Herausragend in dieser Kirche ist sicher die **Horloge astronomique**, die astronomische Uhr. Sie besteht aus mehr als 30.000 Teilen (in Worten: Dreißigtausend) und zeigt mit ihren Zifferblättern die Tage, die Jahreszeiten und die Uhrzeit für 16 Orte der Erde an. Darüber hinaus wird für acht Häfen der Stand der Flut angegeben und es wird die Länge von Tag und Nacht sowie die Zeit des Sonnen- und Mondaufgangs gezeigt. Ein mechanisches Meisterwerk ersten Ranges!

Wenn Sie also mal kurz die Uhrzeit von Saigon oder Dakar wissen wollen, ein Blick genügt. Und den Wasserstand im Hafen von Le Havre können Sie genauso ablesen wie den im Hafen von Pointe-à-Pitre auf Guadeloupe in der Karibik.

Um das Wunderwerk betrachten zu können, brauchen Sie unter Umständen etwas Geduld, denn die Öffnungszeiten sind nicht durchgehend, sie sind an der Tür zum Turm angeschlagen oder auf der Website www.horloge-astronomique-besancon.fr nachzulesen. Der Eintritt kostet zurzeit 4,00 € pro Person. Im Inneren der Kirche ist ein Teil der Uhr zu sehen. Es wird aber lediglich die Uhrzeit, die Zeit des Mondaufgangs und der Wochentag angezeigt.

Die Cathédrale Saint-Jean mit dem Teleobjektiv vom Fort Bregille betrachtet.

Hinter der Kathedrale führt die Rue des Fusilles de la Résistance hoch zur Zitadelle. Die steile Straße überlässt man besser den Autofahrern, die den Parkplatz oben direkt vor dem Eingang anfahren wollen. Wenn Sie mit einem Kastenwagen unterwegs sind und Ihnen die Größe eines Pkw-Parkplatzes reicht, können Sie ihn ebenfalls ansteuern. Ansonsten empfehlen wir die Fußwege und Treppen, die steil durch eine schattige Parkanlage mit hohen Bäumen hinauf zur Zitadelle führen zu nehmen. Etwas weniger als 100 Meter Höhenunterschied sind es schon auf dieser kurzen Strecke auf einer Länge von rund 200 Metern, aber die Anstrengung lohnt sich. Wer mit einem Hund unterwegs ist, muss auf einen Besuch der Zitadelle verzichten, denn die vierbeinigen Begleiter dürfen nicht hinein.

Die Öffnungszeiten sind sehr besucherfreundlich. In den Sommermonaten ist die Zitadelle täglich von 9:00 bis 19:00 Uhr geöffnet, in der Nebensaison von 10:00 bis 17:00 Uhr. Der Eintrittspreis beträgt pro Person 10,90 €. Das ist der normale Preis für einen Erwachsenen. Daneben gibt es eine ganze Reihe von Ausnahmeregelungen, die wir hier nicht alle aufführen wollen. Sie können das der deutschsprachigen Website der Zitadelle entnehmen, auf der auch eine Fülle weiterer Informationen präsentiert werden www.citadelle.com/de.

Die natürlichen Voraussetzungen für eine Festung an dieser Stelle könnten kaum besser sein. Der Höhenzug, vom Doubs umflossen, bildet eine ausgezeichnete Grundlage für den Bau einer Befestigungsanlage. Diese Situation begeisterte schon den jungen Prokonsul Julius Caesar, als er diesen Ort, den die Römer Vesontio nannten, gegen germanische Stämme verteidigte und mit Mauern befestigen ließ.

Exkurs Gebirgsbildung

Die Aufwölbung einer Schicht aus hartem Kalkstein bildet die Basis für diesen Höhenzug. Vor rund 170 Mio. Jahren war hier noch ein flaches Meer, die Tethys oder auch Ur-Mittelmeer, dessen Sedimentschichten im Zuge der alpidischen Gebirgsbildung im Tertiär, also vor rund 10 Mio. Jahren durch die Plattentektonik zusammengeschoben und aufgefaltet wurden. Auf dem geologischen Lehrpfad am Fort Bregille ist das mit Schautafeln erläutert. Da hatten wir schon darauf hingewiesen. Diese alpidische Gebirgsbildung fand natürlich nicht nur hier statt, sondern im gesamten Alpenraum und darüber hinaus. Allerlei besondere Oberflächenformen, Täler und Schluchten sind dabei entstanden, wir werden noch häufiger in diesem Buch darauf zurückkommen. Ein geologisches Seminar machen wir aber nicht daraus. Wenn Sie diese Gebirgsbildung Ihrem Kind veranschaulichen wollen, dann legen Sie ihre beiden Hände in einem Abstand von 10 oder 20 Zentimetern auf ein Tischtuch und bewegen sie dann zueinander. Sie sehen, wie das Tischtuch aufgeworfen wird und Falten bildet. Das können Sie mit verschiedenen Tischtüchern machen und je nachdem wie die Struktur des Stoffes ist, werden Sie unterschiedliche Muster in der Auffaltung bekommen. So ist es vereinfacht betrachtet auch mit der

Auf dem Wehrgang der Zitadelle von Besançon

Gebirgsbildung. Die unterschiedlichen Sedimentablagerungen führten zu unterschiedlichen Ergebnissen. Das ist etwas, was Sie an den Steilwänden im Jura und in den Alpen immer wieder beobachten können. Mit diesem einfachen Beispiel bilden Sie sozusagen die Plattentektonik mit Ihren Händen nach. Dann folgt noch die Erosion durch Flüsse, weicheres Gestein wird weggeräumt, härteres bleibt bestehen und der Formenreichtum der Erdoberfläche nimmt zu. Was wir mit den Händen und dem Tischtuch so ruckzuck und ohne Kraftanstrengung machen, läuft natürlich auf der Erde in unvorstellbar langen Zeiträumen und mit unvorstellbaren Kräften ab. Erdbeben erinnern uns daran, dass diese Prozesse keineswegs abgeschlossen sind. Dass es alles noch sehr viel komplizierter ist, als es jetzt hier dargestellt wurde, ist uns bekannt. Auf eine komplexe Darstellung verzichten wir hier bewusst, wir verfassen einen Reiseführer, kein Geologiebuch.

Der Bau von Befestigungsanlagen in Besançon hat also eine lange Tradition. Die Römer begannen damit und von Karl V. ist bekannt, dass er die Stadt befestigen ließ, dann kam Vauban und stellte alles in den Schatten.

Doch zunächst muss man sich noch einmal vergegenwärtigen, dass die gesamte Franche-Comté und damit auch Besançon kein Teil Frankreichs war. Die Franche-Comté unterstand der spanischen Krone und kam erst im Verlauf der sogenannten Reunionskriege 1674 zu Frankreich. Ludwig XIV. führte diese Kriege hauptsächlich gegen das Heilige Römische Reich und gegen Spanien, um das französische Staatsgebiet zu vergrößern und seine Macht abzusichern. So

kamen in dieser Zeit nicht nur die Franche-Comté zu Frankreich, sondern auch das Elsass und Lothringen. Um die neuen Außengrenzen abzusichern, wurden nun Festungen gebaut. Als Baumeister wählte er Sébastien Le Prestre de Vauban, der 1678 zum Generalkommissar für den Festungsbau Frankreichs ernannt wurde. Inzwischen zählen zwölf seiner Bauwerke zum Weltkulturerbe der UNESCO. Sie sind verteilt über ganz Frankreich, vier davon in unseren Reisegebieten des Jura und der Alpen, wenn man die Anreise mit einem Besuch von Neuf-Brisach dazu zählt. Wer war nun dieser Mann mit dem wallenden Haar?

Sébastien Le Prestre de Vauban

Vauban wurde im Mai 1633 geboren, stammte aus einfachen Verhältnissen, verwaiste früh und ging im Alter von 17 Jahren in die Armee. Mit 22 Jahren trat er in den Dienst des Königs und wurde Ingenieuroffizier. Er nahm an vielen Belagerungen teil und erwarb sich rasch den Ruf eines "Stadteinnehmers". Wer weiß, was zu tun ist, um eine Festung einzunehmen, weiß auch, wie eine Festung erbaut werden muss, damit sie nicht eingenommen werden kann. So dachte der Sonnenkönig Ludwig XIV. und so kam Vauban zu der Ehre, den Festungsbau Frankreichs zu organisieren und zu leiten. 56 Berufsjahre verbrachte er damit, 33 neue Festungen zu bauen und mehr als 160 Festungen umzugestalten und zu erneuern. Darüber hinaus betätigte er sich als Architekt und Städtebauer. Er entwarf unzählige öffentliche Gebäude, Brücken und Kanäle. Das alles ohne Telefon, CAD-Zeichnungen, Videokonferenzen und Firmenflugzeug, um von einer Baustelle zur nächsten zu jetten. Beschwerlich waren die Wege mit der Kutsche, mit der Basterne oder mit dem Pferd. Einfach waren die Zeichnungen auf Pergament, einfach die Werkzeuge, um die Pläne zu erstellen und mit einfachsten Mitteln wurden natürlich auch die Bauvorhaben durchgeführt. Er war ständig unterwegs von Arras im Norden Frankreichs nach Villfranche-de-Conflent in den Pyrenäen, von Camaret-sur-Mer in der Bretagne nach Briançon in den Alpen. Alles mit der Kutsche oder der Basterne, die einen Tisch enthielt, um auch unterwegs arbeiten zu können. Sie war sozusagen Vorläufer eines mobilen Büros, nur geländegängiger. Natürlich reiste er immer mit Begleitern, die ihn vor Übergriffen zu schützen hatten.

Vauban-Statue in der Zitadelle von Besançon.

Um die Baupläne anfertigen oder begutachten zu können, brauchte er Regionalkenntnis, musste die jeweiligen Geländeverhältnisse sehen und ließ relativ genaue topografische Karten für die Umgebungsbereiche der Forts erstellen. Mithilfe der Triangulation war das zu seiner Zeit der Stand der Technik. Einen Bauplan "von der Stange" gab es nicht und Serienfertigung auch nicht. Zwar wiederholen sich die Elemente seiner Architektur bei den Festungsbauten, aber es ist schon ein Unterschied, ob in einer Ebene gebaut wird, wie in Neuf-Brisach oder auf einem Bergrücken wie in hier Besançon oder in Mont-Dauphin oder Briançon.

Eine von Pferden getragene Basterne wurde von Vauban häufig genutzt.

Es ist eine außerordentliche und bewundernswerte Leistung, die Sébastien Le Prestre de Vauban vollbracht hat. 1707 stirbt er im Alter von 74 Jahren im Range eines Maréchal.

Zum UNESCO-Welterbe zählen seine Bauwerke in Arras, Besançon, Blaye, Briançon, Camaret-sur-Mer, Longwy, Mont-Dauphin, Mont Louis, Neuf-Brisach, Saint-Martin-de-Ré, Saint-Vaast-la-Hougue und Villefranche-de-Conflent.

Man kann über Vauban natürlich auch ein ganzes Buch verfassen, wir belassen es bei der kurzen Darstellung und hoffen, das Wesentliche für Sie als Leser zum Verständnis dargestellt zu haben. Betrachten wir nun die Zitadelle selbst.

Die Zitadelle von Besançon

Es ist ein weitläufiges Gelände, auf dem die Zitadelle steht. Der erste Gebäudekomplex ist die Front Saint-Etienne. Mächtige Mauern stehen hier an einem Wehrgraben. Der Durchgang ist mit Toren gesichert.

Demi-Lune und königliche Front mit dem Königinnenturm im Hintergrund.

Der Kadettenhof in der Zitadelle von Besançon.

Heute befinden sich hier die Kasse, ein Souvenirladen, ein Getränkeautomat und WC-Anlagen. Über eine ansteigende Fläche, dem Park Saint-Etienne, der als Glacis angelegt war, gelangt man zur Demi-Lune und über einen Graben zur königlichen Front. Erst hier, etwa 300 Meter hinter dem Eingang, befindet man sich im Inneren der Zitadelle. Die zahlreichen Gebäude an dieser Stelle dienen heute unterschiedlichen Zwecken. In der ehemaligen Kadettenschule ist das Museum des Widerstands und der Deportation **(Musée de la Résistance et de la Déportation)** untergebracht, im ehemaligen Proviantlager ein Restaurant und in der ehemaligen Majorswohnung residiert heute die Verwaltung. In anderen Gebäuden gibt es ein Heimatmuseum **(Musée comtois)** und ein Nokatarium. Weiterhin befinden sich im inneren Bereich der Zitadelle eine Kapelle und ein Ziehbrunnen. Das offene südliche Areal mit seinen vielen Wehrmauern wurde in einen Zoologischen Garten umgewandelt, der über 60 verschiedene Tierarten zählt.

Der Ziehbrunnen der Zitadelle.

So schön friedlich und ruhig wie heute ging es nicht immer zu. Auch in der Zeit nach Vauban behielt die Zitadelle lange Zeit ihre militärische Funktion, diente als Gefängnis und als Kriegsgefangenenlager in den Kriegen 1870/71 und 1914-1918. Während des Zweiten Weltkrieges besetzte die deutsche Wehrmacht die Zitadelle und nutzte sie als Quartier und als Exekutionsort. Mehr als 100 französische Widerstandskämpfer wurden hier erschossen. Nach der Befreiung am 8. September 1944 werden hier etwa 6000 deutsche Soldaten bis 1948 unter miserablen Bedingungen gefangen gehalten und für Arbeitsdienste eingesetzt. Zehn Jahre später beginnt eine neue Ära. Die Zitadelle wird vom Militär aufgegeben, die Stadt erwirbt das Gelände und macht es der Öffentlichkeit für Veranstaltungen, Museum und Zoo zugänglich.

Für den Besuch der Zitadelle benötigt man sicher einen halben Tag, wenn man die Ausstellungen in den Museen ausgiebig betrachtet und auch einen Zoobesuch mit einschließt, auch einen ganzen Tag.

Wir machen uns nun auf den Rückweg. Über schmale und steile Treppen geht es hinunter in Richtung des Parkplatzes Rivotte am Ufer des Doubs, wir werfen noch einen Blick auf das Stadttor **Porte Rivotte** aus dem 16. Jahrhundert und gehen dann am Ufer des Doubs bis zum Eingang des Kanaltunnels. Die Restaurantschiffe, an denen wir auf diesem kurzen Weg vorbeikommen, locken mit preiswerten Tagesgerichten. Durch den 384 Meter langen Kanaltunnel, der unterhalb der Zitadelle in den Jahren zwischen 1878 und 1882 erbaut wurde, geht es auf die andere Seite der Stadt und von dort nach einer kurzen Besichtigung der Schleusen über verwinkelte Gassen zurück auf die Grande Rue und zurück zum WOMO.

Im Kanaltunnel von Besançon.

Im **Musée des Beaux-Arts et d'Archéologie** waren wir nicht und das **Hôtel de Champagney** haben wir uns auch nicht angeschaut. Freunde der Architektur werden Letzteres sicherlich aufsuchen. Im Stadtplan sind beide aufzufinden. Auf dem Plan finden Sie auch die Türme und Festungsmauern verzeichnet, die die Altstadt am Ufer des Doubs gesichert und befestigt haben. Teilweise sind sie durch Spazierwege am Parc Chamars erschlossen. Wer die gesamte Festungsarchitektur erfassen will, besucht auch noch das **Fort Griffon**, das ebenfalls im Stadtplan zu sehen ist. Wir aber wollen hiermit die Tour 2 beenden und sogleich die nächste starten.

10 km
Route des Lacs
N
DEP. HAUTE-SAÔNE (70)
DEP. DOUBS (25)
DEP. JURA (39)
BESANÇON
Marnay
Recologne
Ougney
Ile Art Malans
Ognon
Doubs
Zitadelle
UNESCO-Welterbe
Fort Benoît
Fort Bregille
Fort de Chaudanne
Fort de Planoise
Nancray
Tour 2
Rigney
Saint-Vit
Roset-Fluans
Osselle
Grotte d'Osselle
Épeugney
Ornans
Quingey
Courcelles
Cléron
Chantrans
Dole
Forêt de Chaux
Saline UNESCO-Welterbe
Arc-et-Senans
Montbarrey
Belmont
Chissey-sur-Loue
Loue
Lison
Port-Lesny
Nans-sous-Sainte Anne
Bolandoz
Mt. Poupet 851 m
Source du Lison & Creux Billard
Grotte Sarrazine
Crouzet-Migette
Pont du Diable
Levier
Mouchard
Salins-les-Bains
Fort Belin
Fort St-André
Bracon
Mont-sous-Vaudrey
Le Deschaux
Cuisance
Arbois
Mesnay
Aumont
Les Planches près Arbois
Cascade des Tufs (Wasserfall)
La Châtelaine
Belvédère du cirque du Fer à Cheval
Grottes des Moidons
Andelot-en-Montagne
Valempoulières
Poligny
Sellières
Montrond
Ardon
Nozeroy
Domblans
Voiteur
Château-Chalon
Crotenay
Archäologisches Museum
Source de l'Ain
Baume-les-Messieurs
Pont-du-Navoy
Champagnole
Église Saint-Cyr
Jurafaune
Kloster
Cascade des Tufs
Grottes de Baume
Syam
Chaux-Neuve (991m)
Lons-le-Saunier
Sur Roche
Marigny
L. de Chalain
Fontenu
Cascade de la Billaude
La Saine
Gorges de la Langouette
Les-Planches-en-Montagne
Ledonia-Therme
Vevy
Doucier
L. de Chambly
L. du Val
Le Frasnois
La Fromagerie
Cascades du Hérisson
La Chaux-du-Dombief
Chapelle-des-Bois (1085m)
Tour 4
Pont-de-Poitte
Region des Lacs
Parc naturel régional du Haut-Jura
Tour 7
Bois-d'Amont
Lac de Vouglans
Lac de l'Abbaye
L'Orbe
L'Ain
3,5t
050 051 052 053 054 055 056 057 059 060 061 062 063 064 065 066 067 068 069 070 071 072 073 074 075 076 077 078 079 080 081 082 083 084 085 086 087 088 089 128
A36 A39 A391 N5 N57 N83 D7 D9 D14 D18 D27 D39 D67 D72 D75 D94 D101 D107 D127 D437 D469 D467 D471 D472 D475 D492 D673 D678 D683 D470 D52

TOUR 3 (ca. 390 km)

Ornans – Quingey – Osselle – Dole – Arc-et-Senans – Salins-les-Bains – Nans-sous-Sainte-Anne – Grottes des Moidons – Champagnole – Nozeroy – Les Planches-en-Montagne – Le Frasnois – La Fromagerie – Doucier – Baume-les-Messieurs – Voiteur – Château-Chalon – Lons-le-Saunier

Stellplätze:	Ornans, Quingey, Dole, Arc-et-Senans, Salins-les-Bains, Nans-sous-Sainte-Anne, Arbois, Champagnole, Nozeroy, Les Planches-en-Montagne, Le Frasnois, La Fromagerie, Doucier, Baume-les-Messieurs, Voiteur, Château-Chalon, Lons-le-Saunier.
Campingplätze:	Quingey, Osselle, Dole, Arc-et-Senans, Salins-les-Bains, Le Frasnois, Fontenu, Doucier, Baume-les-Messieurs, Lons-le-Saunier.
Ver-/Entsorgung:	Ornans, Quingey (mit Fahrzeugwäsche), Dole, Arc-et-Senans, Salins-les-Bains, Arbois, Champagnole, Doucier, Voiteur.
Besichtigungen:	Grotte d'Oselles (Tropfsteinhöhle), Dole (Altstadt), Arc-et-Senans (Saline, UNESCO-Welterbe), Salins-les-Bains (Saline, UNESCO-Welterbe), Source du Lison (Quelle), Grotte Sarrasine (Felsgrotte), Arbois (Altstadt), Grottes des Moidons (Tropfsteinhöhle), Champagnole (Altstadt), Nozeroy (Ville historique), Château-Chalon (Weindorf).
Wandern/Radwandern:	Ornans (Kanutour), Source du Lison (Quelle), Arbois (Cascade des Tufs), Gorges de la Languette, Cascade de la Billaude, Cascades du Herisson, Lac de Chalain, Baume-les-Messieurs (Cascade des Tufs).
Baden/Wellness:	Dole (Freibad), Oselles (Strandbad), Ornans (Freibad), Lac de Chalain, Lédonia-Therme in Lons-le-Saunier.

Malerische, ruhig daherfließende Wasserläufe, gewaltige Quellen, zahlreiche Wasserfälle und eine Fülle an Seen werden wir im Verlauf dieser Tour aufsuchen. Wasser ist nicht nur ein belebendes Element, sondern war auch wesentlich für die Salzgewinnung in den ehemaligen Salinen, die wir auf dieser langen Strecke durch den westlichen Jura besichtigen werden. Reißerische Fluten haben die Plateaus des Jura zerschnitten und steilwandige Täler in das Gebirge hineingefräst. Die Formung der Landschaft mit ihren vielen Talschlüssen, die im Französischen gern "Cirque du fer à cheval" genannt werden, ist geradezu spektakulär. Schaut man von oben, sieht es so aus wie auf dem Cover dieses Buches und ist man unten am Talende, so findet sich häufig eine mächtige Quelle oder eine Reihe faszinierender Kaskaden. In diesem Kapitel werden wir einige davon sehen. Dort, wo die Täler breiter werden und aus den steilen Flanken sanfte Hügel geworden sind, finden wir einige Weinbauorte, die den berühmten typischen Gelbwein, den Vin Jaune anbauen. Auch er wird ein Thema dieses Kapitels sein.

Wir starten in Besançon und fahren aus dem Tal des Doubs hoch auf die flachwellige, landwirtschaftlich genutzte Ebene. Eine kurze Strecke nutzen wir die autobahnähnlich ausgebaute N57 in Richtung Pontarlier, folgen aber dann den Hinweisen zum "Vallée de la Loue", die über die D67 nach **Ornans** führt.

Die erste Frage, wenn man in die Stadt fährt, lautet meistens, wo parkt man sinnvoller Weise? Wer nur einen Stadtbummel machen möchte, der findet auf einem alten Betriebsgelände an der Avenue Géneral de Gaulle kostenlose Plätze [**056:** N47°06'26.0" E6°08'24.7"]. Wer sich auf einem ruhigen und abgeschrankten WOMO-Komfortstellplatz mit Versorgungseinrichtungen und WiFi wohler fühlt, dem empfehlen wir diesen Platz.

(057) Offizieller WOMO-Stellplatz: Ornans

GPS: N47°06'26.4" E6°08'52.7", 351 m; R. d. Essarts Cendrin, 25290 Ornans.
Max. WOMOs: 16, maximale Länge 9 m.
Ausstattung: Asphaltierter Platz mit Wasserversorgung und Entsorgung mit Bodeneinlass, Kassettenentleerung, Stromanschlüssen, WiFi, Behälter für die Müllentsorgung, max. Aufenthaltsdauer: 7 Tage, ganzjährig geöffnet.

Beschreibung: Am Hang oberhalb des Ortes, nachts ruhig. Die Ver- und Entsorgung befindet sich hinter der Schranke, kann also nur dann angefahren werden, wenn die Mindestgebühr für den Stellplatz entrichtet wird.
Preise: Gebühren gestaffelt nach Saison und Größe der Stellfläche zwischen 5,00 € und 19,00 €. Stromversorgung, Frischwasser und Entsorgung ist im Preis enthalten. Die Bezahlung kann nur über die EC-Karte erfolgen. Die Menuführung erfolgt in deutscher Sprache. Es wird ein Code generiert, der ein kurzfristiges Verlassen des Platzes mit dem WOMO erlaubt und bei erneuter Nutzung bei der Einfahrt eingegeben werden muss.
Zufahrt: Von der D67 über die Rue du Moulin und Rue de la Plante in die Rue des Essarts Cendrin fahren.

Wer eine Kajaktour oder Kanutour machen möchte, findet in dieser Stadt ein umfassendes Angebot. Für Anfänger wie für den Profi werden hier kleine und große Touren auf diesem überwiegend ruhigen Fluss angeboten. Das Praktische dabei ist, dass eine Übernachtungsmöglichkeit mit dem WOMO auf der Wiese neben dem Bootsanleger des Verleihers gleich mit dabei ist und die Betreiber auch noch ein Restaurant führen.

(058) Offizieller WOMO-Stellplatz:
Ornans – Base de loisirs Akila Gorges de la Loue

GPS: N47°06'15.0" E6°09'46.2", 335 m; 12 R. de Montgesoye, 25290 Ornans.
Max. WOMOs: 10, maximale Länge 9 m.
Ausstattung: Befestigter Platz, sehr sonnig, Restaurant, Café.

Beschreibung: An der Straße Richtung Pontarlier, nachts ruhig. Idealer Platz für Outdoor-Sportler, die gern Kanu fahren, Hochseilgärten lieben, Klettern, Canyoning oder anderen Sport betreiben wollen. Geöffnet von April bis Oktober.
Preise: Gebührenfrei bei Nutzung des umfangreichen Freizeitangebots.
Zufahrt: Direkt an der D67 nach dem Ortsausgang von Ornans auf der rechten Seit in Richtung Pontarlier.
Reservierung/Kontakt: Tel.: 03 81 57 10 82
E-Mail-Formular auf der Website: www.akila-centers.com.

Einen Stellplatz gibt es auch für die Schwimmer: Das örtliche Frei- und Schwimmbad bietet ausreichenden Parkraum, um nach einem Besuch nicht gleich weiterfahren zu müssen **[059:** N47°06'07.0" E6°09'39.2"]. Gleich neben dem Schwimmbad befindet sich dieser Campingplatz.

(060) WOMO-Campingplatz:
Ornans – La Roche d'Ully

GPS: N47°06'02.9" E6°09'37.5", 339 m; 5 Allée de la Tour de Peilz, Ornans.
Max. WOMOs: >20, maximale Länge 8 m.
Ausstattung: Frischwasserversorgung, Abwasserentsorgung mit Bodeneinlass, Kassettenentleerung, Stromanschlüsse, Behälter für die Müllentsorgung, WiFi. Im Servicegebäude gibt es Duschen und WCs. Der Platz ist von Anfang April bis Mitte Oktober geöffnet.
Beschreibung: Große sonnige Rasenplätze mit Hecken abgegrenzt in unmittelbarer Nähe des Freibades, sehr ruhig. Rund 1,5 km bis zur Ortsmitte.
Preise: Je nach Saison, Komfort und Größe des Platzes zwischen 26,60 und 36,60 € für ein Fahrzeug mit zwei Personen. Strom sowie Ver- und Entsorgung ist im Preis enthalten.
Zufahrt: Auf der Rue du Viaduc, die Ampelbrücke über die Loue nehmen.
Reservierung/Kontakt: Tel.: 03 81 57 17 79
E-Mail: contact@larochedully.com, Web: www.camping-ornans.com.

Ornans wird auch gern "la petite venise comtoise", das kleine Venedig der Franche-Comté genannt. Es ist eines der schönsten und malerischsten Orte im Jura. Die Kleinstadt zählt rund 4000 Einwohner und wird von der Loue durchflos-

Ornans im Tal der Loue.

Sehr beliebt: Fliegenfischen und Kajakfahren in Ornans.

sen. Die Quelle (Source de la Loue) ist rund 20 Kilometer entfernt. Wir besuchen Sie in der Tour 6, wie Sie auf der Seite 215 nachlesen können.

Die Häuser am Flussufer in Ornans sind auf Pfählen errichtet. Mit ihren blumengeschmückten Balkonen sind sie gern genommene Fotomotive. Auf dem nebenstehenden Foto sind zwei beliebte Freizeitaktivitäten abgebildet, für die dieser Ort berühmt ist: Kajak fahren und Fliegenfischen. Das Wasser ist blitzsauber. Cartes de pêche können bei der Gemeinde erworben werden. Nähere Infos dazu gibt es hier: http://ornans.aappma.info.

Der berühmteste Sohn der Stadt ist **Gustave Courbet**, der zu den bedeutendsten Maler des französischen Realismus zählt. In seinem zum Museum umgebauten Geburtshaus (1 Place Robert Fernier) sind zahlreiche seiner Werke ausgestellt. Das Museum befindet sich am linken Ufer der Loue und ist rund 250 Meter von dem schönen, lauschigen und schattigen zentralen Platz des Ortes entfernt, der auch den Namen des Malers trägt. Verfehlen kann man das Museum nicht. Bei der hohen Anzahl der Hinweisschilder sollte es kein Problem sein, das **Musée Courbet** zu finden. In den Sommermonaten werden zur Erinnerung an den Maler unterschiedliche Veranstaltungen angeboten.

Von Ornans fahren wir flussabwärts entlang der Loue weiter. Ziel ist die Grotte d'Oselle. Es ist eine reizvolle Tallandschaft. In **Cléron** ist das Schloss am Fluss schön anzuschauen. Es ist in Privatbesitz, besichtigen kann man es nicht. Über einige Dörfer geht es weiter nach **Quingey**. Hier kreuzen wir die N83. Am örtlichen Intermarché gibt es eine Ver- und Entsorgungsstation, eine Tankstelle, eine Waschgelegenheit für das WOMO und natürlich das übliche Angebot an Lebensmitteln **[061:** N47°05'58.6" E5°53'09.6"]. Eine gute Gelegenheit, gleich alle notwendigen Ver-, Ent- und Besorgungen auf einen Schlag zu erledigen. Unweit des Supermarktes befindet sich dieser Campingplatz an der Loue.

(062) WOMO-Campingplatz: Quingey – Les Promenades

GPS: N47°06'11.1" E5°53'08.1", 266 m; 1 Rue des Promenades, Quingey.
Max. WOMOs: 59, maximale Länge 12 m.
Ausstattung: Frischwasserversorgung, Abwasserentsorgung mit Bodeneinlass, Kassettenentleerung, Stromanschlüsse, Behälter für die Müllentsorgung, WiFi, Buvette, Fahrrad- und Kanuverleih. Im Servicegebäude gibt es Duschen, WCs, Waschmaschinen und Trockner. Der Platz ist von Mitte April bis Mitte Oktober geöffnet.

Beschreibung: Große Plätze (ca. 100 m²) unter hohen Bäumen. 20 der 59 Plätze befinden sich direkt am Ufer der Loue.
Preise: Für ein Fahrzeug mit 2 Personen sind in der Hochsaison inkl. Strom 19,90 € zu zahlen. Die Plätze direkt am Fluss sind 2,00 € teurer. Waschmaschine 4,00 €, Trockner 3,00 €, Hund 2,00 €. Die Plätze sind in der Nebensaison und ohne Stromversorgung billiger. Auf der Website des Campingplatzes gibt es eine vollständige Preisübersicht.
Zufahrt: In Quingey in Richtung Saint-Vit fahren und vor der Brücke über die Loue rechts abbiegen.
Reservierung/Kontakt: Tel.: 03 81 63 74 01
E-Mail: campinglespromenades@lesbordsdeloue.fr,
Web: www.quingeycamping.fr (auch in deutscher Übersetzung).

Quingey ist ein kleiner Ort mit rund 1400 Einwohnern. Es ist ein kleines beschauliches Landstädtchen mit schmucken Bürgerhäusern aus dem 17. und 19. Jahrhundert mit einem kleinen zentralen Platz an der Westseite des Flusses. Um eines der fünf Restaurants des Ortes aufzusuchen, sind vom Campingplatz nur wenige Meter zu gehen.

Bevor wir uns der Höhle zuwenden, wollen wir noch auf einen kleinen sehr einfach gehaltenen Campingplatz an einem Baggersee hinweisen [**063:** N47°08'20.6" E5°51'08.4"], der nur in den Sommermonaten geöffnet hat. Eigentlich ist es eher ein kostenpflichtiger Badestrand mit einer Übernachtungsmöglichkeit für Camper. Es scheint ein beliebter Ausflugsort der Bisontins zu sein. An den Wochenenden wandelt sich der stille leere Strand zu einer Partymeile. Unter der Woche ist es ruhiger. Der Platz lässt sich auch für Ausflüge auf der EuroVelo 6 nutzen. Der Radweg führt direkt vorbei und verläuft an dieser Stelle parallel zum Rhein-Rhône-Kanal.

Die Plage d'Osselle.

Kommen wir nun zur Höhle **Grotte d'Osselle**. Es ist nur noch eine kurze Strecke zu fahren, bis der Parkplatz vor der Grotte erreicht ist [GPS: N47°08'15.4" E5°50'11.8"]. Sie liegt

an der schmalen und kaum befahrenen D408. Das Bild unten zeigt schon, dass es sich um eine sehr imposante Tropfsteinhöhle handelt.

Frei zugänglich ist die Höhle nicht, sie kann nur im Rahmen einer Führung betreten werden. In den Sommermonaten ist sie täglich geöffnet und es finden von 9:00 bis 18:30 Uhr kontinuierlich Führungen statt. Diese werden entweder in französischer oder in englischer Sprache abgehalten. Da richtet man sich nach der Sprachfertigkeit der jeweiligen Gruppe. Der Eintritt pro Person beträgt 9,00 Euro. Die Öffnungszeiten außerhalb der Hauptsaison können hier nachgesehen werden https://grotte-osselle.fr.

Die Höhle wurde schon im 13. Jahrhundert entdeckt und seit Beginn des 16. Jahrhunderts kann sie besichtigt werden. Wie alle Höhlen dieses Typs ist sie durch einen unterirdischen Wasserlauf entstanden. Weil irgendwann im Verlauf der Erdgeschichte sich das Wasser einen neuen, tiefer gelegenen Weg gesucht hat, blieb ein Hohlraum zurück, in dem die Tropfen des von oben durchsickernden Regenwassers über Tausende von Jahren gelösten Kalk zu den kuriosesten Formen ablagerten. **Stalaktiten** werden die Gebilde an der Decke genannt,

Die Brücke im hinteren Teil der Höhle wurde bereits im 18. Jh. errichtet.

Tropfsteinsäulen in der Grotte d'Osselle.

Stalagmiten, die auf dem Boden stehen. Treffen sie irgendwann zusammen, entstehen **Säulen**.

Von den bekannten 14 Kilometern dieser Höhle sind 1200 Meter für Besucher ausgebaut. Die Wege sind betoniert, problemlos begehbar und keineswegs schlüpfrig. Die Beleuchtung ist sehr gut und setzt durch die Licht- und Schattenwirkung die ganzen Tropfsteingebilde erst so richtig in Szene. Nur frisch ist es hier, 13 °C ist die Normaltemperatur im Sommer wie im Winter. Am Ende des begehbaren Teils der Höhle ist man rund 110 Meter von der Erdoberfläche entfernt. Angst, dass etwas herunterfällt, muss man nicht haben. Es bröckelt nichts, die Grotte besteht so schon seit Zehntausenden von Jahren und wenn man bedenkt, das ein Stalaktit im Schnitt in 100 Jahren nur um einen Zentimeter wächst, die Säulen in der Höhle aber massiv und unverrückbar stehen, kann man erkennen, dass sich hier seit sehr sehr langer Zeit nichts mehr bewegt hat. Die Höhle war auch ein Rückzugsort von Bären, die hier vor rund 40 - 50.000 Jahren in großer Zahl gelebt haben. Es sind noch Skelette auf dem Boden zu sehen. Dieser "Friedhof der Bären" gilt als die größte Bärennekropole weltweit.

Nach dem Besuch der Höhle setzen wir unsere Reise auf der schmalen D408 fort. Kurz vor dem Dorf Roset-Fluans geht es rechts ab. Eine Hängebrücke führt über den Doubs und den Rhein-Rhône-Kanal, die an dieser Stelle nur wenige Meter voneinander getrennt sind. Sehr kurze Zeit später gelangen wir zu Seen, die geradezu ideale Picknick- und Übernachtungsplätze wären, würden die großen "Einfahrt verboten"-Schilder uns nicht davon abhalten.Nur Angler, die eine "Carte Pêche" der Gemeinde Saint-Vit vorweisen können, dürfen hier ihre Fahrzeuge abstellen und ihrem Hobby nachgehen.

Also fahren wir weiter nach Saint-Vit und fahren von dort über die gut ausgebaute D673 nach Dole.

Am Rande von **Dole** angekommen orientieren wir uns in Richtung Zentrum und fahren den folgenden Stellplatz an.

(064) Offizieller WOMO-Stellplatz: Dole – Aire de Stationnement Avenue de Lahr

GPS: N47°05'25.0" E5°29'49.5", 203 m; 75 Avenue de Lahr, 39100 Dole.
Max. WOMOs: 25, maximale Länge 12 m, max. Aufenthalt 7 Tage.
Ausstattung: Keinerlei wohnmobilspezifische Einrichtungen, ganzjährig geöffnet.
Beschreibung: Befestigter schattiger Platz mit Panoramablick auf die Stadt und den Bootshafen.
Preise: Kostenlos.
Zufahrt: Siehe Stadtplan auf der folgenden Seite.

Sollte er belegt sein, so stehen als Alternativen der nahe Campingplatz oder der etwas weiter entfernte Stellplatz am **Aquaparc Isis** zur Verfügung.

(065) WOMO-Campingplatz: Camping du Pasquier

GPS: N47°05'23.8" E5°30'13.1", 202 m; 18 Rue Thévenot, 39100 Dole.
Max. WOMOs: >20, maximale Länge 12 m.

Ausstattung: Frischwasserversorgung, Abwasserentsorgung mit Bodeneinlass, Kassettenentleerung, Stromanschlüsse, Behälter für die Müllentsorgung, WiFi, Schwimmbad, Boule, Tischtennisplatten, Hüpfburg, Fahrradverleih. Im Servicegebäude gibt es Duschen, WCs, Waschmaschinen und Trockner. Der Platz ist vom 15. März bis zum 15. Oktober geöffnet.
Beschreibung: Große sonnige, teilweise auch schattige Rasenplätze, sehr ruhig. Innenstadtnah.
Preise: Je nach Saison für ein Wohnmobil mit 2 Personenen entweder 19,20 € oder 21,70 €, Hund 2,80 €.
Zufahrt: Siehe Stadtplan auf der folgenden Seite.
Reservierung/Kontakt: Tel.: 03 84 72 02 61
Web: www.camping-le-pasquier.com.

(066) Offizieller WOMO-Badeplatz: Aquaparc Isis

GPS: N47°04'24.0" E5°29'12.1", 201 m; Allée des Prés Buffard, 39100 Dole.
Max. WOMOs: >20, maximale Länge 12 m.

Ausstattung: Frischwasserversorgung, Abwasserentsorgung mit Bodeneinlass, Kassettenentleerung, Stromanschlüsse, Behälter für die Müllentsorgung, WiFi, ganzjährig geöffnet.
Beschreibung: Große schattenlose Stellflächen auf Asphalt neben dem Freizeitbad Aquaparc Isis.
Preise: Kostenlos. Entsorgung kostenlos, über Münzautomaten gibt es Frischwasser für 2,00 €. Für die Bezahlung sind Jetons notwendig, die an der Kasse des Freizeitbades zu haben sind.
Zufahrt: Zunächst der Beschilderung in Richtung Lons-le-Saunier folgen. Rund 2 km hinter der Brücke über den Doubs in einem Kreisverkehr der Wegweisung zum Aquaparc Isis folgen.

Dole

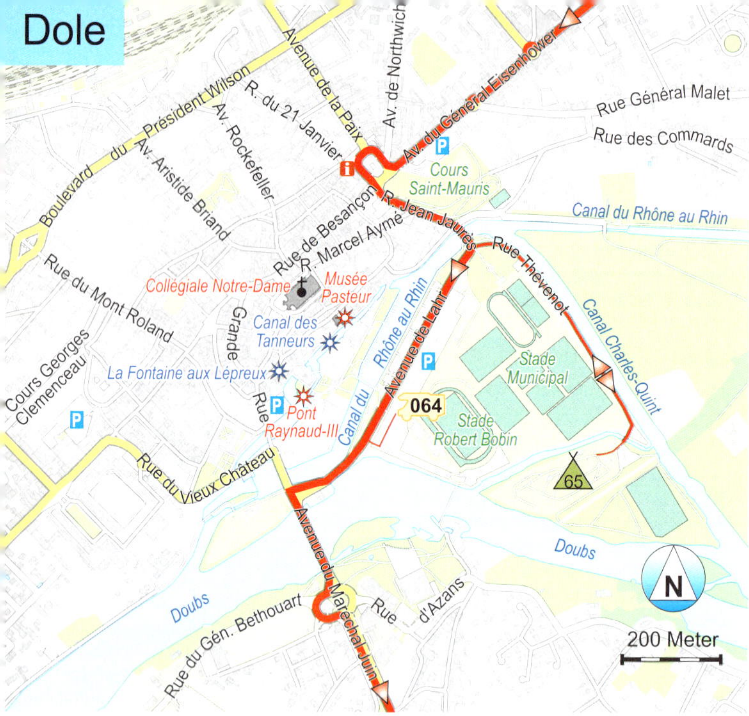

Dole ist eine Kleinstadt mit rund 24.000 Einwohnern und kann auf eine bewegte Geschichte zurückblicken. Sie war einst die Hauptstadt der Franche-Comté und hatte eine Universität. Im Laufe der Jahrhunderte gab es viele kriegerische Auseinandersetzungen um diese Stadt, die unter Ludwig XIV., dem Sonnenkönig, endgültig mit der gesamten Freigrafschaft zu Frankreich kam. Besançon wurde nun zur Hauptstadt durch den König erhoben und auch die Universität dorthin verlagert.

Blick vom Stellplatz auf die Altstadt und den Bootshafen.

Dole musste sich mit diesem Bedeutungsverlust abfinden.

Die Gebäude der sehenswerten Altstadt wurden zwischen dem 16. und 18. Jahrhundert errichtet. Sie gruppieren sich um die Stiftskirche **Notre-Dame**. Hier finden Sie malerische Gassen, Cafés und Restaurants. Pittoresk und einen Besuch wert ist das Gerberviertel am **Canal des Tanneurs**. Ein schmaler Weg führt entlang des Kanals, der an der **Pont Raynaud-III** seinen Anfang nimmt. Auch hier finden Sie einige Restaurants, die Ihre Tische direkt am Ufer aufgestellt haben. Schmale Gassen führen vom Kanal in die Altstadt. Unter anderem zum Geburtshaus von **Louis Pasteur**, dem bekanntesten und größten Sohn der Stadt. Mit seinen Forschungsarbeiten legte er den Grundstein für die Lehre der Mikrobiologie. Sie führten zu bahnbrechenden Entwicklungen in der Haltbarkeit von Lebensmitteln, die uns heute unter dem Stichwort "Pasteurisierung" entgegentritt. Darüber hinaus entwickelte er Impfstoffe. Das Vakzin gegen Tollwut wurde von ihm eingeführt.

Der Beginn des Canal des Tanneurs.

Das **Maison natale de Louis Pasteur** widmet sich seinem Leben und seiner Forschung. Über diese Seite www.terredelouispasteur.fr finden Sie einen Einstieg. Sie gibt es auch in einer englischen Fassung. Sie behandelt nicht nur das Museum in seinem Geburtshaus, sondern auch seine Forschungsstätte in Arbois, dem Weinbauzentrum des Jura, das wir im weiteren Verlauf dieser Tour noch aufsuchen werden (siehe Seite 148).

Wenn Sie einmal die Verkehrswege wechseln wollen und auf dem Rhein-Rhône-Kanal oder der nahen Saône eine Runde mit dem Hausboot fahren möchten, so haben Sie hier die Möglichkeit dazu. Es liegen viele Boote am Steg, die Sie über diese Seite www.hausboot-nicols.de auswählen und buchen können. Es ist ein reizvoller Gedanke, den wir aber wieder beim Blick auf die Preise verwerfen und stattdessen nach Arc-et-Senans weiterfahren.

Eingangsportal der Saline Royal in Arc-et-Senans.

(067) Offizieller WOMO-Stellplatz: Arc-et-Senans

GPS: N47°01'59.6" E5°46'50.4", 236 m; 29 Grande Rue, 25610 Arc-et-Senans.
Max. WOMOs: 10, maximale Länge 9 m.
Ausstattung: Befestigter Platz mit Frischwasserversorgung. Entsorgung über Bodeneinlass, Kassettenentleerung, keine Stromversorgung. Ganzjährig geöffnet. Die Wasserversorgung ist in den Wintermoanten abgestellt.

Beschreibung: In der Ortsmitte hinter der Mairie (Rathaus), in unmittelbarer Nachbarschaft der Saline. Nachts ruhig.
Preise: Kostenlos, Frischwasser 100 Liter 2,00 €, die mit einem Jeton zu zahlen sind. Diesen gibt es im Rathaus oder im Supermarkt Bi1 in 400 Metern Entfernung.
Zufahrt: Von der Grande Rue in die schmale Einfahrt der Mairie abbiegen.

Arc-et-Senans liegt rund 30 Kilometer von Dole entfernt und ist über die D7 zu erreichen. Es geht auf dieser Fahrt durch viele Dörfer. Wir umfahren dabei den südlichen Rand des **Forét de Chaux**, des zweitgrößten Laubwaldgebietes Frankreichs. Hier wurde bis zum 19. Jahrhundert das Holz geschlagen, das die Salzsieder in Arc-et-Senans für die Befeuerung der Siedepfannen benötigten.

Der Stellplatz liegt in unmittelbarer Nähe der Saline. An der Einfahrt ist man schnell vorbeigefahren, das Hinweisschild vor Ort ist klein und die Hofeinfahrt zum Platz nicht sehr breit. Auf den ersten Blick vermutet man nicht, hier hineinfahren zu müssen. Was ist nun das Besondere an dieser Saline?

Mitte bis Ende des 18. Jahrhunderts wurde die Versorgung mit Brennmaterial für den Betrieb der Saline in Salin-les-Bains (unser nächstes Ziel siehe Seite 142) immer schwieriger, der

Transport immer aufwendiger. Die Produktion und damit der Ertrag blieb hinter den Erwartungen des damaligen Königs Ludwig XV. zurück. Um die Erträge für den königlichen Hof zu steigern, wurde beschlossen, eine weitere Saline zu errichten und zwar dort, wo es keine Probleme mit der Brennstoffversorgung gab. Mit der Planung und den Bau wurde Claude-Nicolas Ledoux beauftragt, ein Architekt, der sich schon mit vielen außergewöhnlichen Projekten profiliert hatte.

Die Idealstadt von Claude-Nicolas Ledoux

Wir stehen am Vorabend der Französischen Revolution, als Claude-Nicolas Ledoux 1774 den Auftrag erhielt, die Saline in Arc-et-Senans zu bauen. Wir befinden uns im Zeitalter der Aufklärung. Gewohnte Denkweisen werden hinterfragt, gesellschaftliche Umbrüche kündigen sich an. Von diesen neuen Ideen und Vorstellungen ist auch Claude-Nicolas Ledoux erfasst und versucht diese auch in der Architektur umzusetzen, so steht es in den Schriften über ihn. Für den Neubau der Saline ersann er den Plan einer kreisförmig angelegten Stadt mit dem Haus des Direktors im Zentrum. Zentralistisch wie Frankreich selbst könnte man meinen. Die beiden Salzsiedereien wurden links und rechts davon angeordnet und die Gebäude für Handwerker und Stallungen bilden einen Kreis um diese drei Bauwerke. In einem weiteren Zirkel sollten dann noch Häuser für die Dorfbevölkerung entstehen. Dazu kam es jedoch nicht mehr. Selbst der innere Kreis wurde nicht vollständig erstellt, es blieb bei einem Halbkreis. Das Modell der Stadt lässt sich in dem Museum, das dem Architekten dieser Anlage gewidmet ist, betrachten. Es befindet sich in einem der Gebäude neben dem Eingang und zeigt insgesamt 60 Projekte dieses Mannes. Viele davon wurden nie realisiert, andere, die gebaut wurden, sind mittlerweile zerstört. Nach der Französischen Revolution 1789 war die Karriere des königlichen Hofbaumeisters beendet. Claude-Nicolas Ledoux, der sehr außergewöhnliche Architekt, starb 1806.

Ein Standort für die neue Saline war schnell gefunden, die riesigen Waldflächen, an denen wir soeben vorbeigefahren sind, versprachen eine sichere Versorgung mit Brennmaterial. Nun war man mit einem anderen Problem konfrontiert: Es gab keine Sole. Also baute man eine Pipeline von Salin hierher. Zunächst aus ausgehöhlten Tannenstämmen, später aus Gussrohren. 135000 Liter flossen täglich streng bewacht nach Arc-et-Senans, wo es über ein heute nicht mehr vorhandenes Gradierwerk geleitet wurde, um den Salzgehalt durch Verdunstung des Wassers noch zu erhöhen. Danach wurde die Sole wie in Salins in großen Pfannen gesiedet und weiterverarbeitet.

Entgegen den Erwartungen erbrachte die neue Saline nicht den gewünschten Ertrag. Die Pipeline war undicht und führ-

Im Halbkreis angeordnete Gebäude der Saline Royal in Arc-et-Senans.

te zu Verschmutzungen und musste häufig repariert werden. 1895 wurde nur 116 Jahre nach der Inbetriebnahme die Produktion eingestellt. Die Gebäude wurden teilweise zerstört und die gesamte Anlage war dem Verfall preisgegeben. Erst in den 60er-Jahren des letzten Jahrhunderts wurde mit der Instandsetzung dieses Industriedenkmals begonnen und bereits 1982 wurde es UNESCO-Welterbe. Die Saline von Salin-les-Bains kam erst 2009 hinzu, das sei hier der Vollständigkeit halber noch erwähnt.

Von den Salzsiedeanlagen ist heute nichts mehr zu sehen. Die Gebäude der ehemaligen Salzsiedereien werden aktuell für Ausstellungen und Veranstaltungen genutzt. Im Erdgeschoss des Direktorenhauses befindet sich eine Dauerausstellung zum Thema Salz. Hinter den Gebäuden sind Schaugärten angelegt. Einmal im Jahr findet hier eine groß angelegte Gartenschau statt.

Für den Besuch dieser Anlage benötigt man nicht mehr als ein oder zwei Stunden. Man kann einfach hindurchgehen, sich von der Architektur beeindrucken lassen, die Ausstellungen anschauen, einen Audioguide mitnehmen oder eine App auf das Smartphone laden, um mehr über die Geschichte dieses Gebäudekomplexes zu erfahren oder auch an einer klassischen Führung teilnehmen. Die Saline ist praktischerweise das gesamte Jahr zu besichtigen. Genaue Öffnungszeiten, Eintrittspreise und weitere Informationen finden Sie hier: www.salineroyale.com.

Der Name **Salins-les-Bains** oder kurz Salin lässt es schon erahnen, das der Ort etwas mit Salz zu tun haben muss. Tatsächlich war die Herstellung des "Weißen Goldes" über Jahrhunderte das Rückgrat der Wirtschaft in Salins und verschaffte der Stadt Größe, Ansehen und ordentlichen Reichtum. In der

Blütezeit der Salzsiederei war sie die zweitgrößte in der Franche-Comté. Im Mittelalter war Kochsalz bekanntlich unentbehrlich für die Konservierung von Lebensmitteln. Salzdiebstahl wurde mit dem Tode bestraft. Zum Schutz der Stadt wurden Burgen gebaut. Nach der Annexion der Franche-Comté durch Frankreich 1674 kam eine weitere hinzu. Auf Veranlassung Ludwig XIV. wurde das **Fort Saint-André** errichtet, natürlich von Vauban, von wem auch sonst zu dieser Zeit. Das Fort steht heute noch, ist gut erhalten, wird privat für Veranstaltungen genutzt und kann nicht besichtigt werden. Das **Fort Belin** auf der gegenüberliegenden Seite des Tales liegt in Sichtweite, aber auch das ist für die Öffentlichkeit nicht zugänglich.

Das Rathaus der Stadt. Im Vordergrund Denkmal für General Cler, der in Salins geboren wurde und im Dienste Napoleon III. stand.

Wenn Sie aus Arc-et-Senans kommend die Stadt anfahren, so finden Sie wenige Meter hinter dem Ortseingang den Hinweis auf einen Campingplatz. Durch den Wechsel des Betreibers, der zu einem Zeitpunkt stattfindet, an dem dieses Buch bereits gedruckt ist, können wir über die Preise, Öffnungszeiten und Angebote nichts sagen. Sie finden den Platz mit diesen Koordinaten [**068:** N46°56'48.6" E5°52'44.3"]. Er liegt nah an der **ThermaSalina**, dem noch jungen Wellness-Tempel in Salins-les-Bains. Die Therme hat für die Besucher ein recht umfangreiches Angebot, wie Sie dieser Seite entnehmen können www.thermes-salins.com.

Bevor wir uns die Saline anschauen, noch ein paar Worte zur Park- und Stellplatzsituation. Der offizielle Stellplatz eignet sich bestenfalls zur Wasserver- und -entsorgung. Als Übernachtungsplatz ist er denkbar ungeeignet und selbst als Parkplatz unpraktisch, denn es geht sehr eng zu. Wer länger bleiben möchte, dem empfehlen wir, den Campingplatz anzufahren. Wer nur die Saline besuchen möchte, der parkt am sinnvollsten auf dem Parkstreifen an der Hauptstraße vor der Saline. Zum Übernachten sind die Plätze in Nans-sous-Sainte-Anne oder in Arc-et-Senans sehr viel besser geeignet.

(069) Offizieller WOMO-Stellplatz: Salins-les-Bains – Aire Municipale

GPS: N46°55'56.6" E5°52'45.2", 348 m;
Rue de la Republique (D472), 39110 Salins-les-Bains.
Max. WOMOs: 3, maximale Länge 7 m.
Ausstattung: Asphaltierter Platz mit Frischwasserversorgung. Entsorgung über Bodeneinlass, Kassettenentleerung, keine Stromversorgung. Ganzjährig geöffnet.

Beschreibung: Im Stadtgebiet direkt an der Durchgangsstraße D472. Gut für eine Ver- und Entsorgung, unattraktiv für eine Übernachtung. Die Plätze sind eng, die Lärmbelästigung hoch.
Preise: Keine Parkgebühren, Ver- und Entsorgung ist kostenlos.

Nun aber zur Saline, die nur im Rahmen einer Führung besichtigt werden kann, die normalerweise nur in französischer Sprache durchgeführt wird. In den Sommermonaten gibt es auch deutschsprachige Führungen, darauf möchten wir hinweisen. Die Eintrittspreise und die genauen Öffnungs- und Führungszeiten finden Sie hier www.salinesdesalins.com. Auf dieser Seite sind alle notwendigen Hinweise und Erläuterungen auch in deutscher Sprache vorhanden.

Der Niedergang der Salzindustrie in Salins verlief in Etappen. Neue Techniken der Salzgewinnung aus dem Meer und aus Salzbergwerken führten zu einem starken Preisverfall des "weißen Goldes". Mit der veralteten Technik war man in Salins einfach nicht mehr konkurrenzfähig. Der Betrieb wurde 1962 eingestellt. Die Entwicklung zu einem Thermalstandort und Soleheilbad verlief bislang nur schleppend. Vielleicht bringt die neue Therme den gewünschten Aufschwung.

Die Reste der Saline sind heute ein viel besuchtes Industriedenkmal, das zusammen mit der königlichen Saline von Arc-et-Senans zum Welterbe der UNESCO zählt.

La Grande Saline

Die Führung beginnt mit allgemeinen Erläuterungen zur Salzgewinnung und der Geschichte der Saline. Nach der trockenen Einführung beginnt der spannende Teil tief im Keller. Über eine schmale Treppe geht es hinunter. Es ist mit 12°C. recht frisch hier unten, da ist es schon gut, eine Jacke dabei zu haben, auch im Sommer.

Der Keller ist zweigeteilt. Der untere Brunnen ist der ältere Teil, der obere Brunnen der neuere. Verbunden sind beide mit einem Gang, der durch ein Bogengewölbe führt. Im unteren Brunnen trat das salzhaltige Wasser aus einer natürlichen Quelle aus. Wieder spielt hier die Entstehungsgeschichte des Jura eine Rolle. In der Zeit, als die Dinosaurier noch lebten, befand sich in dieser Region die Tethys, ein großer Ozean mit einigen flachen, stark salzhaltigen Nebenmeeren, die im Laufe der Jahrtausende immer weiter verdunsteten und eine dicke

Das Bogengewölbe führt vom unteren zum oberen Brunnen.

Salzkruste hinterließen. Formungsvorgänge während der Gebirgsbildung des Jura drückten diese Salzkruste in größere Tiefen. Heute liegt diese etwa 250 Meter unter der Erdoberfläche. Kontakt mit Wasser und hydrostatischer Druck führte zum Austritt der Sole an dieser Stelle.

Lange Zeit nutzte man in Salin nur diese Quelle. Steigender Salzbedarf und Gewinnstreben führten zur Entwicklung neuer Techniken. Im oberen Brunnen wurde eine Pumpenanlage errichtet, die von einem Wasserrad angetrieben wurde. Damit war man in der Lage, die Sole direkt aus rund 250 Metern Tiefe zu holen. Der Salzgehalt war sehr viel höher. Konnte man aus der natürlichen Quelle nur rund 40 Gramm pro Liter Wasser extrahieren, waren es hier rund 330 Gramm.

Das Wasserrad im oberen Brunnen.

Die Sole wurde nach oben in die Salzsiederei gepumpt und dort in riesige Pfannen geleitet. 38.000 Liter fasste eine Pfanne, die mit heißem Rauch aus einem in unterem Geschoß stehenden Ofen erhitzt wurde. Das System funktionierte nach dem Prinzip einer römischen Bodenheizung. Wurde zu Beginn noch mit Holz geheizt, stellte man Anfang des 19. Jh. auf Steinkohle um. Die Sole wurde solange eingedampft, bis nur noch eine Salzkruste übrig blieb. Die wurde dann herausgebrochen, zum Abtrocknen auf die Abdeckung gelegt und danach ins Depot und in den Vertrieb gebracht.

Blick vom Mont Poupet auf Salins-les-Bains. Rechts ist das Fort Saint-André oberhalb der Stadt gut erkennbar.

Von Salins geht die Fahrt über die D492 weiter nach Nans-sous-Sainte-Anne. Auf dem Weg dorthin sehen wir mehrfach den Hinweis zum **Mont Poupet**. Der Berg ist 851 Meter hoch. Von ihm hat man eine fantastische Sicht auf Salins-les-Bains und das Tal der Furieuse. Wer diesen Blick genießen möchte, der kann diesen Wanderparkplatz am Fuße des Berges anfahren [GPS: N46°58'08.9" E5°54'15.1"] und dann die restlichen drei Kilometer mit dem MTB hochfahren. Wer mit einem Kastenwagen unterwegs ist, kann auch oben unweit des Gipfels [GPS: N46°57'53.5" E5°53'11.7"] parken. Achten Sie dann nur darauf, dass Sie erst beim Café du Mont Poupet von der D492 links abbiegen. Der kürzere Weg ist eine Schotterpiste, den können wir nicht empfehlen.

Bis **Nans-sous-Sainte-Anne** haben wir rund 14 Kilometer zurückzulegen. Zunächst geht es aus dem Tal der Furieuse den Berg hinauf, dann, nach einem nicht gekennzeichneten

(070) Offizieller WOMO-Stellplatz: Nans-sous-Sainte-Anne – Parking Laiterie du Lison

GPS: N46°58'36.4" E5°59'58.4", 365 m;
10 Grande Rue, 25330 Nans-sous-Sainte-Anne.
Max. WOMOs: 5, maximale Länge 8 m.

Ausstattung: Frischwasserversorgung, Entsorgung über einen Bodeneinlass, öffentliches WC, max. Aufenthaltsdauer: 7 Tage, ganzjährig geöffnet.
Beschreibung: Befestigter Platz in der Ortsmitte, nachts sehr ruhig.
Preise: 5,00 € für ein Fahrzeug. Bezahlt wird in der Laiterie.
Zufahrt: Direkt an der Grande Rue.

Sattel den Berg wieder hinunter in das Tal des Lison. Das Dorf zählt 150 Einwohner. Nans-sous-Sainte-Anne bietet zwei Möglichkeiten, das Fahrzeug abzustellen.

(071) Offizieller WOMO-Stellplatz:
Nans-s.-Ste.-Anne – Aire de Camping-Car, Taillanderie

GPS: N46°58'21.1" E5°59'48.5", 369 m;
Creux de la Dois, 25330 Nans-sous-Sainte-Anne.
Max. WOMOs: 6, maximale Länge 8 m.
Ausstattung: Keine Versorgungseinrichtungen, kein Strom, max. Aufenthaltsdauer: 7 Tage, ganzjährig geöffnet.
Beschreibung: Abseits des Ortes, idyllischer Platz. Hecken trennen die Stellplätze voneinander. Nachts sehr ruhig, nur das Rauschen des Baches und Kuhglocken sind zu hören.
Preise: 5,00 € für ein Fahrzeug. Bezahlt wird ebenfalls in der Laiterie.
Zufahrt: Von der Grande Rue der Beschilderung "Taillanderie" folgen.

Der Fluss oder genauer gesagt die Quelle, die **Source du Lison**, macht diesen Ort besonders interessant. In den Sommermonaten bietet die Quelle und das Tal eine willkommene Abkühlung und Frische für die naturverbundenen Touristen. Rund 150 000 sollen es sein, die jedes Jahr in dieses Dorf und zum Ursprung der Lison kommen. Die Wasserschüttung ist im Frühjahr nach der Schneeschmelze am höchsten. In der Vor- und Nachsaison ist es am ruhigsten. Dann hat man den lauschigen Stellplatz an der Taillanderie auch schon mal für sich ganz allein. Der Platz hat uns sehr gut gefallen. Die **Taillanderie** ist eine ehemalige Sensen-Schmiede und Hammerwerk, in der in den Sommermonaten auch Vorführungen zu dieser alten Handwerkskunst dargeboten werden. Eindrucksvoll ist das Mühlrad, das ein Hammerwerk antreibt und auch heute noch funktionsfähig ist. Hier können Sie einen Eindruck gewinnen https://museedelataillanderie.fr.

Nans-sous-Sainte-Anne mit Dorfkirche und Brunnen.

Vom Stellplatz geht ein Wanderweg zur Source du Lison. Mit etwa 1500 Metern ein kurzer Spaziergang, der durch schattigen hohen Baumbestand führt. Die Quelle ist schon

Die Source du Lison im Mai nach der Schneeschmelze.

Die Grotte Sarrazine.

gewaltig. In den Winter- und Frühjahrsmonaten sprudeln zwischen acht und elf Kubikmeter Wasser pro Sekunde aus dem Felsentor. Sie zählt damit zu den stärksten Quellen im Jura. Erfrischend ist es hier und je näher man dem Wasserloch kommt, umso feuchter und lauter wird es. Die Quelle führt im Gegensatz zu dem unweit gelegenen, rund 80 Meter hohen Wasserfall **Creux Billard** auch im Sommer Wasser. Zwar nicht so viel wie auf dem Foto, aber trocken fällt sie nicht. Von hier bis zum Creux Billard sind es nur 250 Meter. Es gibt eine unterirdische wasserführende Verbindung zur Source du Lison, der durch den tragischen Tod eines jungen Mädchens bestätigt wurde, die am Creux Billard in den Abgrund stürzte und drei Monate später unterhalb der Quelle aufgefunden wurde.

Die **Grotte Sarrazine** ist ebenfalls nur rund 250 Meter von der Quelle entfernt. Auf unebenen Wegen geht es über Stock und Stein zu diesem riesigen Überhang, dessen Dimensionen mit der Kamera einfach nicht einzufangen sind. Die zwei Menschen auf dem Bild bilden einen guten Maßstab. Was man nicht sieht: Die Fotografin auf dem

Foto steht immer noch innerhalb der Grotte, d.h. etliche Meter über ihrem Kopf kragt das Gestein über sie hinweg. Würde es regnen, sie würde nicht nass.

Im Fuß der Grotte ist eine Quelle zu sehen, die mit der Source du Lison über ein verzweigtes Höhleninnere verbunden ist. Führt das Höhlensystem in diesem Gestein z.B. nach heftigen Niederschlägen mehr Wasser, als die Source du Lison ausschütten kann, dann fungiert die Quelle in der Grotte Sarrazine quasi als Überlauf. Da heißt es dann aufpassen und sich dem Quelloch besser nicht zu nähern. Auf Tafeln wird explizit auf diese Gefahr hingewiesen.

Wer die angebotenen Stellplätze nicht nutzen will und nur einen kurzen Besuch der Quelle, des Wasserfalls und der Grotte vorzieht, kann bis zu dem Wanderparkplatz an der Source du Lison vorfahren [GPS: N46°58'02.8" E6°00'38.0"]. Von hier aus sind dann nur 250 Meter zur Quelle zurückzulegen. Hier mit dem Wohnmobil über Nacht stehen zu bleiben mag eine reizvolle Idee sein, gestattet ist es allerdings nicht.

Nach diesem erfrischenden und auch geruhsamen Aufenthalt wenden wir uns nun mit Arbois, dem bekanntesten Weinbauort des Jura, dem nächsten Ziel zu.

Wir fahren auf dem kürzesten Weg über die D103 von Nans-sous-Sainte-Anne hoch auf das Plateau. Wir folgen der Hauptwegweisung nach Pontarlier, bis wir die breitere D72 erreicht haben und biegen rechts in Richtung Salins-les-Bains ab. Spannender ist die Fahrt über die **Pont du Diable**. Wer diesen Weg wählt, muss in **Crouzet Migette** rechts abbiegen und den Hinweisschildern zu dieser "Teufelsbrücke" folgen. Die Straße ist sehr schmal, die Brücke über die tiefe Schlucht noch schmaler. Außer der Brücke gibt es auf diesem Weg nichts Interessantes zu entdecken. Es geht praktisch nur an Gehöften vorbei, dass auf einer Straße, die die Breite eines gut ausgebauten Feldweges hat, was bei Gegenverkehr zu kniffligen Situationen führen kann. Zum Schluss trifft auch dieser Weg auf die Straße, die nach Salins-les-Bains führt, nur das es sich hier bereits durch den Wechsel des Departements um die D472 handelt. In **Bracon** vor Salins angekommen, trennen sich die Wege für die WOMOs über 3,5t von denen bis zu diesem Gewicht. Das Navi wird Sie vermutlich an dem Stellplatz in Salins vorbei in Richtung Arbois leiten. Diese Straße ist aber nur für Fahrzeuge bis 3,5t zugelassen. Wer schwerer ist, muss nach der Ankunft in Bracon zunächst in Richtung Champagnole fahren und dann bei der ersten Gelegenheit rechts abbiegen und dieser Straße weiter folgen. In Mesnay angekommen, das ist ein Dorf, das mit Arbois schon fast zusammengewachsen ist, fahren wir in Richtung Les Planches

Weinbaulandschaft bei Arbois.

près Arbois und suchen den Stellplatz am Ortsausgang mit diesen Koordinaten [**072:** N46°53'52.1" E5°48'03.0"] auf. Es ist ein einfacher kostenloser asphaltierter Parkplatz mit einer Ver- und Entsorgungsstation an der Sie für zwei Euro Frischwasser beziehen können.

Bis in das Zentrum von **Arbois** sind es von hier aus etwas mehr als zwei Kilometer, bis zu dem Wasserfall in Les Planches-près-Arbois rund drei Kilometer. Mit dem Rad oder zu Fuß lassen sich diese Orte entlang des Flüsschens Cuisance schnell erreichen. Gehen oder fahren Sie dazu rund 400 Meter in Richtung Arbois und biegen dann links ab. Danach kommen Sie zu einer Brücke über den Fluss und ab da geht es je nach gewähltem Ziel links ab Richtung Wasserfall oder oder rechts ab nach Arbois. Wer im Stadtzentrum parken möchte, der findet hier [GPS: N46°54'08.3" E5°46'31.9"] einen leicht zugänglichen Parkplatz, nur 250 Meter vom Zentrum entfernt und wer näher am Wasserfall parken möchte, der gibt diese Koordinaten ein [**073:** N46°52'43.6" E5°48'21.0"] und wird zu einem Wanderparkplatz in **Les Planches-près-Arbois** geleitet, der nur 800 Meter vom Wasserfall entfernt ist.

Die Kirche Saint-Just in Arbois.

Arbois ist die Hauptstadt der Juraweine. Hier werden nicht nur die bekannten Sorten Chardonnay und Pinot Noir angebaut. Berühmt ist der **Vin Jaune**, der gelbe Wein, der aus der weißen Rebsorte Savagnin hergestellt wird und fast nur noch im Jura vorzufinden ist. Es ist keine ergiebige Massenware und deshalb auch nicht billig zu haben. Es ist ein oxidativer Wein, der mindestens sechs Jahre und drei Monate in gebrauchten Barriquefässern gelagert wird, dabei rund 40 Prozent seines Volumens verliert, bevor er in speziell geformten, exakt 0,62 Liter fassenden Flaschen abgefüllt wird und in den Handel kommt. Unter 30,00 € ist dieser Wein nicht zu haben. Über den Geschmack gehen die Meinungen weit auseinander. Man liebt ihn oder man hasst ihn, dazwischen gibt es nichts, wird gesagt. Um das beurteilen zu können, muss man ihn einfach einmal selbst probiert haben. In Arbois bieten mehrere Winzer und Vinotheken diesen und natürlich viele andere Weine an.

Tour de la Gloriette mit der Pont des Capucins, die über die Cuisance führt.

Es gibt einige sehr malerische Winkel in Arbois. In der Altstadt gehört der **Tour de la Gloriette** mit der Brücke über die Cuisance ganz sicher dazu. Turm und Brücke sind nur wenige Meter von dem erwähnten Innenstadtparkplatz entfernt. Sehenswert ist auch die Kirche **Saint-Just**, die im 11. Jahrhundert errichtet, in späteren Jahrhunderten aber stark verändert und erweitert wurde. Zahlreiche Kunstwerke aus unterschiedlichen Epochen sind im Inneren zu bestaunen. Der 75 Meter hohe Turm kann in den Sommermonaten bestiegen werden. Von der Aussichtsplattform reicht die Sicht weit in das Tal der Cuisance hinein und gewährt einen schönen Blick über die hiesige Weinbaulandschaft. Über die Geschichte und die Anbaumethoden des Weinbaus in dieser Region informiert das **Musée de la la vigne et du vin d'Arbois** im **Château Pécauld**. Die Öffnungszeiten und die Eintrittspreise erfahren Sie auf dieser Seite www.arbois.fr.

Louis Pasteur, dessen Geburtshaus wir bereits in Dole besucht haben, hatte in Arbois ein Labor für seine wissenschaftlichen Forschungen eingerichtet. Das Labor kann heute besichtigt werden. Es befindet sich rund 600 Meter nördlich der Kirche Sain-Just. Diese Seite www.terredelouispasteur.fr gibt

Cascades des Tufs.

einen ersten Einblick und informiert über die Öffnungszeiten und Eintrittspreise.

Einer der Lieblingsorte Pasteurs für das sonntägliche Picknick waren die **Cascades des Tufs**, die Wasserfälle am Ende des **Reculée des Planches,** die sich hinter dem Dorf Les Planches-près-Arbois befinden. Hier beginnt die Cuisance ihren Lauf, der nach 32 Kilometer in der Loue endet. Auf den Wanderparkplatz im Ort hatten wir bereits hingewiesen. Es ist ein lauschiger und leicht zugänglicher Wasserfall, der insbesondere an heißen Tagen zum Verweilen einlädt. Die Wasserführung ist, wie überall im Jura, stark von den Niederschlagsverhältnissen abhängig. Hat es lange Zeit nicht geregnet, sind die Spalten und Hohlräume im Kalkgestein weitgehend geleert. Hat es viele Niederschläge gegeben, rauscht das Wasser in großer Menge aus den Quellen und man spürt die Feuchtigkeit durch die Gischt, die von den Wasserfällen erzeugt werden. Bei dem größten Wasserfall der Cascades du Hérisson haben wir einmal zwei Bilder mit unterschiedlicher Wasserführung nebeneinandergestellt, wie Sie auf der Seite 163 sehen können. Im weiteren Verlauf dieser Tour werden wir auch diese Fälle noch aufsuchen.

Nun geht es mit dem WOMO wieder hinaus aus dem Tal und wir fahren hoch auf das Plateau. Unser nächstes Ziel sind die **Grottes des Moidons**. Auf dem Weg dorthin kommen wir an dem **Belvédère du cirque du Fer à Cheval** vorbei. Den Parkplatz an der D469 erreichen Sie mit diesen Koordinaten [GPS: N46°52'00.8" E5°48'35.2"]. Neben diesem Parkplatz befindet sich ein kleines Restaurant. Der Weg zum Aussichtspunkt ist nicht weit. Der Blick geht hinunter in das Tal der Cuisance. Er ist nicht so spektakulär wie der bei Baume-les-Messieurs, aber in jedem Fall einen Zwischenstopp wert.

Eigentlich hatten wir uns in der Vorbereitung darauf gefreut, diesen schönen Waldparkplatz vor der Grotte als Übernachtungsplatz aufzunehmen [GPS: N46°50'15.7" E5°48'24.8"]. Es ist ein idyllischer Ort und nach unserem Verständnis ein idealer Platz. Er ist mit Tischen und Bänken ausgestattet und es führen viele Spazier- und Wanderwege in den Wald. Leider wird die Zufahrt schon kurz hinter der Hauptstraße in der Nacht abgesperrt. Eine solide Schranke aus Metall sorgt dafür, dass aus dem Parkplatz vor der Höhle kein WOMO-Übernachtungsplatz wird.

Die Besichtigung der Höhle dauert etwa eine Stunde. Wenn Sie Glück haben, ist gerade der Leiter der Grotte zugegen, der neben anderen Guides auch Besucher durch die Hohlräume führt und perfekt deutsch spricht. Ansonsten müssen Ihre Französischkenntnisse reichen, um den Ausführungen während der Führung zu folgen. Zur Einführung gibt es einen kleinen Film, der etwas über die Entdekkung und den Ausbau dieser Höhle zeigt. Das Prinzip der Höhlenentstehung ist genauso, wie schon in der Grotte d'Osselle beschrieben, das müssen wir hier nicht wiederholen. Nur die Laune der Natur will es, dass die Größe der Säle und die Tropfsteingebilde anders aussehen. Jede Besucherhöhle im Jura hat ihre Eigenheiten und ist durch die eine oder andere Besonderheit hervorzuheben. Hier sind es z.B. die schlanken Stalagmiten, die aussehen wie überdimensionale Salzstangen. In Mode gekom-

Der Eingangsbereich der Grottes des Moidons.

Eines der vielen Tropfsteingebilde in der Grottes des Moidons.

Großer Saal in der Grottes des Moidons.

Dieser Stalagmit wirkt wie eine überdimensionale Salzstange.

men sind Ton- und Lightshows am Ende einer Führung, so ist es auch hier.

Nach der Führung lädt die Gartenterrasse zu einem Kaffee oder einer kleinen Mahlzeit ein. Das Restaurant ist allerdings nur in den Sommermonaten Juli und August in Betrieb und bietet nur einfache Gerichte an. Über die Öffnungszeiten und die Eintrittspreise informiert diese Seite www.grottes-desmoidons.com. Hier finden Sie auch alle Erklärungen in englischer Sprache.

Der nächste Ort auf unserer Reise ist **Champagnole**, er ist rund 15 Kilometer von der gerade besuchten Höhle entfernt. Die etwa 8000 Einwohner zählende Industriestadt hat einen kleinen, schön hergerichteten Ortskern mit der **Église Saint-Cyr-et-Sainte-Juliette** als Hauptsehenswürdigkeit. Vom offiziellen Stellplatz hierher sind es zu Fuß rund 900 Meter. Wer den nicht nutzen möchte, findet in der Rue de l'Égalité [GPS: N46°44'50.2" E5°54'39.3"] einen ausreichend dimensionierten Parkplatz, der nur 300 Meter vom Zentrum entfernt ist. Er eignet sich gut für den Besuch der Stadt, ist für eine Übernachtung allerdings nicht geeignet.

(074) Offizieller WOMO-Stellplatz: l'Aire de camping-car du Camping de Boÿse

GPS: N46°44'47.5" E5°53'57.5", 538 m; 20 Rue Georges Vallerey, 39300 Champagnole.

Max. WOMOs: 6, maximale Länge 9 m.

Ausstattung: Befestigter Platz mit Wasserversorgung und Entsorgung mit Bodeneinlass, Kassettenentleerung, Müllentsorgung, max. Aufenthaltsdauer: 24h, ganzjährig geöffnet.

Beschreibung: Ortsrand neben einem Campingplatz, Freibad 300 Meter.

Preise: 6,00 €, Frischwasser und Strom für einen Tag 4,00 € nur mit Jeton (erhältlich an der Rezeption des Campingplatzes). Grauwasserentsorgung und Kassettenentleerung kostenlos. Die Gebühren werden nur von Anfang April bis Mitte September fällig, wenn der Campingplatz in Betrieb ist. In der übrigen Zeit ist der Platz kostenlos.

Zufahrt: Nach Verlassen der N5 am zweiten Kreisverkehr die erste Ausfahrt nehmen und nach 350 Metern links in die Rue Georges Vallerey abbiegen.

Die Kirche mit der Zwiebelhaube auf dem Glokkenturm zeigt eine schöne Inneneinrichtung mit einem Barockaltar aus dem frühen 17. Jahrhundert. Die Kirche ist frisch restauriert und der Vorplatz ist vor nicht allzu langer Zeit erneuert worden. Das sieht alles sehr gepflegt aus!

Neben der Kirche findet an jedem Samstagvormittag ein Wochenmarkt statt. Neben allerlei Haushaltsgegenständen und Kleidern werden auch regionalen Spezialitäten sowie frisches Obst und Gemüse angeboten. Es ist eine gute Gelegenheit, sich mit Vorräten einzudecken. Nebenbei bemerkt: Wenn Sie weiterhin genau unserer vorgeschlagenen

In der Église Saint-Cyr-et-Sainte-Juliette in Champagnole befindet sich ein Barockaltar aus dem frühen 17. Jahrhundert.

Château d'Eau, Wachtturm, Wasserspeicher und Uhrturm in einem. Davor befindet sich das Archäologische Museum.

Wurststand auf dem Wochenmarkt in Champagnole.

Muss man probieren!

Route folgen, dann empfiehlt es sich in diesem Ort die Vorräte zu überprüfen und ggfs. zu vervollständigen. Das gilt natürlich auch für den Wasservorrat im WOMO und die Entsorgung der Bordtoilette. Auch an einem Tag unter Woche, finden Sie hier in den Supermärkten alles Nötige. Es gibt gleich mehrere davon, Hinweisschilder zeigen den Weg. Die nächsten Stationen unserer Reise bieten nämlich kaum Einkaufs- und Versorgungsmöglichkeiten, dafür viel Natur.

Markant ragt der als Wasserspeicher gebaute Turm in unmittelbarer Nähe der Kirche auf. Er wurde 1789 nach einem verheerenden Brand errichtet. Das Feuer verschonte damals nur die Kirche und einige wenige Nebengebäude. Der Rest des damaligen Ortskerns wurde ein Raub der Flammen. Am Fuße des Turmes befindet sich das Archäologische Museum. Es ist nicht groß und verfügt über Exponate aus gallorömischer Zeit, Teile eines römischen Fußbodenmosaiks sowie über einige Ausstellungsstücke aus der Zeit der Merowinger.

Von den vielen außergewöhnlichen und interessanten Zielen, die wir in diesem Buch zusammengestellt haben, ragt der nächste Ort heraus. Er

Blumenszenerie vor einem Haus in Nozeroy.

liegt weit abseits, hier kommt man nicht zufällig vorbei, hier muss man schon ganz bewusst hinfahren.

Fast alle Orte, die wir durchfahren haben, zeigen an den Rändern Industrie-, Gewerbe- oder Neubaugebiete oder etwas anderes Neuzeitliches. Das ist in **Nozeroy**, das 15 Kilometer von Champagnole entfernt liegt, gänzlich anders. Wer sich diesem Dorf auf einer Anhöhe liegend nähert, bekommt den Eindruck, hier hat jemand am Ende des Mittelalters das Stadttor zugeschlossen und den Schlüssel weggeworfen. Das ist natürlich übertrieben, aber das geschlossene mittelalterliche Ortsbild ist erhalten geblieben. Dabei war diese 400 Seelen-Gemeinde mal ein richtig bedeutendes Städtchen mit

(075) Offizieller WOMO-Stellplatz: Nozeroy

GPS: N46°46'20.9" E6°02'07.1", 776 m;
Rue des Remparts, 39250 Nozeroy.
Max. WOMOs: 15, maximale Länge 7 m.
Ausstattung: Befestigter, teilweise schattiger Platz mit WC und Dusche, Stromanschluß mit 2 A möglich, ganzjährig geöffnet.
Beschreibung: Ortsrand, unterhalb der Burgruine mit einer phantastischen Aussicht, absolut ruhig. Der ideale Platz, um Tisch und Stühle rauszustellen.
Preise: 9,00 € pro Tag und Fahrzeug. Morgens und Abends kommt jemand zum Kassieren vorbei. Trifft man ihn nicht an, wird die Zahlung im Rathaus erbeten. Ein in den Briefkasten eingeworfener Umschlag mit dem richtigen Betrag und dem aufnotierten Autokennzeichen geht auch.

Zufahrt: In Nozeroy bis vor das Stadttor (Port de l'Horloge) fahren. Dann links in die Rue des Remparts abbiegen und dem Verlauf der Straße bis zum Ende folgen. Dort, wo es am Ende der Straße rechts in den Ort geht, links eine sehr schmale Straße hinunterfahren. Nach 200 Metern ist der Platz erreicht.

Port de l'Horloge in Nozeroy.

Der Marktplatz (Place des Annonciades) in Nozeroy.

Burg, Festungsmauer und überregionaler Funktion. Im 16. Jahrhundert hatte der Ort 1200 Einwohner und verfügte über zwei Krankenhäuser. Aber die Pestepidemien dieser Zeit forderten viele Opfer. Zu alter Größe und Bedeutung kehrte die Stadt nicht mehr zurück. Von der Stadtbefestigung sind noch Reste erhalten, das Uhrentor **Port de l'Horloge** gehört dazu. Die Burg wurde geschleift, die Ruine befindet sich oberhalb des romantisch gelegenen Stellplatzes. Durch den Ort zu schlendern nimmt nicht viel Zeit in Anspruch, ist aber lohnenswert, vor allem, wenn man verschwiegene Altstadtgassen mag. Passend zum mittelalterlichen Eindruck des Ortes befindet sich am Marktplatz ein Restaurant, das in einem mittelalterlich angehauchten Ambiente eine gute und preiswerte regionale Küche anbietet. Da lassen wir die Bordküche gerne ungenutzt.

Die Kirche **Saint-Antoine**, die zum größten Teil aus dem 15. Jahrhundert stammt, wirkt von außen recht unscheinbar, glänzt aber im Inneren mit einem bemerkenswerten Chorgestühl und einer schön geschnitzten Kanzel.

Von Nozeroy machen wir uns nun auf den Weg zu einer schmalen und sehr eindrucksvollen Schlucht. Hier gilt es eine Einschränkung zu beachten: Wer mit einem Fahrzeug mit einem zulässigen Gesamtgewicht über 3,5 t unterwegs ist, darf den ausgesuchten Platz nicht anfahren. Es gibt leider auch keine Alternativroute für die größeren Fahrzeuge und in diesem Fall auch keine vernünftige Parkplatzalternative, um in die Nähe dieser Schlucht zu kommen. Wer also mit so einem großen Fahrzeug unterwegs ist, dem empfehlen wir diese Position zu überspringen.

Auf dem Weg zur **Gorges de la Langouette** weist kurz hinter Nozeroy ein Schild auf die Quelle des Ain **(Source de l'Ain)** hin. Im Vergleich zu den anderen Quellen, die wir schon besucht haben, ist sie nicht so beeindruckend. Als Quelle des l'Ain hat sie schon lang an Bedeutung verloren. Größere Wassermengen, die den Fluss speisen, treten weiter unterhalb zutage, die Source de l'Ain hat eher die Funktion eines Überlaufs bei starken Niederschlägen. Wir fahren also auf den schmalen Straßen weiter und erreichen diesen Wanderparkplatz nach 18 Kilometern.

(076) Offizieller WOMO-Wanderparkplatz: Gorges de la Langouette

GPS: N46°39'21.2" E6°00'19.0", 674 m;
Rue de la Langouette, 39150 Les Planches-en-Montagne.
Max. WOMOs: 3, maximale Länge 7 m.
Ausstattung: Asphaltierter schattiger Parkplatz mit Tischen und Bänken, Mülleimer, Wandertafeln, max. Aufenthaltsdauer: 24h, ganzjährig geöffnet.
Beschreibung: Ortsrand an einer Brücke über die Saine.
Preise: Kostenlos.
Zufahrt: Von der D127 rund 200 Meter nach dem Ortseingang rechts in die Rue de la Langouette abbiegen. Achtung: Die Straße ist nur für Fahrzeuge bis 3,5t zugelassen.

Spaziergang durch die Gorges de la Langouette

Wanderung mögen wir diesen kleinen Ausflug in diese schmale und beeindruckende Schlucht nicht nennen. Es ist tatsächlich nur ein einstündiger Spaziergang. Vom Parkplatz geht es zunächst über die Brücke der **Saine**. Direkt dahinter beginnt auf der linken Seite der schmale Spazierweg. Die ersten Meter führen am Rande eines Ackers entlang und beeindrucken überhaupt nicht. Auf der linken Seite hört man zwar den Fluss tief unten brodeln und rauschen, erkennen kann man aber nicht viel. Interessant wird der Weg erst dort, wo er im Wald verschwindet. Jetzt führt der Weg näher an den Fluss heran und Treppen führen hinunter in die 47 Meter tiefe Schlucht, die an ihrer schmalsten Stelle nur vier Meter Breite misst. Das Wasser hatte eine Reihe von Strudeltöpfen in das Bachbett gerieben. Eine Erosionsform, die

Strudeltöpfe in der Gorges de la Langouette.

Die Gorges de la Langouette.

wir an anderer Stelle noch in viel größerer Form sehen werden. Hier kann man dem Wasser je nach Wasserstand bei der Erosionsarbeit zuschauen. Da der Weg nicht lang ist, geht es auch gleich wieder die Treppen hoch. Am Ende des Weges wartet ein ca. 10 Meter hoher Wasserfall, der vor Jahren künstlich verstärkt wurde, um mit der Wasserkraft elektrische Energie zu erzeugen und ein Sägewerk zu betreiben. Das Werk brannte 1959 ab und wurde nicht wieder aufgebaut, die Ruine blieb.

Der offizielle Wanderweg führt noch durch den Ort Les-Planches-en-Montagne. Den kann man sich aber eigentlich auch sparen, denn Beeindruckendes gibt es hier nicht zu entdecken. Auf demselben Weg, den wir gekommen sind, geht es zurück und am Parkplatz warten Tisch und Bänke unter schattigen Bäumen darauf, für ein Picknick genutzt zu werden.

Nach diesem Spaziergang durch die tiefe Schlucht und dem Picknick an dem Stellplatz geht es gleich weiter zum nächsten Wasserfall und zur nächsten Schlucht. Sie werden **Cascades**

Die Cascades de la Billaude.

de la Billaude oder auch **Saut Claude Roy** genannt und sind in ihrem Kernbereich über zwei Stufen 28 Meter hoch. Sie erreichen den ruhigen Wanderparkplatz an der D279 mit diesen Koordinaten [**077**: N46°40'53.1" E5°56'13.0"]. Von dem Platz führen zwei Wege zu Aussichtsplattformen, die auf unterschiedlichen Höhen angeordnet sind und jeweils eine gute Sicht auf die Fälle und in die Schlucht bieten. Von der Gorges de la Langouette bis zu diesem Wanderparkplatz sind rund elf Kilometer zurückzulegen, wenn über Syam gefahren wird.

Die vielen tiefen Einschnitte mit senkrecht stehenden Flanken sind ein augenfälliges Merkmal im Jura. Sie sind dadurch entstanden, dass sich fließendes Wasser zunächst entlang von Klüften und Spalten einen ersten Weg durch die harten Gesteinsschichten gebahnt hat. Dann wurden weitere Gesteinsschichten erreicht, die aus weicherem Material bestanden und der Kraft des Wassers weniger entgegenzusetzen hatten und deshalb rasch erodiert werden konnten. So entstanden die Schluchten und die vielen **Reculées**, die **Blindtäler**, an deren Enden sich in der Regel Quellen oder Wasserfälle oder beides entdecken lassen. Die spektakulärsten unter ihnen sind die gern besuchten touristischen Highlights dieser Region.

Neben den Schluchten und Wasserfällen sind auf den Hochflächen des Jura die Seen von besonderem Interesse. Bis zum **Lac le Petit Maclu**, unserem nächsten Ziel, sind es nur kurze sieben Kilometer.

(078) WOMO-Wanderparkplatz: Lac le Petit Maclu

GPS: N46°37'59.8" E5°55'09.2", 748 m; D75 39130 Le Frasnois.

Max. WOMOs: 3, maximale Länge >10 m.

Ausstattung: Befestigter Parkplatz mit Tischen und Bänken, Mülleimer, max. Aufenthaltsdauer: 24h, ganzjährig geöffnet.

Beschreibung: Idyllisch-schattiger bis halbschattiger Platz in der Nähe des Seeufers.

Preise: Kostenlos.

Zufahrt: Von der D75 zwischen der N5 und dem Dorf Le Frasnois.

Er ist einer der kleinsten der sieben Seen, die hier rund um **Le Frasnois**, einem kleinen Dorf anzutreffen sind. Zusammen mit den weiter südlich gelegenen Seen sind sie ein Teil der **Region des Lacs** in der findige Tourismusmanager auch gleich eine 150 Kilometer lange gut ausgeschilderte Route angelegt haben, die kreuz und quer durch diese insgesamt 20 Seen zählende Landschaft führt. **Route des Lacs** heißt diese Straße. Auf den nächsten Kilometern werden Ihnen die Hinweisschilder immer wieder begegnen.

Blick vom Ufer auf den Lac du Grand Maclu.

Wir folgen dieser Straße nur dort, wo es besonders schön und interessant ist. Wer den kompletten Verlauf dieser Touristenstraße sehen möchte, der schaut bitte auf die Routenkarte am Anfang dieses Kapitels, dort ist sie mit einer blau gepunkteten Linie verzeichnet.

Die kleinen und größeren Seen, die wir in diesem Kapitel noch aufsuchen werden, sind Relikte der letzten Eiszeit, als Gletscher Moränenberge vor sich her schoben, die nach Abschmelzen des Eises den Abfluss des Wassers versperrten. Die weiter südlich gelegenen Seen entlang des Ain sind Stauseen. Dazu mehr im nächsten Kapitel. Baden ist an den meisten Seen nicht möglich.

Der Parkplatz am Lac le Petit Maclu ist ein schöner Standort, um die Landschaft rund um die Seen zu erkunden. Zahlreiche Wanderwege sind angelegt und gut ausgeschildert, verlaufen kann man sich nicht. Wer lieber mit dem Mountainbike unterwegs ist, findet zahlreiche Wege, die gut befahren werden können. Große Tafeln am Parkplatz weisen auf verschiedene Wege mit Kilometerangaben hin. Da kann man seine individuelle Tour sehr gut selbst zusammenstellen. Die Seen stehen alle unter Naturschutz. Baden ist bei allen untersagt, auch auf dem Campingplatz am Lac de Narlay, direkt neben Le Frasnois [**079**: N46°38'27.6" E5°54'19.2"]. Dieser Platz bietet zwar schöne Stellflächen mit Sicht auf dem See aber keine Ver- und Entsorgungsstation für Wohnmobile. Weiter Informationen finden Sie hier www.camping-narlay.com.

Vom Parkplatz am Lac le Petit Maclu führt einer der zahlreichen Wanderwege vorbei am Lac Grand Maclu, dann vorbei an der Südspitze des **Lac de la Motte d'Ilay** bis zu den

Cascades du Hérisson. Die Strecke ist etwa sieben Kilometer lang. Parallel der Seeufer verlaufen die Pfade nahezu waagerecht auf rund 800 Metern Meereshöhe. Diese Wege bieten Genusswandern pur. Sie sind schattig und an vielen Stellen besteht die Möglichkeit, direkt an das Seeufer zu gelangen, um den Spiegelungen der Wolken oder Äste auf der Seeoberfläche zu betrachten oder mit viel Glück auch einmal einen Fischreiher auf Futtersuche zu beobachten. Anstrengender wird es nur, wenn man die Abbruchkante der Cascades du Hérisson erreicht hat und den Weg vollständig hinuntergeht. Das sind auf relativ kurzer Distanz rund 280 Meter Höhenunterschied, die man dann natürlich auf dem Rückweg auch wieder hinauf muss. Das kann nicht nur anstrengend sein, das hängt nun mal von Ihrer Konstitution ab, es kann auch enttäuschend sein. Denn so schön wie sie in den Tourismusprospekten mit rauschendem Wasser abgebildet sind, zeigen sich die Kaskaden nicht immer. Bei längerer Trockenheit und Schönwetterperioden wird aus den stark wasserführenden Kaskaden auch mal ein Rinnsal.

Vom Ufer des Lac du Grand Maclu gibt es keinen Wanderweg, der direkt zu den Aussichtspunkten über die Seenlandschaft führt. Um dorthin zu gelangen, kann auch ein Standortwechsel in Betracht gezogen werden. Wenn Sie zu dem Platz mit diesen Koordinaten fahren [**080**: N46°36'36.6" E5°54'16.5"], der sich am nördlichen Ortsrand von **La Chaux-du-Dombief** befindet, haben Sie es nicht weit, um zu einem der Aussichtspunkte über die Seenlandschaft zu kommen. Sie heißen Pic de l'Aigle (998 Meter hoch), Belvédère des 3 Lacs und Belvédère des 4 Lacs.

Blick vom Pic de l'Aigle auf den Lac de la Motte ou d'Illay.

Wer nicht von den Wanderparkplätzen am Lac le Petit Maclu oder bei La Chaux-du-Dombief zu den Cascades du Hérisson wandern mag, sondern es gern etwas bequemer hätte, dem stehen drei näher liegende Stellplatzmöglichkeiten zur Verfügung, die wir hier aufführen wollen.

Der Parkplatz **La Fromagerie** befindet sich oberhalb der Kaskaden [GPS: N46°37'04.3" E5°52'55.4"], ihn können Sie als Parkplatz für eine Wanderung zu den Wasserfällen nutzen. Übernachtungen werden hier nicht gern gesehen. Die beiden anderen Plätze sind unten im Tal zu finden. In der Luftlinie sind sie nur drei Kilometer entfernt, über die Straßen sind es dagegen 21. Auf dem gebührenpflichtigen Wanderparkplatz Relais de l'Éventail vor dem Wasserfall ist eine Übernachtung nicht mehr möglich. Das war vor einigen Jahren noch anders, da standen an dieser Stelle sehr viele Mobile über Nacht. Sie erreichen den Platz mit diesen Koordinaten [GPS: N46°36'55.7" E5°50'41.9"].

Wanderparkplatz Relais de l'Éventail.

Wer im Tal übernachten will, um am darauf folgenden Tag die Wasserfälle zu besichtigen, der muss den Campingplatz nutzen.

(081) WOMO-Campingplatz: Relais de l'Eventail

GPS: N46°36'49.2" E5°50'54.8", 539 m; Lieu-dit Val Dessus, 39130 Doucier.
Max. WOMOs: 53, maximale Länge 9 m.
Ausstattung: Wasserversorgung und Entsorgung mit Bodeneinlass, Kassettenentleerung, Müllentsorgung, beheizte Sanitäranlagen, Waschmaschine. Geöffnet von Anfang April bis Ende Oktober.

Beschreibung: Befestigte Rasenplätze, Kinderspielplatz, Restaurant am Rande des Platzes. Nur wenige Meter von den Wasserfällen entfernt. Nachts sehr ruhig. Tagsüber strömen die Besucher der Wasserfälle an dem Campingplatzgelände vorbei. Das kann stören, wenn man nah an dem Wanderweg steht.
Preise: 19,00 € incl. Frischwasser und Entsorgung für ein Fahrzeug mit 2 Personen, Strom (6A) 3,60 €, Hund 2,00 €.
Zufahrt: Die D326 von Doucier bis zum Ende durchfahren.
Reservierung/Kontakt: Tel.: 03 84 25 71 59
E-Mail: info@relais-de-leventail.com, Web: www.relais-de-leventail.com.

Die Cascade de l'Éventail während einer Trockenperiode (links) und nach einer Regenperiode (rechts).

Cascades du Hérisson

Mit sieben Hauptfällen, die Höhen zwischen 10 und 65 Metern aufweisen, rauscht der Hérisson zu Tal. Am häufigsten abgebildet wird die **Cascade de l'Éventail** (Fächer-Kaskade), sie ist die höchste, die über mehrere Felsstufen rauschend zu Tal stürzt. Sie ist auch die erste, zu der man kommt, wenn man sich den Fällen von der Talseite her nähert. Es folgt mit der **Cascade du Grand Salut** ein weiterer beeindruckender Fall von 60 Metern Höhe. Die folgenden Fälle sind der Gour Bleu, der Saut Château Garnier, der Saut de la Forge sowie Saut du Moulin und Saut Girard. Sie alle sind wesentlich kleiner. Der Weg führt teilweise über Stufen und Treppen hinauf. Die Absicherung ist gut, doch kann der Weg auch rutschig und glatt sein. Festes Schuhwerk ist in jedem Fall erforderlich. Oben angekommen, wartet in den Sommermonaten ein kleines Restaurant mit Terrasse auf Gäste, die sich nach dem anstrengenden Aufstieg eine Pause und eine kleine Stärkung gönnen möchten.

Cascade du Grand Salut.

Bevor wir das Seengebiet verlassen, statten wir dem größten natürlichen See der "Region des Lacs" noch einen Besuch ab.

Lac Chalain heißt er und ist nicht schwer zu finden. Von allen Seiten weisen Hinweisschilder auf diesen See hin, der in den Sommermonaten zur überdimensionalen Badewanne des Jura wird. Zwei große Campingplätze finden wir hier vor. Der eine belegt praktisch mit seinen Anlagen das gesamte Ostufer, der andere das Nordwestufer. Den am Ostufer haben wir hier aufgenommen. Er bietet eine Reihe von Stellflächen für WOMOs an, denen es ansonsten unmöglich gemacht wird, ein Plätzchen am See zu finden.

(082) WOMO-Campingplatz: Domaine de Chalain

GPS: N46°39'53.8" E5°48'50.8", 497 m; Domaine de Chalain, 39130 Doucier.
Max. WOMOs: >10, maximale Länge 8 m.
Ausstattung: Komfortcampingplatz mit Strand am See, Hallen- und Freibad, Restaurant, Kinderspielplatz, Animationsangeboten. Sehr gepflegte Anlage. Geöffnet von Ende April – bis Mitte September.
Beschreibung: Malerische Lage am Ostufer des Lac de Chalain.
Preise: Saisonal unterschiedlich zwischen 20,00 und 44,00 € pro Fahrzeug mit 2 Personen incl. Frischwasser und Entsorgung. Strom (10A) 3,00 €, Hund 2,00 €.
Zufahrt: In Doucier der Beschilderung zum Campingplatz folgen. Von der D39 in die D39E abbiegen und bis zum Ende durchfahren.
Reservierung/Kontakt: Tel.: 03 84 25 78 78
E-Mail: chalain@chalain.com, Web: www.chalain.com.

Im Südwesten des Sees gibt es einen großen Uferparkplatz, der nicht angefahren werden kann, weil er in zwei Metern Höhe abgeriegelt ist und den schönen Wanderparkplatz oberhalb des Nordostufers [GPS: N46°40'11.0" E5°48'53.3"] muss man am Abend wieder verlassen. Bleibt nur ein Platz

Blick auf den Lac Chalain vom Wanderparkplatz oberhalb des Nordostufers.

oberhalb des Campingplatzes in einem Wald. Der ist zwar ruhig und bietet auch eine schöne Sicht über den See, wenn man sich ein wenig durch die Büsche schlägt, ist aber keineswegs ideal. Da bleibt eigentlich nur die Wahl: Tief in die Tasche greifen und den schönen

Eindeutige Aussage!

(083) WOMO-Picknickplatz: Lac de Chalain

GPS: N46°39'46.3" E5°49'00.8", 582 m.

Max. WOMOs: 2, maximale Länge >10 m.

Ausstattung: Befestigter schattiger Parkplatz, ganzjährig geöffnet.

Beschreibung: Oberhalb des Campingplatzes. Eine Aussichtsplattform gewährt einen schönen Blick auf den See.

Preise: Kostenlos.

Zufahrt: Über die D90 die von Fontenu nach Doucier führt.

Campingplatz nutzen oder das nächste Ziel in den Blick nehmen und weiterfahren.

Wir fahren weiter. Auf der D39 geht es in Richtung Lons-le-Saunier. Ziel sind die Cascade des tufs und die Grottes de Baume in Baume-les-Messieurs. Von Doucier bis zur Einmündung in die D471 sind rund 16 Kilometer zurückzulegen. Wir fahren bewusst nicht den kürzesten Weg, der uns in dem Örtchen Vevy rechts ab auf die D4 führen würde, sondern bleiben auf der D39, bis wir die D471 erreicht haben, biegen dann rechts ab und folgen nach rund 1,4 Kilometern dem Hinweisschild zum Aussichtspunkt "La Roche de Baume". Nach 350 Metern ist er erreicht. Ein Umweg, der sich lohnt! Wir blicken in die Tiefe und sehen nahezu senkrecht stehende Felswände. Der Talgrund der Schlucht, die hier so unmittelbar und ohne Übergang beginnt, liegt rund 120 Meter tiefer. Es gibt viele Kerbtäler und Talkessel im Jura, die hier Reculées genannt werden, wie wir schon erwähnt hatten. Dieser **Talkessel von Baume (Cirque de Baume)** zählt zu den größten landschaftlichen Sehenswürdigkeiten nicht nur des Jura, sondern ganz Frankreichs. Unten, vor unseren Füßen sozusagen, befinden sich die **Cascade des tufs** und die **Grottes de Baume**. Im Hintergrund ist Baume-les-Messieurs mit seiner Klosteranlage erkennbar.

Eine lange in den Fels geschlagene Treppe führt hinunter, die nehmen wir nicht, wir fahren mit dem WOMO dorthin. Wir müssen dazu zurück auf die D471 Richtung Crançot/ Champagnole und nach etwas mehr als einem Kilometer im Ort Crançot links ab auf die D4 nach **Baume-les-Messieurs**. Dort angekommen fahren wir am Kloster vorbei, verlassen den Ort schon fast wieder, bis wir in einem rech-

Blick in den Talkessel von Baume-les-Messieurs.

ten Winkel links abbiegen können. Schnell geht es über eine Brücke und die Hinweisschilder zum "Restaurant des Grottes" weisen den richtigen Weg. Nun müssen wir die Straße nur noch bis zum Ende durchfahren. Der Parkplatz [GPS: N46°41'28.0" E5°38'23.4"] am Ende dieser Straße ist zweigeteilt. Ein etwas größerer liegt vor dem Restaurant, ein kleinerer dahinter. Wer hier parkt, steht direkt an der Cascade des tufs. Neben diesem Wasserfall, der im Sommer genauso trocken werden kann wie die Cascades du Hérisson, ist noch die Grottes de Baume zu besichtigen, eine etwa einen Kilometer lange Galeriehöhle. Der Eingang befindet sich hinter den Wasserfällen. Der Eintritt kostet 9,00 € pro Person. Die Höhle kann nur von April bis September im Rahmen einer Führung besichtigt werden.

Ob Sie diesen Platz noch für eine Übernachtung nutzen können, vermögen wir nicht zu sagen. Es ging eine Zeit lang, dann war es nur in den Sommermonaten untersagt und nun kam noch Corona-Pandemie mit ihren Einschränkungen. Wie dadurch die Entscheidungen der Gemeinde dauerhaft beeinflusst werden, vermögen wir nicht zu sagen. Auf jeden Fall können Sie diese Stelle als Tagesparkplatz für den Besuch der Wasserfälle nutzen. Als Alternative für eine Übernachtung

steht der Campingplatz und ein Stellplatz am Rande dieser Anlage zur Verfügung, den Sie mit diesen Koordinaten erreichen können **[084:** N46°42'41.9" E5°38'17.7"].

Parkplatz an den Cascade de tufs in Baume-les-Messieurs.

Neben dem Wasserfall, der Höhle und Wanderungen im Tal sowie auf den Höhen, ist die Klosteranlage einen Besuch wert. Das Benediktinerkloster wurde im 6. Jahrhundert vom irischen Mönch Columban gegründet. Blieb das Klosterleben lange Zeit bescheiden und die Mönche züchtig, so änderte sich dies im Laufe der Jahrhunderte, als adelige Stiftsherren in Baume lebten und sehr weltliche Ansprüche verfolgten. Diese "Herren = Messieurs" waren recht unbescheiden und sorgten dafür, dass der Ort und die Abtei in Baume-les-Messieurs umbenannt wurde. Die Französische Revolution macht all dem ein Ende, die Abtei wurde aufgelöst, alle Güter versteigert und der Ort in Baume-le-Jura umbenannt. Jahre später kehrte man zum alten Namen zurück.

(085) WOMO-Campingplatz: Baume-les-Messieurs – Camping de la Toupe

GPS: N46°42'45.2" E5°38'10.7", 292 m;
4 Place de la Toupe, 39570 Baume-les-Messieurs.

Max. WOMOs: 52, maximale Länge 8 m.

Ausstattung: Ver- und Entsorgungsstation, Sanitäranlagen mit Waschmaschine und Trockner, WiFi. Geöffnet von April bis September.

Beschreibung: Sehr ruhige, schattige Plätze am Ortsausgang in Richtung Voiteur direkt am Fluss la Seille.

Preise pro Tag: 19,00 € für ein Fahrzeug mit 2 Personen inkl. Strom sowie Ver- und Entsorgung, 17,00 € ohne Strom. Waschmaschine 4,00 €, Trockner 2,00 €, Hund 1,50 €.
Nutzung der Ver- und Entsorgungsstation ohne Übernachtung 4,00 €.

Zufahrt: Der Platz liegt an der Ausfallstraße nach Voiteur, ist gut ausgeschildert und nicht zu verfehlen.

Reservierung/Kontakt: Tel.: 03 84 44 61 41; 03 84 43 03 67 oder 06 30 19 83 29.
E-Mail: camping@baumelesmessieurs.biz, Web: www.baumelesmessieurs.fr.

Sehenswert sind die Kirche mit einem Portal aus dem 15. Jahrhundert, einem flämischen Schnitzaltar aus dem frühen

Blick auf Baume-les-Messieurs vom Belvédère de Grange sur Baume.

16. Jahrhundert und das Abteigebäude. In der Kirche befindet sich auch das Grab des Abts **Jean de Watteville**, dessen abenteuerliche Lebensgeschichte wir hier nicht wiedergeben können, sie ist einfach zu lang. Sie handelt von Mord und Totschlag, Haremsleben, Kuhhandel mit Ludwig XIV. und einem Leben als Abt. Wenn Sie das neugierig gemacht hat, dann werden Sie die Abtei sicher in Ihr Besuchsprogramm aufnehmen, dort bekommen Sie alles umfassend erzählt.

Das Kloster kann von April bis September besichtigt werden, natürlich nur im Rahmen einer Führung. Es gibt deutschsprachige Audioguides, die man an der Kasse erhalten kann. Über die Eintrittspreise und Öffnungszeiten informiert diese Seite www.baumelesmessieurs.fr.

Bevor wir nach Voiteur weiterfahren, möchten wir noch auf den Greifvogelpark **Jurafaune** hinweisen, der sich auf dem Plateau oberhalb von Baume-les-Messieurs befindet. Rund 100 Vögel gibt es hier zu sehen und bei den Flugvorführungen zu bewundern. Über die Öffnungszeiten und Eintrittspreise informiert diese Seite www.jurafaune.com. Den Parkplatz der Anlage erreichen Sie mit diesen Koordinaten [GPS: N46°42'32.5" E5°39'30.6"]. Von diesem Ort vor den Toren der Gemeinde **Granges-sur-Baume**, ist es nicht weit zu dem Aussichtspunkt, von dem das Bild oben aufgenommen wurde. Sie erreichen den kleinen Parkplatz im Ort oberhalb des Felsvorsprunges mit folgenden Koordinaten [GPS: N46°42'49.4" E5°38'41.3"].

Nun geht es wieder hinunter nach Baume-les-Messieurs und von dort entlang des Flüsschens Seille nach **Voiteur**.

Diesen Ort als Reiseziel zu empfehlen, wäre reichlich übertrieben. Wir betrachten ihn nur als Durchgangsort, der für die

Entsorgung, den Einkauf und für eine Betankung optimal ist. Alles liegt dicht beieinander und ist nicht so stark frequentiert wie in größeren Städten und nur 200 Meter vom Stellplatz entfernt, der nicht sonderlich schön ist, aber sehr ruhig, wenn die sportlichen Aktivitäten beendet sind.

(086) WOMO-Stellplatz: Voiteur

GPS: N46°45'18.3" E5°36'52.6", 254 m; 14 Rue du Cimetière, 39210 Voiteur.
Max. WOMOs: 4, maximale Länge 9 m.

Ausstattung: Befestigter Platz mit Wasserversorgung und Entsorgung mit Bodeneinlass, Kassettenentleerung, Müllentsorgung, WC. Ganzjährig geöffnet.
Beschreibung: Am Ende der Rue du Cimetière (Sackgasse), zwischen Friedhof und Sportplatz.
Preise: Kostenlos.
Zufahrt: Von der D70 in Richtung Domblans vor der Kirche rechts abbiegen und der schmalen Straße bis zum Ende folgen.

Im Hintergrund des Stellplatzfotos von Voiteur ist oben auf dem Berg der nächste Ort auf unserer Reise erkennbar. Es handelt sich um **Château-Chalon**, ein Weinbaudorf mit nicht einmal 200 Einwohnern, nach dem aber auch ein Weinanbaugebiet mit 46 Hektar Rebfläche benannt ist. Hier wird einer der besten gelben Weine (Vin Jaune) gekeltert, den der Jura zu bieten hat. Dem entsprechend finden sich hier eine Reihe von Weinbaubetrieben, die mit ihren "Dégustations" die

Château-Chalon und das Tal der Seille.

Besucher locken und auf einen guten Verkauf ihrer hochwertigen Weine hoffen. Mehrere Aussichtspunkte bieten fantastische Blicke in die Weinbaulandschaft des Jura zu Füßen dieses Ortes. Im Restaurant **le p'tit castel**, können Sie diesen Augenschmaus auch mit einem formidablen Menu von der Terrasse des Lokals genießen. Wenn Sie mit einem Fahrzeug unterwegs sind, das nicht länger als sieben Meter ist, dann können Sie am Ortseingang [**087:** N46°45'23.7" E5°37'33.0"] oder 700 Meter weiter am Ortsausgang an der Burgruine [**088:** N46°45'17.8" E5°37'52.3"] parken.

Unser nächstes Ziel und die letzte Station auf dieser Tour ist **Lons-le-Saunier**, die Hauptstadt des Departement Jura. Einen offiziellen Stellplatz hat die Stadt nicht vorzuweisen. Wer nicht direkt den Campingplatz ansteuern will, kann im Zentrum auf der Place du Verdun [GPS: N46°40'26.0" E5°33'32.9"] einen Parkplatz finden.

(089) WOMO-Campingplatz: Lons-le-Saunier – Camping de la Marjorie

GPS: N46°41'05.2" E5°34'07.1", 271 m;
640 Boulevard de l'Europe, 39000 Lons-le-Saunier.
Max. WOMOs: 192, maximale Länge 9 m.
Ausstattung: Befestigter Platz mit Wasserver- und -entsorgung (mit Bodeneinlass), Kassettenentleerung, Müllentsorgung, WiFi, Camping Store, Snack Bar, Bügelraum, Erfrischungsraum, Fahrradverleih, Picknicktischen, Swimming-Pool. Im Juli und August zusätzlich Tischtennis, Volleyball, Beach Volleyball, Trampolin, Basketball, Tischfussball, Bogenschießen, Boulespiele, Karaoke, Piano Bar, Zauberer. Geöffnet von April bis September.
Beschreibung: Am nördlichen Stadtrand. Großzügig angelegt, überwiegend schattige Plätze, die mit Hecken voneinander getrennt sind. Entfernung zum Zentrum rund zwei Kilometer.
Preise: Fahrzeug mit zwei Personen je nach Saison und Größe des Platzes zwischen 15,90 € und 25,90 €, Hund 3,00 €. Ver- und Entsorgung 4,80 €.
Zufahrt: Über den Boulevard de l'Europe (Umgehungsstraße) der Beschilderung folgen.
Reservierung/Kontakt: Tel.: 03 84 24 26 94
E-Mail: info@camping-marjorie.com, Web: www.camping-marjorie.com.

Das Zentrum ist attraktiv. Rund um die **Place de la Liberté** finden sich viele Restaurants, Brasserien und Cafes, die in den Sommermonaten auf der breiten Anlage ihre Tische und Stühle aufgestellt haben. Das Angebot der lokalen Gastronomie ist vielfältig, da ist für jeden etwas dabei. Wer shoppen gehen möchte, der findet in den umliegenden Boutiquen eine reiche Auswahl und die Kinder können sich, wenn es heiß ist, am flachen Springbrunnen vor dem Denkmal des General Lecoubre vergnügen. Auf der gegenüberliegenden Seite fällt die prächtige Rokoko-Fassade des Theatergebäudes auf. Das Glockenspiel an diesem Gebäude lässt zu jeder vollen Stunde einige Takte der **Marseillaise** erklingen. Der Komponist der französischen Nationalhymne **Rouget de Lisle** ist ein

Auf der Place de la Liberté.

Sohn dieser Stadt. Das Geburtshaus des Komponisten steht in der Rue du Commerce 24 und kann besichtigt werden. Dort wird über die Lebensgeschichte des Musikers und über die Historie der französischen Nationalhymne informiert. Die **Rue du Commerce** ist mit ihren Arkaden eine außergewöhnliche Straße. Sie beginnt am **Tour de l'Horloge**, einem alten Stadttor, das noch von der ehemaligen Stadtbefestigung übrig geblieben ist. Die Häuser der Rue du Commerce wurden nach einem Stadtbrand im 17. Jahrhundert erbaut. Jedes Haus hat einen individuellen Charakter, auch wenn der Stil der Architektur gleich ist. Die Bögen der Arkaden sind mal höher, mal breiter und haben unterschiedliche Verzierungen. Dabei soll damals die Auflage ergangen sein, alles einheitlich zu gestalten. Kritische Geister merken dazu an, dass der berühmte Widerspruchsgeist und Individualismus der Comtois dies einfach nicht zulässt. Einschränkungen der Unabhängigkeit mögen sie nicht. Wir finden es reizvoll so wie es ist und empfehlen, einfach einmal durch die Arkaden

Die Rue du Commerce.

Arkaden in der Rue du Commerce.

zu gehen, hinter denen sich die unterschiedlichsten Geschäfte und Lokale befinden. Lons-le-Saunier ist in Frankreich ein beliebtes Heilbad, dessen mineralreiche Quellen gegen Wachstumsstörungen und Rheuma eingesetzt werden. Die **Lédonia-Therme** steht jedem Besucher offen. Sie wird von der Valvital betrieben, einer Firma, die mehr als zehn Thermalbäder mit ihren Gesundheitseinrichtungen in Frankreich betreibt. Nähere Informationen dazu finden Sie hier www.valvital.fr. Diese Seite informiert auch über das gesamte Angebot der Lédonia-Therme und nennt die Preise für die einzelnen Anwendungen sowie die Öffnungszeiten.

Wer sich in einem der modernen Freizeit-Spaßbäder wohler fühlt, der muss in das **Aqua-Rel** in unmittelbarer Nähe des Campingplatzes gehen. Dumm nur, dass der Parkplatz vor diesem Freizeitbad eine Durchfahrtssperre für Fahrzeuge über zwei Meter Höhe hat, aber wenige Meter weiter am Sportplatz in der Rue Robert Schuman kommen Sie mit diesen Koordinaten [GPS: N46°40'58.2" E5°33'54.3"] zu einem geeigneten Parkplatz. Auf dieser Seite www.lonslesaunier.fr/aquarel finden Sie das Angebot, die Eintrittspreise und die Öffnungszeiten.

Zurück zur Therme. Wenn man schon einmal hier ist, dann sollte man auch einen Spaziergang durch den weitläufigen und schön angelegten Park machen. Wenn Sie sich mit den Übernachtungsmöglichkeiten in diesem Ort nicht anfreunden können, dann fahren Sie noch einmal 20 Kilometer weiter bis nach Orgelet, wo unser nächstes Kapitel beginnt. Hier finden Sie einen großen und kostenlosen Stellplatz. So haben wir es auch gemacht.

Die Lédonia-Therme im Abendlicht.

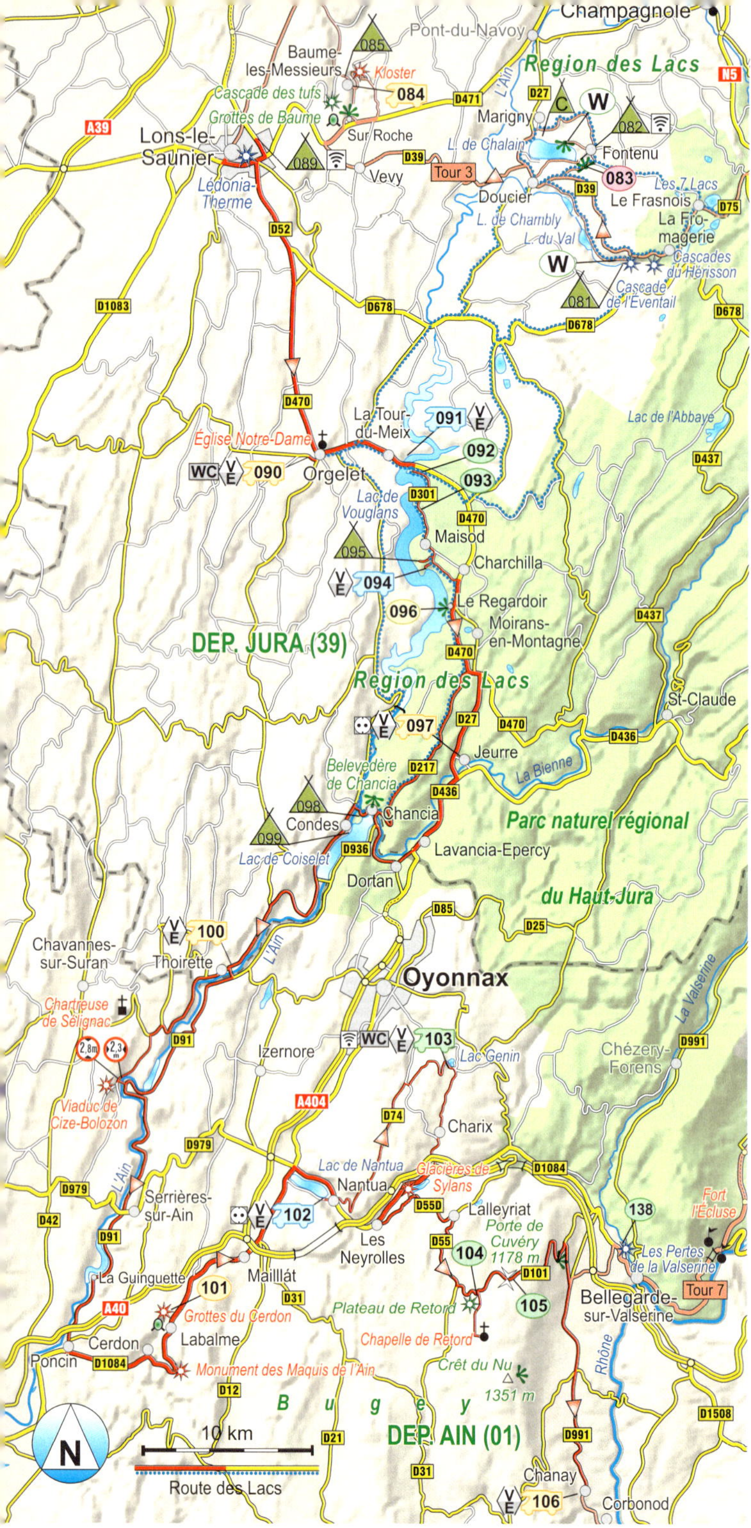
Champagnole
Pont-du-Navoy
Region des Lacs
Baume-les-Messieurs
085
Kloster
Cascade des tufs
084
D471
L'Ain
D27
C
W
082
N5
Grottes de Baume
Sur Roche
Marigny
A39
Lons-le-Saunier
089
D39
L. de Chalain
Fontenu
Vevy
Tour 3
083
Doucier
D39
Les 7 Lacs
Le Frasnois
D75
Lédonia-Therme
L. de Chambly
La Fromagerie
D52
L. du Val
W
Cascades du Hérisson
081
Cascade de l'Éventail
D1083
D678
D678
D678
Lac de l'Abbaye
D470
La Tour-du-Meix
091
Église Notre-Dame
092
D437
WC
090
Orgelet
093
Lac de Vouglans
D301
D470
Maisod
095
Charchilla
094
096
Le Regardoir
Moirans-en-Montagne
D437
DEP. JURA (39)
D470
Region des Lacs
St-Claude
097
D27
D470
D436
Jeurre
La Bienne
Belevedère de Chancia
D217
D436
098
Chancia
Parc naturel régional
Condes
099
Lavancia-Epercy
Lac de Coiselet
D936
Dortan
du Haut-Jura
D85
D25
100
Chavannes-sur-Suran
Thoirette
L'Ain
Oyonnax
Chartreuse de Sélignac
La Valserine
2,8m
2,3m
D91
WC
103
Lac Genin
D991
Izernore
Chézery-Forens
Viaduc de Cize-Bolozon
A404
D74
Charix
D979
L'Ain
Lac de Nantua
Glacières de Sylans
D1084
D979
Serrières-sur-Ain
Nantua
Fort l'Écluse
D55D
Lalleyriat
138
D42
102
Porte de Cuvéry 1178 m
D91
Les Neyrolles
Les Pertes de la Valserine
D55
104
La Guinguette
Mailllat
D101
Bellegarde-sur-Valserine
Tour 7
101
D31
105
A40
Grottes du Cerdon
Plateau de Retord
Cerdon
Labalme
Chapelle de Retord
Rhône
Poncin
D1084
Monument des Maquis de l'Ain
Crêt du Nu 1351 m
D12
B u g e y
D1508
10 km
D21
DEP. AIN (01)
D991
N
Route des Lacs
D31
Chanay
106
Corbonod

TOUR 4 (ca. 165 km)

Orgelet – Lac de Vouglans – Jeurre – Lac de Coiselet – Thoirette – La Guingette – Labalme – Nantua – Lac Genin – Plateau de Retord – Chanay

Stellplätze:	Orgelet, Lac de Vouglans, Jeurre, Thoirette, La Guingette, Labalme (Le Grottes du Cerdon), Nantua, Lac Genin, Plateau de Retord. Porte de Cuvéry, Chanay.
Campingplätze:	Lac de Vouglans, Lac de Coiselet.
Ver-/Entsorgung:	Orgelet, Lac de Vouglans, Jeurre, Thoirette, Nantua, Lac Genin, Chanay.
Besichtigungen:	Orgelet (Ort), Viaduc de Cize-Bolozon, Monument des Marquis de l'Ain, Le Grottes du Cerdon, Nantua (Ort), Glacières de Sylans, Chapelle de Retord.
Wandern:	Lac de Vouglans, Lac Genin, Plateau de Retord.
Baden/Wellness:	Lac de Vouglans (Strandbäder).

Diese Tour führt uns an den Lac de Vouglans, einem der größten Stauseen Frankreichs, der eine Vielzahl touristischer Einrichtungen aufzuweisen hat und damit nicht nur der Energiegewinnung dient.

Danach geht es weiter den Ain hinunter, dann durch den Bugey, dem südlichsten Zipfel des Jura. Wir beenden diese Tour in Chanay an der Rhône.

Beginnen wollen wir mit Orgelet. Hier fahren wir sogleich diesen Stellplatz an.

(090) Offizieller WOMO-Stellplatz: Orgelet

GPS: N46°31'20.1" E5°36'26.9", 510 m;
Rue du Faubourg de l'Orme, 39270 Orgelet.
Max. WOMOs: 20, maximale Länge 9 m.

Ausstattung: Halbschattiges Areal mit Wasserversorgung, Entsorgung mit Bodeneinlass am Rande des Platzes. Toiletten, Müllentsorgung, ganzjährig geöffnet.
Beschreibung: Am Ortsrand in der Nähe eines Fußballplatzes, nur 300 Meter von der Ortsmitte entfernt. Nachts sehr ruhig.
Preise: Kostenlos.
Zufahrt: Von der D470 in der Ortsmitte rechts abbiegen und der Beschilderung "Camping Car" folgen. Diese Straße ist allerdings sehr schmal. Bequemer ist es, bis zum Kreisverkehr weiterzufahren und dort die erste Ausfahrt Richtung Beaufort zu nehmen. In beiden Fällen sind es nur rund 250 Meter bis zum Stellplatz.

Der Wehrturm der Église Notre-Dame.

Im Mittelalter war die heute rund 1500 Einwohner zählende Kleinstadt **Orgelet** ein bedeutender Ort. Sie war Hauptstadt einer Grafschaft und gelangte zu bescheidenem Wohlstand, den es zu verteidigen galt. Die Wehrkirche **Église Notre-Dame** mit ihrem hohen Turm ist ein beeindruckendes Zeugnis dieser Zeit. Für Turm und Kirche werden leider nur im Juli und August Führungen angeboten und das dann auch nur donnerstags. Das Innere der Kirche kann zu jeder Zeit besichtigt werden. Sie überrascht mit einem 46 Meter hohen gotischen Gewölbe, großen Emporen und einem 32 Meter breitem Querschiff. Die aus dem 17. Jahrhundert stammende Orgel ist die älteste im Jura, die während der Gottesdienste den Gesang der Gläubigen in dieser katholischen Kirche begleitet. Apropos Gesang: Orgelet ist ganz stolz darauf, der Geburtsort des Komponisten **Guillaume Joseph Rousselle** (*1743 in Orgelet; †1807 in Auxerre) zu sein. Er schuf das in Frankreich sehr bekannte Chanson **Cadet Rousselle**. Ein Spottlied, das die damaligen Herrschaftsverhältnisse aufs Korn nahm und heute in einer abgewandelten Form und kindgerechten Fassung in den Kindergärten Frankreichs gesungen wird.

Neben der Kirche hat Orgelet keine weiteren Sehenswürdigkeiten aufzuweisen, die man unbedingt gesehen haben muss. Der Ort ist insgesamt nett anzuschauen und ein Rundgang durch die Gassen reizvoll, erwarten Sie aber bitte keine Restaurants oder Cafes, die gibt es nur in der Nähe der Durchgangsstraße, in der sich eine Patisserie befindet, die neben leckeren Kuchen das klassische Baguette anbietet. Der Stellplatz ist nur 250 Meter von hier entfernt.

Wir verlassen nun Orgelet und machen uns auf den Weg zum Lac de Vouglans, dem großen Stausee, der vom Ain gespeist wird. Hier treffen wir auch wieder auf die Route des Lacs, der wir teilweise folgen. Sie können die Route auf der Karte verfolgen, wenn Sie einmal zurückblättern.

Lac de Vouglans

Dieser Stausee wurde 1968 in Betrieb genommen. Er ist der oberste von sechs Staustufen am Ain. Mit einem Fassungsvermögen von 600 Mio. Kubikmetern ist er nach dem Serre-Ponçon und dem Sainte-Croix der drittgrößte Stausee Frankreichs. Er hat eine Fläche von 16 Quadratkilometern, ist 35 km lang und variiert in der Breite zwischen 300 und 800 Meter. Die maximale Tiefe liegt bei 100 Metern. Er dient in erster Linie der Gewinnung von Elektrizität. Erzeugt werden pro Jahr rund 280 Mio. kWh. In zweiter Linie ist er Erholungsgebiet mit Badestränden, Jachthäfen, Segel- und Surfrevieren.

Der Lac de Vouglans bei La Tour-du-Meix.

Nach nur sechs Kilometern ist das Seeufer bereits erreicht. Kurz hinter dem Ort **La Tour-du-Meix** befindet sich auf der linken Seite ein großer Campingplatz, an dessen Rand auch ein Stellplatz vorhanden ist. Wir haben ihn Anfang September schon sehr leer vorgefunden. Es gibt einen langen Bade-

(091) Offizieller WOMO-Badeplatz: Surchauffant

GPS: N46°31'16.2" E5°40'16.1", 537 m; D356 39270 La Tour-du-Meix.
Max. WOMOs: 10, maximale Länge 9 m.
Ausstattung: Befestigter schattiger Platz mit Wasserversorgung und Entsorgung mit Bodeneinlass, Kassettenentleerung, Müllentsorgung, ganzjährig geöffnet. Die Versorgungsstation ist nur von Ende April bis Mitte September in Betrieb.
Beschreibung: Am Rande des Campingplatzes Surchauffant, 400 Meter bis zum Stausee.
Preise: Stellplatz 11,00 €, Wasser Ver- und -entsorgung 2,00 €.
Zufahrt: Von der D470 nach dem Straßeneinschnitt durch hohe Felsen (See schon sichtbar) in einer leichten Rechtskurve links abbiegen.

strand, der in den Monaten Juli und August stark frequentiert ist. In der Nähe des Ufers gibt es eine Brasserie, die vielerlei Fischgerichte auf der Karte hat. Im Juli und August ist sie täglich geöffnet, im Mai und Juni nur freitags bis sonntags.

Der Jachthafen von La Tour du-Meix.

Wer das Angebot rund um den Stell- und Campingplatz nicht nutzen möchte, sondern lieber etwas abseits steht, um eine Wanderung oder Radtour zu starten, der findet hier **[092:** N46°30'48.3" E5°40'54.8"] oder noch wesentlich lauschiger, aber sehr eng und begrenzt an dieser Stelle **[093:** N46°29'50.0" E5°41'03.0"] geeignete Plätzchen.

(092) Parkplatz am Nordufer.

(093) Lauschiges Plätzchen am Ostufer.

Ob diese Plätze in den Sommermonaten frei anzutreffen sind, wissen wir nicht. Vermutlich nicht, aber probieren Sie es, wenn Sie hier im Juli oder August unterwegs sind, könnten Sie Pech haben. Wenn es nicht klappt, gibt es etwas weiter südlich einen großen Stellplatz mit einem bequem zu erreichenden Badestrand. **Plage de Mercantine** heißt der Strand und liegt etwa zwei Kilometer hinter dem Ort Maisod. Die Zufahrt dorthin ist gut ausgeschildert, die Straßen allerdings sehr schmal. Hier muss man bei Gegenverkehr auch mal das Bremspedal bedienen.

Einmal auf dem Stellplatz angekommen, sind es nur noch wenige Meter bis zum Strand hinunter. Für Wasserratten ein idealer Flecken und in der Vor- und Nachsaison stört es auch niemanden, wenn man länger als die erlaubten 24 Stunden an diesem Ort verweilt. Wer lieber einen Platz mit Aussicht über den See hätte, der nutzt den Campingplatz **Trelachaume** in

Plage de la Mercantine am Lac de Vouglans.

(094) Offizieller WOMO-Badeplatz: Maisod – Plage de la Mercantine

GPS: N46°28'02.9" E5°41'33.1", 456 m; D301E2, 39260 Maisod.
Max. WOMOs: > 10, maximale Länge >10 m.
Ausstattung: Die Wasserversorgung und Entsorgung mit Bodeneinlass sowie die Möglichkeit der Kassettenentleerung befinden sich in der Nähe des Jachthafens GPS: N46°27'52.0" E5°41'17.5", ca. 500 Meter vom Stellplatz entfernt. Es empfiehlt sich zunächst zu dieser Versorgungsstation zu fahren, denn hier befindet sich auch der Automat für das Parkticket. Die Station liegt auf der linken Seite. Fahren Sie zunächst an der Anlage vorbei und nutzen weiter unten die große Wendeplatte. Das ist am einfachsten.
Die Versorgungsstation ist nur von Ende April bis Mitte September in Betrieb.

Beschreibung: Schöner befestigter schattiger Platz oberhalb des Lac de Vouglans, 350 Meter bis zum Badestrand, ganzjährig geöffnet.
Preise: 6,00 € pro Fahrzeug mit 2 Personen, max. Aufenthaltsdauer 24 h.
Zufahrt: Von der D301 ca. 1 km hinter Maisod in einer Linkskurve rechts in die D301E2 abbiegen "Plage de la Mercantine" ist ausgeschildert. Nach weiteren 500 Metern links abbiegen.

der Rue du Mont du Cerf [**095:** N46°28'05.8" E5°41'18.2"]. Er liegt oberhalb des Stellplatzes. Um dorthin zu kommen, sind zwei Kilometer zu fahren. Geöffnet ist der Platz von Ende April bis Anfang September. Hier erfahren Sie alle Details zu der Anlage www.camping-trelachaume.com.

Wenn man die D470 entlang fährt, sieht man über weite Strecken überhaupt nichts von dem See. Versäumen Sie deshalb nicht, den Aussichtspunkt **Le Regardoir** abseits der Straße anzusteuern, den Sie mit diesen Koordinaten erreichen können [**096:** N46°26'44.0" E5°42'31.6"]. Die Aussicht auf den See ist einfach grandios. Besonders schön ist, dass man dies mit einem Restaurantbesuch verbinden kann.

Das Restaurant Le Regardoir am Lac de Vouglans.

Die Aussicht im Sommer von der Terrasse oder im Winter aus dem Gastraum mit Panoramafenstern zu genießen und dabei noch ein wenig zu schlemmen, ist doch verlockend!

Spezialitäten der Franche-Comté finden sich auf der Karte, und das zu moderaten Preisen. Filet de truite fumée et son pot de Cancoillote chaude (geräuchertes Forellenfilet mit heißem Cancoillote, letzteres ist ein Kochkäse), Filet de canard aux airelles (Entenbrust mit Preiselbeeren), Fondue Comtoise und andere leckere Gerichte stehen zur Wahl. Dazu ein

Der Lac de Vouglans in einer Panoramaansicht.

schöner trockener Weißwein, eine Vorspeise vorneweg und zum Abschluss ein Dessert. Essen wie Gott in Frankreich, das gehört auf einer Reise durch unser Nachbarland dazu. Das muss und kann man sich nicht jeden Tag gönnen, aber hier darf das einfach mal sein bei dem Angebot und der Aussicht. Da bleibt die Bordküche aufgeräumt und unbenutzt.

Vor dem Genuss steht noch eine schwindelerregende Anstrengung, wenn man es möchte. Ein Klettersteig geht unterhalb des Restaurants an der Felswand vorbei und eine schwankende Hochseilbrücke führt in großer Höhe über einen Taleinschnitt. Wer seinen Adrenalinspiegel ein wenig anheben will, der schaue hier einfach einmal nach: www.jurasud.net/via-ferrata-du-lac-de-vouglans.htm. Die Kletterausrüstung können Sie vor Ort ausleihen, wenn Sie über keine eigene verfügen.

Wir setzen unseren Weg mit dem WOMO fort. Das nächste Etappenziel ist der Lac de Coiselet, ein kleiner Stausee mit nur sechs Kilometern Länge. Der kürzere Weg führt mit 17 Kilometern Länge über die D217, der etwas längere mit 21 Kilometer über die D27 und D436. Die Straßen des längeren Weges sind besser ausgebaut und führen an einem einfach gehaltenen Stellplatz in dem Ort Jeurre vorbei, der als Etappenplatz gut nutzbar ist.

(097) Offizieller WOMO-Stellplatz: Jeurre – Aire de Camping-Car

GPS: N46°21'56.6" E5°42'21.2", 330 m;35 Rue Principale, 39360 Jeurre.
Max. WOMOs: > 10, maximale Länge >10 m.

Ausstattung: Baumwiese mit Wasserversorgung und Entsorgung mit Bodeneinlass, Kassettenentleerung, Behälter für die Müllentsorgung, geöffnet von Mrz. – Okt.
Beschreibung: Am Ortsrand, 500 Meter vom Fluss La Bienne entfernt.
Preise: 5,00 € pro Fahrzeug mit 2 Personen, Frischwasser 2,00€, Strom 3,00€. Entsorgung kostenlos.
Zufahrt: Vor der Einmündung der D27 in die D436 links.

Die Städtchen und Dörfer am **Lac de Coiselet** und weiter flussabwärts sind klein. Von den touristischen Hochburgen ist man hier weit entfernt. Hier gibt es keinen Rummel. Natur pur ist angesagt. Die wenigen Campingplatzbetreiber begnügen sich damit, Stellflächen für die Gäste zur Verfügung zu stellen und Kanus und Fahrräder zu verleihen. Ein Ausbau zu kleinen Freizeitparks wie am Lac de Chalain ist bislang unterblieben. Ruhig geht es hier also zu, sehr ruhig. Wenn Sie so etwas suchen, dann sind sie hier genau richtig.

Wanderungen und Radtouren sind dagegen in vielerlei Form möglich. Man kann den See umrunden oder das schmale Sträßchen zum **Belevedère de Chancia** hochfahren und die Campingplätze und den See von oben betrachten. Bei der Fahrt sind vom Campingplatz auf der Halbinsel rund vier Ki-

Lac de Coiselet.

lometern zurückzulegen und etwas mehr als 200 Meter Höhenunterschied zu überwinden. Der 491 Meter hohe **Molard de Netru** ist der Hausberg Chancias. Dieser lässt sich nur zu Fuß erreichen. Wer eine Kanutour sucht, der wird hier fündig www.canoelabienne.com. Über acht Kilometer geht es die Bienne hinunter bis nach Chancia. Die Modalitäten, Zeiten und Preise erfahren Sie auf der genannten Website. Das Bewegungs- und Frischluftprogramm ist also groß, um einige Tage einen dieser beiden Campingplätze zu nutzen.

(098) WOMO-Campingplatz: Chancia – La Presqu'île du Jura

GPS: N46°20'29.1" E5°37'50.7" , 307 m; Ch. de la Presqu'île, 01590 Chancia.
Max. WOMOs: >20, maximale Länge 12 m.
Ausstattung: Frischwasserversorgung, Abwasserentsorgung mit Bodeneinlass, Kassettenentleerung, Stromanschlüsse, Behälter für die Müllentsorgung, WiFi, Minimarkt. Im Servicegebäude gibt es Duschen, WCs, Waschmaschinen und Trockner. Der Platz ist von Mitte April bis Ende September geöffnet.
Beschreibung: Großzügig angelegte Rasenflächen auf einer Halbinsel im See, kleiner Badestrand, teilweise schattig. Es besteht die Möglichkeit, Kanus und Fahrräder zu mieten. Ein gutes Restaurant mit Blick auf den See ist nur 800 Meter entfernt.
Preise: Die Preise variieren nach Saison und Ausstattung. Sie beginnen bei 13,00 € für ein Fahrzeug mit 2 Personen ohne und 16,00 € mit Stromversorgung. Den genauen Preis können Sie über das Buchungsportal der Website des Platzes in Erfahrung bringen.
Zufahrt: In Chania den Hinweisen zum Campingplatz folgen.
Reservierung/Kontakt: Tel.: 04 74 75 82 14
E-Mail: campingdechancia@gmail.com, Web: www.camping-chancia.com.

(099) WOMO-Campingplatz: Sous le Moulin

GPS: N46°20'04.1" E5°37'17.8", 307 m; Rue de la Plage 39240 Condes.
Max. WOMOs: >50, maximale Länge 12 m.
Ausstattung: Frischwasserversorgung an allen Stellplätzen, Abwasserentsorgung mit Bodeneinlass, Kassettenentleerung, Stromanschlüsse, Behälter für die Müllentsorgung, Baguetteservice, Duschen und WCs. Der Platz ist von Mitte April bis Ende September geöffnet.

Beschreibung: Große (100 m²) schattige Rasenplätze. Viele davon mit direktem Blick auf den See. Hier besteht die Möglichkeit zu Angeln. Auf dem Foto, das vom Belevedère de Chancia aufgenommen wurde, ist der Campingplatz in der Mitte des Bildes erkennbar.
Preise: Je nach Saison und Lage zwischen 9,00 € und 12,00 € pro Fahrzeug, Strom 3,50 €.
Zufahrt: Condes in Richtung Thoirette durchfahren, nach dem Ortsausgang links abbiegen und der Beschilderung zum Campingplatz folgen.
Reservierung/Kontakt: Tel.: 04 74 75 83 25
E-Mail: camping.condes39@gmail.com, Web: www.camping-lac-jura.com.

Wir setzen nun unsere Fahrt entlang des Ain in südliche Richtung fort. Die Straße (D60) zwischen Condes und

Thoirette ist schmal und wenig befahren. Wir sehen, dass auch auf dem Ain gern gepaddelt wird. Immer wieder beobachten wir Kanu- und Kajakfahrer, die flussabwärts unterwegs sind.

Zweierkanadier auf dem Ain.

In **Thoirette** kommen wir an einem Stellplatz vorbei, der bei uns in die Kategorie "nicht schön ab nützlich" fällt. Neben einem Supermarkt und einer Apotheke befindet sich am Ortseingang direkt an der Straße dieser Stellplatz.

(100) Offizieller WOMO-Stellplatz: Thoirette-Coisia – Aire Municipale

GPS: N46°16'09.4" E5°32'06.6", 295 m; 6 Grande Rue,39240 Thoirette.
Max. WOMOs: 5, maximale Länge 8 m.

Ausstattung: Ebene Stellflächen, Wasserversorgung und Entsorgung mit Bodeneinlass, Kassettenentleerung, Behälter für die Müllentsorgung, ganzjährig geöffnet. Die Ver- und Entsorgung ist in den Wintermonaten allerdings nicht möglich.
Beschreibung: Befestigter schattiger Platz am Ortsrand neben einem kleinen Carrefour-Supermarkt, 100 Meter von der Brücke über den Ain entfernt.
Preise: 7,00 € pro Fahrzeug mit 2 Personen, Frischwasser, Strom, Entsorgung kostenlos. Der Betrag wird am Abend von einer Bediensteten der Gemeinde kassiert.
Zufahrt: An der Brücke über den Ain, 2. Ausfahrt im Kreisverkehr, dann nach wenigen Metern rechts.

Wir fahren weiter Richtung Süden. Ob man links oder rechts des Ain fährt, ist abhängig davon, ob man durch die Pfeiler der außergewöhnlichen doppelstöckigen Bogenbrücke **Cize-Bolozon** fahren kann oder sich zu fahren traut. Die Brücke ist einspurig, die Durchfahrtsbreite ist mit 2,3 Metern angegeben, die Durchgangshöhe mit 2,8 Metern. Kommen wir da durch? Die offiziellen Maße unseres Fahrzeugs sind 2,78 Metern in der Höhe und 2,32 Metern in der Breite. Es geht ganz problemlos ohne anzuecken, es gibt noch Luft nach allen Seiten.

Erbaut wurde die Brücke zwischen 1872 und 1875. Der obere Teil dient als Eisenbahnbrücke, der untere Teil ist die einspurig befahrbare Straßenbrücke. Die Pfeiler erreichen eine Höhe von 73 Metern und die Bögen haben eine Spannweite von bis zu 16 Metern. Die Konstruktion erinnert in ihrer Form

Doppelstöckige Bogenbrücke Cize-Bolozon.

an ein römisches Aquädukt. Eine Schautafel auf der linken Seite des Flusses erzählt ein wenig über die Geschichte der Brücke. Hier erfährt man, dass sie 1944 von der Résistance gesprengt wurde und bereits im Mai 1950 originalgetreu wieder hergerichtet war. Als Eisenbahnbrücke ist sie auch heute noch in Betrieb. Zwar können die TGV sie nur mit stark reduzierter Geschwindigkeit nutzen, aber sie zu umgehen würde zu längeren Fahrzeiten führen. Den Neubau einer Eisenbahnbrücke scheint man bislang nicht in Erwägung gezogen zu haben.

Wir fahren weiter durch das reizvolle tiefe Tal, das der Ain in die Felslandschaft gegraben hat, unterqueren bei Serrières-sur-Ain eine Autobrücke und treffen bei **La Guinguette** auf

Im Tal des Ain zwischen der A40 und dem Viaduc de Cize-Bolozon.

einen weiteren Stausee, einem kleinen, dem man bislang keinen Namen gegeben hat. An diesem Stausee befindet sich eine Brasserie mit Café, kleinen Snacks und Tretbootverleih. Der Parkplatz [GPS: N46°07'17.3" E5°25'27.0"] bietet für ein WOMO ausreichend Platz. Es ist ein nettes Lokal, das sich als Zwischenstopp für eine Kaffeepause anbietet und um sich vom Ain zu verabschieden, den wir nun bald verlassen werden. Hier können wir noch einmal auf dem Fluss Tretboot fahren oder eine Runde paddeln.

Inseleroberung mit dem Tretboot.

Weiter geht die Fahrt. Die nächsten fünf Kilometer ist der Ain noch unser Begleiter. Wir durchfahren **Poncin** bis die breite Querstraße D1084 erreicht ist. Hier sehen wir unsere nächsten Ziele Grottes du Cerdon und Nantua schon auf den Straßenschildern angezeigt. Bugey wird die Landschaft des südlichen Jura zwischen dem Ain und der Rhône genannt, die wir jetzt durchfahren. Die D1084 steigt zunächst nur schwach an, windet

Die Terrasse der Brasserie La Guinguette.

Mémorial des maquis de l'Ain et de la Résistance.

sich dann aber rasch höher. In einer Haarnadelkurve fällt eine überdimensionale Steinskulptur auf. Es handelt sich hierbei um ein Mahnmal, das an die gefallenen Partisanen (Maquis) erinnert, die in dieser Region erste Erfolge im Widerstand gegen die deutsche Besatzung während des Zweiten Weltkrieges erzielen konnten und dafür von der deutschen Wehrmacht gnadenlos verfolgt wurden. Neben dem Mahnmal befindet sich ein Ehrenfriedhof für 88 der getöteten Partisanen und Opfer des Faschismus. Das Denkmal mit der 17 Meter hohen Frauenfigur wurde 1951 eingeweiht.

Nach diesem kleinen Zwischenstopp, der an unsere jüngere unerfreuliche Geschichte erinnert, setzen wir die Fahrt fort und kommen, nachdem wir den Ort Labalme passiert haben, bei den Höhlen von Cerdon, den **Grottes du Cerdon** an.

Die schattigen Parkplätze auf dem Gelände sind eng und bei hohem Besucherandrang mit PKW schnell belegt. Da ist für Wohnmobile wenig, bis gar kein Platz. Vor dem Eingang zum Gelände steht aber eine große feste Wiesenfläche zur Verfügung, auf der man auch über Nacht stehen bleiben kann. Wenn Sie diese Koordinaten eingeben, kommen Sie direkt dorthin [**101:** N46°05'51.4" E5°28'56.2"].

Was macht diese Höhle so interessant? Muss man die auch noch anschauen, wenn man schon die Grotte d'Osselle und die Grotte des Moidons gesehen hat? Wiederholt sich nicht alles? Stalagmiten und Stalaktiten kennen wir schon, die sehen zwar von Höhle zu Höhle immer etwas anders aus, aber im Prinzip doch immer gleich. Warum also diese Höhle auch noch? Wer die in diesem Buch beschriebenen Quellen (Source du Lison, Source de la Loue, Source du Doubs) aufgesucht hat, mag sich vielleicht gefragt haben, wie es wohl in dem Berg aussieht, aus dem das Wasser mit großer Kraft herausschießt. Das kann man ja nicht sehen, wenn man kein Höhlentaucher ist. Hier kommt jetzt die Grottes du Cerdon ins Spiel. Das Spannende an dieser Höhle: Hier kann man durch einen schon vor langer Zeit versiegten unterirdischen Fluss gehen, von der Stelle, wo er in den Fels eintrat, bis zu der Stelle, wo er in einer großen Öffnung seine Wassermassen in das Tal ergoss.

Neben der Besichtigung der Höhle werden im **prähistorischen Park** verschiedene Aktivitäten angeboten, mit denen die Tätigkeiten und Lebensumstände der Menschen in prähistorischer Zeit nachempfunden werden können. Dazu gehört das Feuer machen, Jagen mit dem Speer und vieles anderes mehr.

Die Höhle ist von Anfang April bis Ende Oktober geöffnet. Über die genauen Öffnungszeiten, die Eintrittspreise sowie

Dort, wo heute die Treppen sind, floss einst das Wasser durch den Fels.

das Veranstaltungsangebot informiert diese Seite auch in englischer und niederländischer Sprache www.grotte-cerdon.com.

Wir haben nur die Höhle besucht und wie immer bei einem Höhlenbesuch die Jacken dabei. Die braucht man auch, denn im kältesten Bereich der Höhle sind es nur 4°C. Bei Sommerhitze für den einen oder anderen eine schöne Abkühlung, für Menschen mit Kreislaufschwäche ist der rasche Temperaturwechsel eine Herausforderung. Darauf wird in Frankreich bei Höhlenbesuchen immer wieder hingewiesen.

Los geht es mit einer motorisierten Touristenbahn, die uns den Berg hinauf bringt. Oben angekommen gibt es zunächst die allgemeinen Erläuterungen. Am Ende der Eiszeit haben sich die Gletscher zurückgezogen, sind abgeschmolzen und aus dem Schmelzwasser sind Flüsse und Seen entstanden. Irgendwann fehlt den kleineren Flüssen der Nachschub durch abtauendes Gletscherwasser und trockneten aus. Ein ganz natürlicher Prozess des Klimawandels, auf den der Mensch keinen Einfluss hatte.

Dieser kleine versiegte Fluss, den wir nun betreten, hatte sich seinen Weg durch das klüftige Gestein gesucht und dabei einerseits durch eine chemische Reaktion das Kalkgestein gelöst und anderseits mit Geröll, Steinen und Sand (den Erosionswaffen der Flüsse, wie Julius Büdel, ein längst

verstorbener Professor der Geomorphologie einmal schrieb) sein unterirdisches Flussbett immer größer ausgeräumt, so groß, dass der neuzeitliche Mensch eine ganz bequem zu gehende Treppe in diesen Verlauf bauen konnte. Nachdem der Fluss versiegt war, entstanden durch absikkerndes Regenwasser eine Fülle von Tropfsteinformen, die je nach Mineralgehalt des Ausgangsgesteins eine unterschiedliche Färbung aufweisen.

Am Ende der langen Treppen befindet sich eine große Höhle, die dem Steinzeitmenschen als Kühlschrank diente und in der in den 30er-Jahren

Es gibt in der Höhle ein große Formenvielfalt.

Blick aus der ehemaligen Quelle auf den Weinbauort Cerdon.

des letzten Jahrhunderts ein Käsehersteller seinen "Bleu de Gex" reifen ließ. Durch den erst 1985 freigelegten Siphon tritt man ins Freie und steht dort, wo der Fluss einst sein Wasser zu Tal stürzen ließ. Weitergehen kann man hier nicht. Um zum Ausgang zu gelangen, geht es zurück in die 4° kalte große Höhle und von dort über Treppen nach draußen. An heißen Tagen ein Temperaturschock, der die Schweißperlen auf die Stirn treibt.

Schweißperlen auf die Stirn trieb uns auch der erste Besuch des 17 Kilometer entfernten **Nantua**. Frohgemut den Stellplatz ansteuernd, mussten wir bei der Ankunft feststellen, dass er bereits dicht beparkt war. Ähnliches erlebten wir des Öfteren in Annecy. Wir bekommen immer gleich Fluchtgedanken, wenn wir die Fahrzeuge nur in Aufbautürbreiteabstand nebeneinander auf einem Stellplatz stehen sehen. Aber jeder wie er mag! Um vom Stellplatz wieder wegzukommen, war Millimeterarbeit beim Wendemanöver gefragt. Eine Übernachtung am Lac Genin (siehe übernächste Seite) entschädigte dann aber für die Mühe.

Nantua ist ein hübsch gelegener Ort. Von der Badebucht am Stellplatz hat man einen schönen Blick auf den 2,5 Kilometer langen und 650 Meter breiten See. Die Platanenallee am Ufer lädt zu einem Spaziergang ein, an dessen Ende sich im Restaurant Chez le Père Durdu ein **Quenelle de Brochet** mit **Queues d'Écrevisses** und einer **Sauce Nantua** geniessen lässt. Für diese Spezialität ist Nantua in Frankreich bekannt. Es gibt natürlich sehr viel mehr auf der Karte. Man muss nicht die Hechtklöße an Flusskrebsen mit Nantuasoße nehmen, wie diese Spezialität in deutscher Übersetzung heißt. Aber es ist doch immer wieder spannend, unterwegs neue Speisen zu entdecken und auszuprobieren.

(102) Offizieller WOMO-Badeplatz: Nantua

GPS: N46°09'17.2" E5°35'48.8", 479 m; Route de Port, 01130 Nantua.
Max. WOMOs: 12, maximale Länge 8 m.
Ausstattung: Befestigter halbschattiger Platz mit Wasserversorgung und Entsorgung mit Bodeneinlass, Kassettenentleerung, Behälter für die Müllentsorgung, Tischen und Bänken, geöffnet von Apr. – Okt.
Beschreibung: Am Ortseingang direkt am Seeufer. Der Platz ist nicht sehr ruhig, auch nachts nicht. Straßenverkehrslärm und TGV gut hörbar. Lidl in 200 Metern Entfernung, mehrere Restaurants in der Innenstadt in 800- bis 1000 Metern Entfernung.
Preise: 10,00 € pro Fahrzeug mit 2 Personen, Frischwasser und Entsorgung kostenlos.
Zufahrt: Über die D1084 die am nördlichen Ufer des Lac Nantua entlangführt.

Der am Ende der letzten Eiszeit entstandene See ist die Hauptattraktion der Kleinstadt Nantua. Baden, spazieren gehen, Boot fahren, segeln, angeln (Carte de pêche gibt es beim office de tourisme), das ist alles möglich bei einem längeren Aufenthalt in diesem reizvollen Ort.

Uferpromenade in Nantua.

Von der ehemaligen großen Benediktinerabtei in der Stadtmitte ist nur die **Église Saint-Michel** übrig geblieben. Die anderen Gebäudeteile wurden in den Revolutionswirren komplett zerstört. Eine mächtige Kirche, die Kunstliebhaber sicher aufsuchen werden, um das Gemälde Martyrium des Heiligen Sebastian von **Delacroix** zu betrachten, das an der Wand des linken Seitenschiffes hängt.

Église Saint-Michel in Nantua.

Nur wenige Meter von der Kirche entfernt befindet sich in der Montée de l'Abbaye das **Musée de la résistance de l'Ain**, das Museum zur Widerstandsbewegung, das mit seinen umfangreichen Sammlungen und zahlreichen Ausstellungsstücken an die Partisanen erinnert, die sich in dieser Region besonders harte Kämpfe mit der deutschen Wehrmacht lieferten. Es ist von Anfang März bis Mitte November geöffnet. Die genauen Öffnungszeiten, Eintrittspreise sowie weitere Informationen über die Ausstellungen entnehmen Sie bitte dieser Seite https://patrimoines.ain.fr.

Lac Genin, Paradies für Angler.

Ist es am Lac de Nantua laut und die Straße an der Uferpromenade viel befahren, so erlebt man den rund 17 Kilometer entfernten **Lac Genin** wohltuend ruhig. Ganz einsam ist es hier nicht, das kann man nicht sagen. Es gibt ein Gasthaus mit schmackhaften einfachen Gerichten, direkt daneben einen Wohnmobilstellplatz und am Waldrand stehen auf einem

(103) Offizieller WOMO-Wanderparkplatz: Lac Genin
GPS: N46°13'10.5" E5°41'42.2", 841 m; 18 Rue du Lac Génin, 01130 Charix.
Max. WOMOs: 10, maximale Länge 10 m.

Ausstattung: Wasserversorgung und Entsorgung mit Bodeneinlass, Kassettenentleerung (Die Technik ist nicht auf dem neuesten Stand, sehr individuell), Behälter für die Müllentsorgung, Tische und Bänke, geöffnet von Januar bis Mitte Oktober.
Beschreibung: Befestigter halbschattiger Platz neben einem Gasthaus in unmittelbarer Nähe des Seeufers. Der Platz ist sehr ruhig, nicht nur nachts.
Preise: 5,00 € pro Fahrzeug mit 2 Personen (im Gasthaus zu zahlen), Frischwasser und Entsorgung ist kostenlos.
Zufahrt: Über die D74 aus Nantua, im Verlauf der Straße auf die Beschilderung achten. Die Straßen dorthin sind sehr schmal.

Dauerstellplatz einige Wohnwagen. Baden ist hier nicht gestattet. Der See auf 841 Metern Höhe ist Angelrevier. Etliche Petrijünger stehen oder sitzen am Ufer und hoffen mit Geduld auf einen guten Fang. Das können Sie auch machen. Erlaubniskarten sind im Gasthaus zu erwerben. Für Wanderer gibt es hier nur wenige ausgewiesene Wege. Wer gern mit dem Rad unterwegs ist, findet auf den schmalen Straßen in der Umgebung des Sees genügend Ausfahrmöglichkeiten mit ordentlichen Steigungen und Gefällstrecken.

Wir haben noch nicht genug Waldluft geschnuppert. Die nächsten beiden Plätze sind reine Wanderparkplätze im Wald auf dem **Plateau de Retord** auf über 1000 Metern Höhe.

Doch der Reihe nach. Vom Lac Genin geht es über ein sehr schmales Sträßchen wieder hinunter. Hinter der 250 Seelengemeinde Charix führt die Straße unter die A40 hindurch. Hier gehts es rechts ab auf die breite D1084 und wenig später haben wir am **Lac de Sylans** eine Ruine im Blick.

Glacières de Sylans, Societe des Glacières de Paris ist am Giebel der Ruine zu lesen. Es handelt sich dabei um ein besonderes Industriedenkmal. Es ist nur von außen zu besichtigen, betreten kann man diese stark baufällige Ruine nicht. Auf Stegen, die entlang des Hauptgebäudes angelegt wurden,

Ruine der Fa. Glacières de Sylans, Societe des Glacières de Paris.

Chapelle de Retord.

Parkplatz unterhalb des Porte de Cuvéry.

stehen einige Tafeln in französischer und englischer Sprache, die über die Funktion dieser Anlage Aufschluss geben. Man mag es ja kaum glauben, aber gegen Ende des 19. Jahrhunderts wurde hier Eis produziert. In den Spitzenzeiten waren es täglich 20 bis 30 Waggons, die mit Eis beladen nach Paris, Genf, Lyon, Marseille, Toulon und sogar Algier abtransportiert wurden.

Im Winter wurde das Eis aus dem See gesägt und in isolierten Kühlhäusern gelagert, um auch im Sommer die Restaurants und Cafés der genannten Städte beliefern zu können. Zu Beginn des 20. Jahrhunderts, als der Kühlschrank durch das von Carl von Linde in Deutschland entwickelte Kühlverfahren seinen technischen Durchbruch hatte, wurde die Produktion eingestellt.

Wir fahren auf der D1084 weiter nach Les Neyrolles und folgen dort bei erster Gelegenheit dem Hinweisschild Plateau de Retord. Es geht nun stetig bergauf und es wird allmählich einsam. In Lalleyriat biegen wir auf die D55 ab und neben dem Hinweisschild auf das Plateau de Retord weist ein weiteres Schild auf die **Route des Sapins** hin. Straße der Tannen, ja so ist es, kilometerweit geht es durch einen Fichtenwald, da fühlt man sich als Schwarzwälder doch gleich ganz heimisch.

Wandern und Radfahren in frischer und kühler Luft ist hier angesagt. Da man vor der Chapelle de Retord nicht nächtigen darf, ein Schild weist ausdrücklich darauf hin, haben wir für Sie zwei andere ruhige Plätze ausgesucht. Der eine befindet sich an der Zufahrt zur Kapelle [**104:** N46°06'13.1" E5°42'04.9"] gleich nach der Abfahrt von der D101, der andere rund vier

Kilometer weiter etwas unterhalb des 1178 Meter hohen Passes **Porte de Cuvéry** [**105:** N46°06'41.2" E5°44'09.6"].

Als Startort für ausgedehnte Wanderungen und Radtouren ist der letztgenannte der bessere Platz. Von hier aus sind es bis zum **Crêt du Nû**, dem mit 1351 Metern höchsten Punkt des Plateaus zehn Kilometer. Der Aussichtspunkt gewährt einen schönen Blick in das Rhônetal und wenn die Witterung es besonders gut meint, reicht der Blick auch bis zum Mont Blanc.

Blick vom Plateau de Retord in das Rhônetal.

An einem Wochentag in der Vor- oder Nachsaison werden Ihnen in diesem abwechslungsreichen Wald-, Wiesen- und Weideland nur wenigen Menschen begegnen. Um sich nicht zu verlaufen, empfehlen wir die Mitnahme der Top-Karten OT3230 und OT3330 die es im Buchhandel oder im IGN-onlineshop https://ignrando.fr/boutique zu kaufen gibt. Die Lieferung nach Deutschland erfolgt übrigens reibungslos.

Die weitere Fahrt führt uns kurvenreich hinunter in das Rhônetal. Bis nach Chanay sind es 22 Kilometer, dort beenden wir diese Tour. Von dort geht es mit der Tour 8 auf der Seite 246 weiter nach Annecy.

(106) Offizieller WOMO-Stellplatz: Chanay – Aire de Municipale

GPS: N46°00'17.9" E5°46'58.0", 498 m; 1 Allée d'Izernore, 01420 Chanay.
Max. WOMOs: 5, maximale Länge 8 m.
Ausstattung: Asphaltierter halbschattiger Platz mit Wasserversorgung und Entsorgung mit Bodeneinlass, Kassettenentleerung, Waschbecken, Behälter für die Müllentsorgung, WC, ganzjährig geöffnet.
Beschreibung: Neben einem Sportgelände, nachts ruhig.
Preise: Nutzung und Entsorgung kostenlos, Frischwasser 3,00€, nur mit EC-Karte und PIN zahlbar. Mit Münzen zu zahlen ist nicht möglich.
Zufahrt: Etwa in der Ortsmitte rechts in die Route des Bocconod abbiegen, dann rund 150 Meter weiterfahren.

Wir machen jetzt einen Sprung zurück nach Montbéliard und führen Sie mit den Touren 5, 6 und 7 durch den östlichen Jura. Die Tour 7 werden wir ebenfalls in Chanay enden lassen.

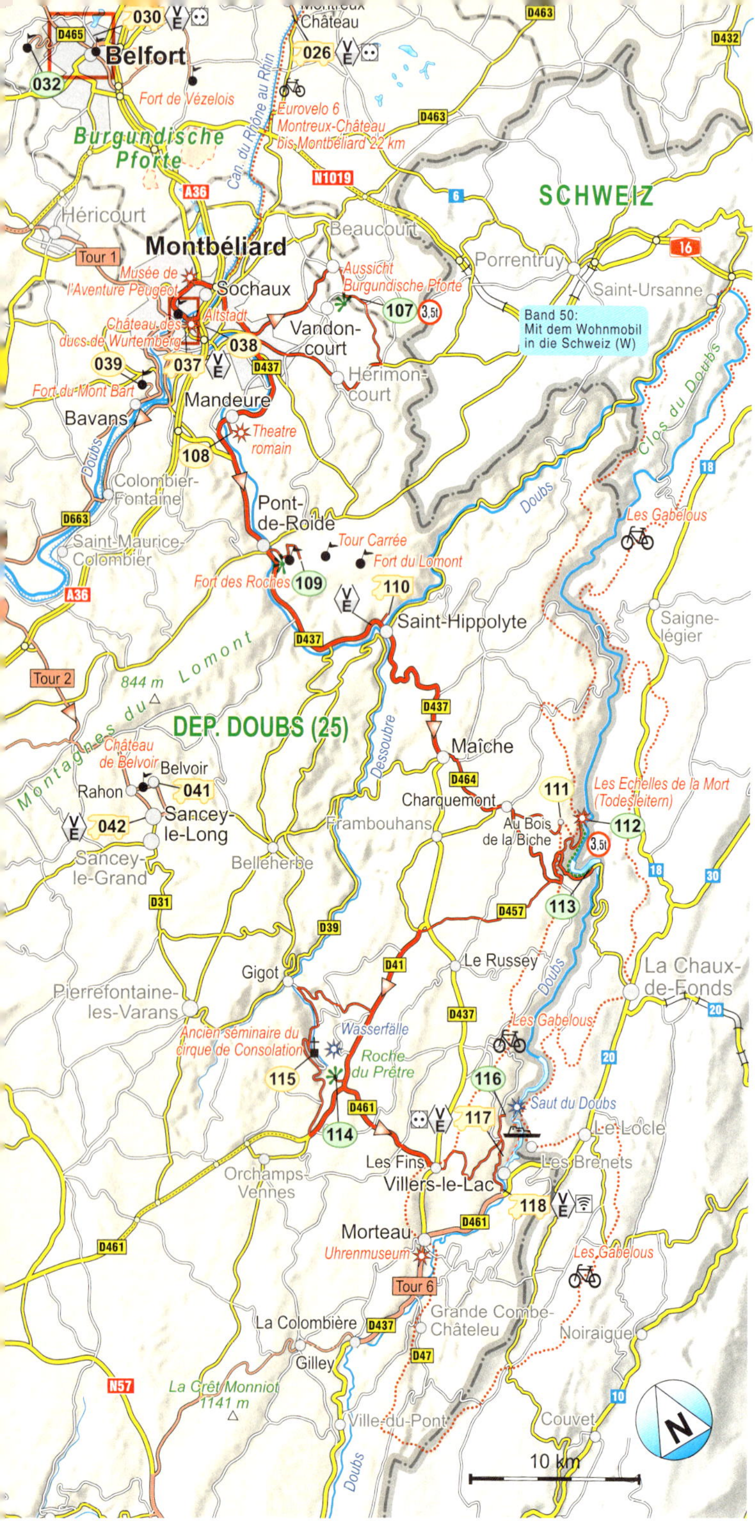
Belfort
D465
030
032
Montreux-Château
026
Fort de Vézelois
Eurovelo 6
Montreux-Château bis Montbéliard 22 km
Burgundische Pforte
Can. du Rhône au Rhin
D463
D432
N1019
A36
6
SCHWEIZ
Héricourt
Montbéliard
Tour 1
Beaucourt
Porrentruy
16
Saint-Ursanne
Musée de l'Aventure Peugeot
Sochaux
Aussicht Burgundische Pforte
107
3,5t
Altstadt
Château des ducs de Wurtemberg
Vandoncourt
038
Band 50: Mit dem Wohnmobil in die Schweiz (W)
039
037
D437
Hérimoncourt
Fort du Mont Bart
Bavans
Mandeure
Theatre romain
108
Doubs
Colombier-Fontaine
Clos du Doubs
18
Les Gabelous
D663
Pont-de-Roide
Saint-Maurice-Colombier
Tour Carrée
Fort du Lomont
Fort des Roches
109
110
A36
Saint-Hippolyte
Saigne-légier
Tour 2
844 m
Lomont
Montagnes du Lomont
DEP. DOUBS (25)
Dessoubre
Maîche
Château de Belvoir
Belvoir
D464
Rahon
041
Charquemont
111
Les Echelles de la Mort (Todesleitern)
042
Sancey-le-Long
Frambouhans
Au Bois de la Biche
112
Sancey-le-Grand
Belleherbe
113
30
D31
D457
D39
Le Russey
La Chaux-de-Fonds
Gigot
D41
20
Pierrefontaine-les-Varans
D437
Les Gabelous
Ancien séminaire du cirque de Consolation
Wasserfälle
Roche du Prêtre
115
116
Saut du Doubs
D461
117
114
Le Locle
Orchamps-Vennes
Les Fins
Les Brenets
Villers-le-Lac
118
D461
Morteau
Uhrenmuseum
Les Gabelous
Tour 6
Grande Combe-Châteleu
La Colombière
D437
Noiraigue
Gilley
D47
N57
La Crêt Monniot 1141 m
10
Ville-du-Pont
Couvet
N
10 km
Doubs

TOUR 5 (ca. 190 km)

Vandoncourt – Mandeure – Pont-de-Roide – Saint-Hippolyte – Les Echelles de la Mort – Consolation-Maisonettes – Villers-le-Lac

Stellplätze:	Vandoncourt, Mandeure, Pont-de-Roide, Saint-Hippolyte, Les Echelles de la Mort, Consolation-Maisonettes, Roche du Prêtre, Villers-le-Lac.
Campingplätze:	Keine.
Ver-/Entsorgung:	Saint-Hippolyte, Consolation-Maisonettes, Villers-le-Lac.
Besichtigungen:	Mandeure (Theatre romain), Pont-de-Roide (Fort des Roches), Consolation-Maisonettes (Ancien séminaire du cirque de Consolation).
Wandern/Radtour:	Vandoncourt (Aussichtspunkt Burgundische Pforte), Les Echelles de la Mort (am Doubs), Villers-le-Lac (Saut du Doubs), MTB-Tour Les Gabelous.
Baden/Wellness:	Lac Saint-Point, Lac Remoray.

Dem Doubs werden wir auf dieser und der folgenden Tour immer wieder begegnen. Mal kreuzen wir ihn, mal fahren wir mit dem Rad an ihm entlang, mal wandern wir ein Stück an seinem Ufer oder betrachten vom Ausflugsboot die von ihm geschaffene ausdrucksstarke Naturlandschaft. Neben den Flusslandschaften werden wir ein antikes römisches Theater besuchen, Festungen betrachten und uns mit einem altehrwürdigen Kloster beschäftigen.

Starten wollen wir aber mit einem Blick in die Burgundische Pforte. Dazu fahren wir zu einem Aussichtspunkt bei Vandoncourt, der zwischen Montbéliard und der Schweizer Landesgrenze liegt. Einschränkend müssen wir hinzufügen, dass dies nur mit Fahrzeugen geht, die ein zulässiges Gesamtgewicht von 3,5t nicht überschreiten.

Die Straßen die hierher führen, sind in der Tat sehr schmal und mit Gegenverkehr manchmal knifflig zu bewältigen. Für große Fahrzeuge ist diese Strecke nicht geeignet.

Oben angekommen geht der Blick weit über das Land. Flach wellig liegt die Burgundische Pforte vor uns, die Vogesen sind im Hintergrund deutlich sichtbar, wirken aber auf der Distanz gar nicht hoch.

Das ist also die Ebene oder besser gesagt der Sattel, der die warme Luft aus dem Rhône-/Saônetal in die oberrheinische Tiefebene lässt und damit dem südbadischen Raum häufig milde Temperaturen beschert.

Blick auf die Burgundische Pforte vom Aussichtspunkt bei Vandoncourt.

Die abendliche Herbstsonne macht das Licht ein wenig diffus, bald geht sie unter und wir kehren zu dem kleinen Wanderparkplatz zurück, wo der letzte Jogger gerade in sein Auto steigt und wir sind bis zum folgenden Morgen allein.

(107) WOMO-Wanderparkplatz: Vandoncourt

GPS: N47°27'38.4" E6°54'47.8", 522 m;
Rue d'Abbevillers, 25230 Vandoncourt.

Max. WOMOs: 5, maximale Länge 7 m.
Ausstattung: Befestigter schattiger Platz.
Beschreibung: Im Wald in der Nähe des Aussichtspunktes, nachts sehr ruhig.
Preise: Kostenlos.
Zufahrt: In Vandoncourt den Fahrtrichtungshinweisen Route Forestière/Abbevillers/La Suisse folgen.

Als nächstes Ziel haben wir das **Gallo-römische Theater** in **Mandeure**, einer Gemeinde im Süden von Montbéliard auf dem Programm. Die Überreste dieser Anlage befinden sich an der Rue du Théatre [**108:** N47°26'58.5" E6°47'45.1"], kurz vor der Brücke über den Doubs.

Epomanduodurum, wie Mandeure zur Römerzeit hieß, war eine Stadt mit großer Bedeutung. Ihre Blütezeit hatte sie im 1. Jahrhundert. Das immer noch sichtbarste Zeichen ihrer ehe-

maligen Größe ist das antike Theater. Darüber hinaus fand man in archäologischen Grabungen Überreste von Thermen, Wohnhäusern, Befestigungsanlagen sowie zahlreiche Münzen, Amphoren und Schmuck. Die Stadt war ca. 435 Hektar groß und erstreckte sich auf beiden Seiten des Doubs. Epomanduodurum war ein wichtiger Verkehrsknotenpunkt auf dem römischen Verbindungsweg zwischen Vesontio (heute Besançon) und Augusta Raurica (östlich von Basel).

Die Ruine des Gallo-römischen Theaters in Mandeure.

Da wir nun am Doubs sind, wird es Zeit, einige Worte über diesen Fluss zu verlieren.

Der Doubs

Woher der Fluss seinen Namen hat, darüber streiten die Gelehrten. Zwei Erklärungen gibt es: Die einen leiten ihn aus dem Lateinischen ab: (dubius = zweifelnd oder unentschlossen) und zielen dabei auf die markanten und abrupten Richtungswechsel des Flusses, die anderen sehen in dem Namen einen keltischen Ursprung (dub = dunkel) und erklären dies mit der teilweise dunklen, schattigen Tallandschaft am Oberlauf des Flusses. Beides klingt plausibel, was richtig ist, wissen wir nicht. Wir erfreuen uns an der schönen Naturlandschaft, die er zweifellos im Jura geschaffen hat.

Der Doubs ist 453 km lang und damit in etwa so lang wie die Weser von Hann.Münden bis zur Mündung in die Nordsee. Von der Quelle (Source du Doubs) bis nach St-Ursanne in der Schweiz folgt er den Jura-Falten in einem leichten Bogen von Südwest nach Nordost. In St-Ursanne ist er nur noch rund 40 km vom Rheinknie bei Basel entfernt, schafft es aber nicht, die Felsen des Jura zum Rhein zu durchbrechen. Mit einer nahezu 180°- Kehrtwende fließt er nach Westen, kurz hinter Saint-Hippolyte nach Norden und ändert in Montbéliard erneut die Richtung. Nun geht es in einem immer breiter werdenden Tal nach Südwesten, bis er in Verdun-sur-les-Doubs in die Saône, dem längsten Nebenfluss der Rhône, mündet. Obwohl der Doubs 453 km lang ist, liegen Mündung und Quelle nur 90 km Luftlinie voneinander entfernt.

Der spektakulärste Teil des Flusses ist sicher der Oberlauf von der Quelle bis nach St-Ursanne in der Schweiz. Von Montbéliard bis zur Mündung ist er teilweise kanalisiert. Hier ist das Fahrrad ein geeignetes Verkehrsmittel, die Flusslandschaft zu erkunden (siehe Tour 2). Vom Saut du Doubs bis nach St. Ursanne gibt es einige Wanderwege und von Goumois bis St. Ursanne ist der Doubs eine beliebte Kanustrecke. Damit beschäftigen wir uns allerdings nicht.

Wer die Möglichkeiten einer Kanutour auf dieser Strecke ausloten möchte, der möge bitte hier nachschauen www.goumoisevasion.org/location-canoe-kayak.

Blick vom Aussichtspunkt am Fort des Roches in das Tal des Doubs.

Der Osten Frankreichs ist von Befestigungsanlagen aus mehreren Jahrhunderten übersät. Eine davon befindet sich oberhalb des Städtchens **Pont-de-Roide**, zehn Kilometer hinter Mandeure. Der Weg zu der Anlage ist nicht ausgeschildert. Nach der Überquerung des Doubs in Pont-de-Roide geht es nach links und nach ca. 280 Metern rechts in die Rue du Maquis (D124). Dieser Straße einfach hinauf auf das Plateau folgen. Doch Achtung! Diese Straße ist sehr schmal und kurvenreich. Für Fahrzeuge über 7 Metern Länge ist dieser Weg nicht zu empfehlen.

Das Fort des Roches ist frei begehbar.

Das **Fort des Roches** gehört mit den benachbarten, allerdings nicht frei zugänglichen Befestigungsanlagen **Tour Carée** und **Fort du Lomont** zu dem als **"Système Séré de Rivières"** (siehe Seite 53) bezeichneten Festungsring, der nach dem Deutsch-Französischem Krieg (1870/71) vom Norden bis in den Süden Frankreichs errichtet wurde und die Ostgrenze gegen das Deutsche Reich unter Kaiser Wilhelm I. schützen sollte. Heute ist das Fort ungenutzt.

Der Parkplatz [**109:** N47°22'26.5" E6°46'52.6"] ist ein ausgezeichneter Ausgangsplatz für Wanderungen in die Umgebung und für Spaziergänge entlang des Steilhanges mit Blick in das Tal des Doubs.

Wandern am Doubs. Im Herbst besonders schön.

Die weitere Fahrt führt uns entlang des Doubs nach **Saint-Hippolyte**. Es ist ein kleiner Etappenort mit zwei netten Restaurants. Wandern steht hier auf dem Programm. In Saint-Hippolyte endet ein Themen-Wanderweg, der in St-Ursanne in der Schweiz beginnt und in drei Etappen über die Höhen entlang des Doubs führt. Es ist der Weg des Hausierers (Le Colporteurs), der

Saint-Hippolyte, Brücke über den Doubs.

(110) Offizieller WOMO-Stellplatz: Saint-Hippolyte

GPS: N47°19'07.9" E6°48'51.4", 372 m;
Esplanade des Fêtes, 25190 Saint-Hippolyte.
Max. WOMOs: 8, maximale Länge 12 m.
Ausstattung: Asphaltierter Platz, Behälter für die Müllentsorgung, max. Aufenthaltsdauer: 7 Tage, ganzjährig geöffnet.

Beschreibung: Direkt im Ort, vom Doubs nur durch einen Grünstreifen mit Tischen und Bänken getrennt, nachts ruhig.
Preise: Kostenlos.
Zufahrt: Von der D437 in Richtung Pontarlier/Maîche vor der Brücke über den Doubs links abbiegen.
Ver- und Entsorgung: Es gibt eine Ver- und Entsorgungsstation mit Bodeneinlass an der D437 im Norden von St-Hippolyte in Richtung Montbéliard, etwa 1 km vom Stellplatz entfernt. **GPS:** N47°19'33.1" E6°48'36.3". Die Entsorgung ist kostenlos, Frischwasser kostet 2,00 €. Der Automat akzeptiert nur 2-Euro-Münzen.

durch die schöne Landschaft entlang des Doubs führt. Die Höhenunterschiede, die es dabei zu überwinden gilt, sind durchaus anspruchsvoll.

Auf der Website www.lescheminsdelacontrebande.com/de oder im Tourismusbüro von St-Hippolyte erfahren Sie nicht nur näheres zu diesem Weg, sondern auch zu drei weiteren Themen-Wegen, die sich dem Schmuggel in früheren Jahrhunderten zwischen der Schweiz und Frankreich widmen.

Dass diese Wanderwege durchaus als spektakulär zu bezeichnen sind, sehen wir bei unserem nächsten Ziel.

In St-Hippolyte verlassen wir den Doubs. Auf der D437 geht es über Maîche nach Charquemont. Über schmale Straßen geht es hinter dem Ort nur noch bergauf. Es ist eine Strecke, die mit großen Fahrzeugen nicht zu befahren ist. Wer mit einem WOMO über 7,50 Meter Länge unterwegs ist, sollte diesen Weg meiden. Nach etlichen Kurven auf holpriger Straße oben angekommen, erwartet uns das Gasthaus **Au Bois de la Biche** [**111:** N47°11'08.8" E6°51'07.6"] .

Außer diesem Gasthaus gibt es keine weiteren Gebäude mehr, nur noch Wiesen und Buschwerk. Der Weg ist hier zu Ende. Wer im Restaurant zu Gast war, kann auch auf dem Parkplatz übernachten. Klar, dass es nachts absolut ruhig ist. Hier sagen sich Fuchs und Hase gute Nacht.

Wir sind hoch über dem Doubs, rund 300 Meter. Besagtes Buschwerk verhindert jedoch eine Aussicht in das Tal. Es gibt nur einen Aussichtspunkt abseits des Gasthofes. Ein spannender Wanderweg führt hinunter. Mit 2,5 Kilometern nur eine kurze Strecke, aber die hat es in sich, denn sie führt über die **Echelles de la Mort**, über die Todesleitern. Das hört sich allerdings gruseliger an als es ist. Es ist ein alter Schmugglerweg, der für Wanderer reaktiviert und natürlich mit den heute notwendigen Sicherungsmaßnahmen ausgestattet wurde. Selbstverständlich kann man diesen Weg auch umgekehrt erklettern, von Wandern mag man hier in weiten Teilen nicht reden. Unten im Tal des Doubs befindet sich am Fuße der Todesleitern ein großer Parkplatz mit Grillgelegenheit,

Wanderweg zu den Todesleitern.

Les Echelles de la Mort, die Todesleitern sind für eine Wanderung mit Hunden nicht geeignet.

der auch als Picknickplatz mit einer Übernachtung genutzt werden kann. Allerdings gilt auch hier: Für größere WOMOs ist der Weg nicht befahrbar, für Fahrzeuge über 3,5t zulässigem Gesamtgewicht ist die Zufahrt verboten.

(112) WOMO-Wanderparkplatz: Via Ferrata des Echelles de la Mort

GPS: N47°11'11.8" E6°52'23.3", 552 m; Mortier, 25140 Charquemont.
Max. WOMOs: 4, maximale Länge 7 m.
Ausstattung: Behälter für die Müllentsorgung, Grillstelle, Tische und Bänke, ganzjährig geöffnet.

Beschreibung: Geschottertes Areal direkt am Doubs, neben einem Wasserkraftwerk, nachts ruhig.
Preise: Kostenlos.
Zufahrt: Von der D464 in Richtung La Chaux-de-Fonds (Schweiz) in einer scharfen Rechtskurve links abbiegen. Diese schmale Straße kann nur mit Fahrzeugen befahren werden, die ein zulässiges Gesamtgewicht von 3,5 t nicht überschreiten.

Das heißt nicht, dass diejenigen, die mit einem größeren Fahrzeug unterwegs sind, nicht zu den Todesleitern kommen könnten. Sie müssen nur einen längeren Fußweg in Kauf nehmen. Es gibt einen sehr idyllisch gelegenen Wanderparkplatz direkt am Doubs **[113:** N47°09'52.2" E6°51'24.2"]. Er befindet sich an der Barrage de Biaufond, unmittelbar an der Grenze zur Schweiz. Von diesem Platz führt ein fünf Kilometer langer schattiger Wanderweg entang des Doubs zu den Todesleitern.

Les Echelles de la Mort/ Les Chemins de la Contrebande franco-suisse

Die Wege der Schmuggler im vorletzten Jahrhundert waren keineswegs komfortabel, wie man sich denken kann. Es ging zu Fuß oder mit dem Fahrrad auf abenteuerlichen Wegen über die Grenze. Die topografischen Verhältnisse machten eine Grenzüberquerung in diesem Gebiet nicht eben leicht. Was auf der einen Seite ein Nachteil war, war auf der anderen Seite auch ein Vorteil, denn die Grenzpolizisten als Verfolger hatten natürlich mit denselben Unwegsamkeiten zu kämpfen. Wärmebildkameras und Nachtsichtgeräte gab es halt noch nicht. Es war eine Grenze, die man nur schwer überwachen konnte. Schmuggler und Grenzpolizisten waren ganz allein auf ihre Sinne angewiesen, um sich nicht erwischen zu lassen bzw. um die Übeltäter zu fangen. Um ihren Häschern zu entgehen, haben die Schmuggler zum Teil abenteuerliche Wege angelegt. Die Todesleitern gehören dazu, die zu dieser Zeit allerdings nur aus einfachen Holzkonstruktionen bestanden, die mit heutigen Steighilfen nicht vergleichbar sind. Diese haben manchem Schmuggler durch unsanften Sturz aus großer Höhe das Leben gekostet. Nicht umsonst heißen sie Todesleitern.

Heute hat man aus diesen Geschichten ein touristisches Angebot gestrickt. Vier Wanderrouten wurden angelegt. Die Wege sind, soweit wir das an verschiedenen Stellen mit unseren Kurzprogrammen beobachten konnten, gut ausgeschildert. Es gibt Wege, die den Wanderer vorbehalten sind und es gibt Wege, die mit dem MTB gefahren werden können. Sie sind auf der Website www.lescheminsdelacontrebande.com/de incl. GPS-tracks zum Herunterladen detailliert beschrieben.

Es sind dies:

1. Le Colporteurs (St-Ursanne – St-Hippolyte) 3 Etappen, 44 km.
2. L'Orlogeur (Morteau – La Chaux-de-Fonds) 5 Etappen, 60 km.
3. La Bricotte (Rundwanderung Maîche – Maîche) 5 Etappen, 77 km.
4. Les Gabelous (MTB-tour Morteau – Morteau) 7 Etappen, 252 km.

Auf dem weiteren Weg zur Quelle des Doubs schlagen wir einen Bogen zum **Ancien séminaire du cirque de Consolation**. Der Ort heißt **Consolation-Maisonnettes**. Einen Ortskern gibt es nicht. Verstreut liegen einige Gehöfte im Tal, nur ca. 30 Seelen leben in dieser sehr kleinen Gemeinde. Ruhig ist es hier, sehr ruhig! Nur ein schmales Sträßchen führt in das Tal hinein und über eine kurvenreiche Strecke wieder hinaus.

Blick vom Belvédère des Roche du Prêtre in das Tal der Dessoubre mit dem ehemaligen Kloster "Ancien séminaire du cirque de Consolation".

Bevor wir jedoch hinunterfahren, werfen wir zunächst vom **Roche du Prêtre** [**114:** N47°08'54.1" E6°36'26.1"] , einem in das Tal hineinragenden Felsen, einen Blick auf das versteckt liegende Kloster. Der Blick hinunter erinnert an die Reculées, die wir in der Tour 3 besucht haben. Nur sind die Flanken des Tales nicht so steil wie z. B. in Baume-les-Messieurs (siehe Seite 166).

Wer den Besuch des ehemaligen Klosters mit einer Wanderung verbinden möchte, kann sein Fahrzeug hier stehen lassen und einem der beiden ausgewiesenen Wanderwege zum Kloster folgen. Es sind zwei bis drei Kilometer, für die Sie mindestens ein oder zwei Stunden benötigen. Der Höhenunterschied ist mit rund 340 Metern recht beachtlich. Eine der beiden Wanderrouten führt an einer großen Felsgrotte vorbei, die andere an Wasserfällen. Die Wege sind teilweise steil und rutschig. Für eine große Runde sollten Sie mit Ab- und Aufstieg mindestens fünf Stunden einplanen. An der Aussichtsplattform beginnen die Wanderwege. Dort ist eine Übersichtskarte angebracht, die eine Orientierung über das Wegenetz verschafft.

Wer nur das Kloster besuchen möchte, der findet mit diesen Koordinaten [**115:** N47°09'30.9" E6°36'21.1"] direkt neben dem Hauptgebäude einen asphaltierten Parkplatz. Sollte er belegt sein, so finden Sie an der Zufahrt zur Klosteranlage ein weiteres großes Parkareal. Wir empfehlen bei der Anfahrt zu dieser Anlage in jedem Fall zunächst in Richtung Gigot zu fahren und den Weg zum Kloster erst dann einzuschlagen, wenn das Tal der Dessoubre erreicht ist. Es gibt kürzere Wege hinunter, aber diese Straßen sind sehr schmal und teilweise für Fahrzeuge über 3,5t nicht zugelassen.

Seitenaltar der ehemaligen Klosterkirche.

Diese Einsamkeit und Abgeschiedenheit am Ende des Tales, die hier den Namen **Cirque de Consolation** trägt, haben die Gründer des Klosters vom Paulanerorden dazu bewogen, hier eine Kapelle und später ein Kloster zu errichten (1432-1433). Der Paulanerorden wurde von dem als Eremit lebenden **Franz von Paola** (*1406, †1507) in Italien gegründet. Sie lebten nach strengen Regeln in Askese. Am Ende dieses Tales, nur mit der Quelle des Dessoubre und den kleinen Wasserfällen im Hintergrund ein nahezu idealer Standort für die Einhaltung eines asketischen Lebensstils. Hier war man zu dieser Zeit fernab einer vergnüglichen Lebensweise. Aber nicht alle Mitglieder des Ordens hielten sich an diese strengen Regeln, wie man an den Münchener Mitbrüdern erkennen kann, die durch ihre Tä-

Altar und reich geschnitztes Chorgestühl in der ehemaligen Klosterkirche.

tigkeiten die Grundlage für eine auch heute noch gern getrunkene Biermarke schufen. Hier im Jura übten sich die Mönche in Frömmigkeit. Auf Dauer hatte das Klosterleben aber keinen Bestand. Der Nachwuchs fehlte. Nach einer langen und wechselvollen Geschichte wurde das Kloster 1978 geschlossen. Heute ist es ein Denkmal der Kirchengeschichte und steht Besuchern offen. Neben dem Kreuzgang des Klosters ist die Kapelle sehenswert. Unser Besuch wurde von leiser meditativer Musik begleitet, die angenehm in den Ohren klang. Da wirkt eine Betrachtung des reich verzierten Chorgestühls, des Altars oder der Kirchenfenster doch gleich ganz anderes. Neben dem Klostergelände ist ein kleiner botanischer Garten angelegt. Die Quelle des Dessoubre liegt rund 700 Meter dahinter.

Wir verabschieden uns vom Kloster und fahren weiter. Nachdem wir das Tal verlassen haben, geht es zunächst über die D461 und ab Les Fins über die D215 nach **Villers-le-Lac** an den Doubs. Ziel ist, eine Bootstour zum Wasserfall **"Saut du Doubs"** zu unternehmen.

Zwei Unternehmen in diesem Ort bieten Touren an, beide haben Wohnmobilstellplätze.

Laut rauschend ist der Doubs zum Wasserfall unterwegs.

Der eine befindet sich direkt an der Brücke über den Doubs, der andere etwas weiter flussaufwärts am Ortsrand. Wir entscheiden uns für den am Ortsrand, er liegt etwas abseits der Straße und erscheint uns ruhiger. Die Tickets für das Ausflugsschiff gibt es im Pavillon, die mit den Stellplatzgebühren verrechnet werden.

Wer den Sault de Doubs besuchen möchte, ohne mit dem Schiff zu fahren und ohne einen der Stellplätze zu nutzen, der parkt hier [**116:** N47°05'08.3" E6°42'08.5"]. Der Platz ist asphaltiert und stark geneigt. Ohne Keile steht das Fahrzeug sehr schräg. Nach einem Fußmarsch von rund zwei Kilometern ist der Wasserfall erreicht. Der Höhenunterschied von etwa 160 Metern wird auf dem Rückweg erst richtig spürbar. In den Sommermonaten dürfte es allerdings schwierig sein, auf diesem für PKW eingerichteten Parkplatz das WOMO abstellen zu können.

Sault du Doubs.

Die Kleinstadt Villers-le-Lac mit ihren rund 5000 Einwohnern war einmal ein bedeutender Standort in der Uhrenherstellung. Daran erinnert das **Musée de la Montre**, das sich in der Rue Pierre Berçot gegenüber des Office de tourisme befindet. Heute lebt die Stadt in erster Linie vom Tourismus. Im Sommer locken die Wandergebiete, die den Ort umgeben, im Winter der Skisport und bei lang anhaltenden tiefen Minustemperaturen wird der **Lac de Chaillexon** im Doubsbecken zu großen natürlichen Eisbahn. Den Saut du Doubs suchen jährlich rund 300 000 Gäste auf. Viele davon nutzen die Ausflugsschiffe, die mittlerweile ein umfangreiches Angebot vorzuweisen haben, wie Sie den jeweiligen Webseiten der beiden Anbieter entnehmen können.

(117) Offizieller WOMO-Stellplatz: Villers-le-Lac Vedettes Panoramiques du Saut du Doubs

GPS: N47°03'35.5" E6°40'17.4", 756 m;
2 Place Max. Cupillard, 25130 Villers-le-Lac.
Max. WOMOs: > 5, maximale Länge 9 m.
Ausstattung: Asphaltierter Platz mit Wasserversorgung und Entsorgung mit Bodeneinlass, Behälter für die Müllentsorgung, max. Aufenthaltsdauer: 7 Tage, ganzjährig geöffnet.

Beschreibung: Ortsmitte, direkt am Doubs unterhalb einer Brücke auf einem Werkstattgelände.
Preise: Der Platz ist gebührenfrei, die Entsorgung ist gratis, Frischwasser kostet 2,00 €, Strom gibt es auf Anfrage.
Die Fahrt mit einem der beiden solarbetriebenen Boote zum Saut du Doubs kostet für den Erwachsenen 14,50 €. Es werden auch Fahrten mit Restaurantbetrieb angeboten. Eine Anmeldung über das Buchungsformular auf der Website ist dafür erforderlich.
Zufahrt: Direkt vor der Doubsbrücke in Richtung Le Locle (CH) links abbiegen.
Reservierung/Kontakt: Tel.: 03 81 68 05 34
Web: www.vedettes-panoramiques.com.

(118) Offizieller WOMO-Stellplatz: Villers-le-Lac – Bateaux du Saut du Doubs

GPS: N47°03'21.0" E6°40'14.4", 758 m;
8 Rue des Terres Rouges, 25130 Villers-le-Lac.
Max. WOMOs: 50, maximale Länge 12 m
Ausstattung: Befestigter Platz mit Wasserversorgung und Entsorgung mit Bodeneinlass, Kassettenentleerung, WiFi (funktioniert aber nur in unmittelbarer Nähe des Pavillons), keine Behälter für die Müllentsorgung, max. Aufenthaltsdauer: 24 h, geöffnet von April – Nov.

Beschreibung: Ortsrandlage, direkt am Doubs, in unmittelbarer Nähe des Bootstourenanbieters "Bateaux du Saut du Doubs". Nachts ruhig.
Preise: Pro Tag 9,00 € für ein Fahrzeug mit 2 Personen, die erstattet werden, wenn eine Tour zum Saut du Doubs mit dem Schiff des Anbieters unternommen wird. Preis für einen Erwachsenen 15,50 €. Frischwasser kostet 3,50 €. Dafür ist der Einwurf eines Jetons notwendig, den man nur im Pavillon kaufen kann.
Wer mag, der kann mit diesem Anbieter auch eine Flusskreuzfahrt mit einem Mittag- oder Abendessen auf dem Doubs unternehmen. Hierzu ist jedoch eine Reservierung notwendig, die über die angegebene Website erfolgen kann.
Zufahrt: Über die D215, zur Rue des Terres Rouges.
Reservierung/Kontakt: Tel.: 03 81 68 13 25
E-Mail: info@sautdudoubs.fr, Web: www.sautdudoubs.fr/de.

Saut du Doubs

Die Fahrt auf dem Doubs zu dem Wasserfall dauert ca. 30 Minuten. Die Boote sind relativ groß, in dem geschlossenem Unter- und auf dem offenen Oberdeck können mehrere Hundert Personen gleichzeitig befördert werden. Die Reise wird vom Band über eine Lautsprecheranlage auf Französisch, auf Englisch und bruchstückhaft auch auf Deutsch kommentiert.

Bei Beginn der Fahrt ist das Tal relativ breit. Der Doubs windet sich wie eine Schlange. Enge Mäander und eine sehr geringe Fließgeschwindigkeit kennzeichnen diesen Flussabschnitt. Die Aue ist teilweise noch überflutet, es ist Anfang Mai, die Schneeschmelze hat zu einem relativ hohen Wasserstand geführt. Eine Kormorankolonie fühlt sich durch das herannahende Boot gestört und flattert aufgeregt davon. Langsam tuckert das Boot weiter und hat bald die Ecke erreicht, ab der der Doubs für etliche Kilometer die Grenze zur Schweiz bildet. Nun wird die Flusslandschaft spannender. Das Tal wird enger und recht schnell geht die leicht abfallende Uferböschung in steile Felswände über. Dieser canyonartige Abschnitt ist sicher der reizvollste dieser kleinen Schiffsreise. Es dauert nicht mehr lang und das Schiff erreicht die Anlegestelle. Sie ist umgeben von einer kleinen Häusergruppe, links ein Haus auf französischer Seite, alle Häuser rechts daneben stehen in der Schweiz. Dazwischen zwängt sich der Doubs durch das sehr eng werdende Tal wie durch ein Nadelöhr. Der Fluss ist hier so schmal, dass der Bau einer Fußgängerbrücke kein großes Problem bot. Man kann nach Verlassen des Schiffes links oder rechts vom Doubs, also auf der französischen oder auf der Schweizer Seite die rund 400 Meter bis zum Wasserfall gehen. Rund eine Stunde hat man dafür Zeit. Wer sich länger hier aufhalten möchte (schließlich gibt es auch noch ein Restaurant), der kann das

nächste oder übernächste Schiff für die Rückfahrt nehmen. Man sollte nur wissen, wann die Schiffe fahren. Das sagt einem der freundliche Kapitän oder vor Beginn der Fahrt eine der Damen im Pavillon beim Kauf der Fahrkarten. Natürlich kann man auch nur eine Fahrstrecke buchen und zu dem Wasserfall hin- oder zurückwandern.

Die Wege von der Anlegestelle bis zu dem Wasserfall sind einfach und ohne Anstrengung zu gehen, sie sind sogar kinderwagengerecht. Das Tal ist hier, wie bereits mehrfach betont, sehr eng. Die Luftfeuchte ist durch die ständig sprudelnden Stromschnellen vor dem Wasserfall sehr hoch. Den Moosen auf den Bäumen und auf den Felsen tut das gut, der Doubs verschafft ihnen hier ideale Lebensbedingungen. Der kurze Weg bis zum Wasserfall könnte einem Gang durch einen Feenwald gleichkommen, wäre da nicht das Geschnatter von Jugendlichen auf einem Schulausflug oder das Gemurmel einer Seniorengruppe. Übertönt wird das alles durch das Rauschen des Doubs und das Rauschen des Wasserfalls. Wobei Wasserfall schon ein wenig übertrieben klingt, denn "Saut" heißt eigentlich wörtlich übersetzt "Sprung" und viel mehr als einen Hüpfer macht der Doubs hier nicht. Wer mal an den Iguaçu- oder Victoriafällen war, wird über diesen Wasserfall nur schmunzeln. Aber bei diesen riesigen Fällen stürzen ja auch Wassermassen zu Tal, die aus nahezu einem Viertel des jeweiligen Kontinents zusammen kommen. Beim Doubs sind es nur rund 60 km von der Quelle bis zum zu diesen Fällen. So betrachtet ist es verblüffend, dass über diese kurze Distanz so viel Wasser herangerauscht kommt.

Damit wollen wir diese Tour beenden. Nach der Rückkehr zum WOMO begeben uns im nächsten Kapitel auf den Weg zur Quelle des Doubs und werden unterwegs an einem hochprozentigen Likör schnuppern, der in dieser Region eine besondere Geschichte hat.

Canyonartig ist das Tal des Doubs vor dem Wasserfall ausgeformt.

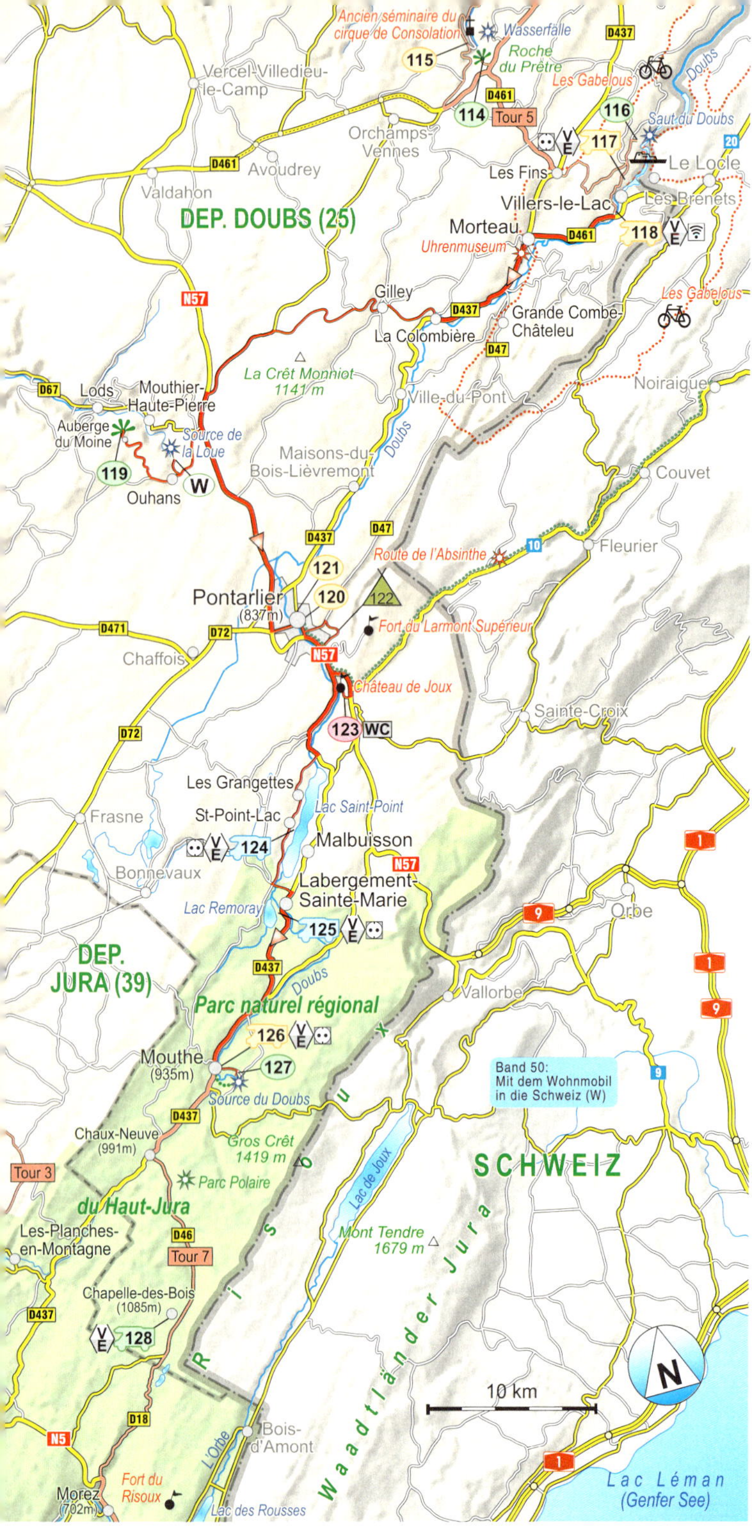
Ancien séminaire du cirque de Consolation
Wasserfälle
Roche du Prêtre
115
114
Tour 5
Les Gabelous
116
Saut du Doubs
117
Le Locle
Les Brenets
Vercel-Villedieu-le-Camp
Orchamps-Vennes
Avoudrey
Valdahon
Les Fins
Villers-le-Lac
Morteau
Uhrenmuseum
118
DEP. DOUBS (25)
Doubs
Gilley
La Colombière
Grande Combe-Châteleu
Les Gabelous
La Crêt Monniot 1141 m
Lods
Mouthier-Haute-Pierre
Auberge du Moine
Source de la Loue
119
Ouhans
W
Ville-du-Pont
Noiraigue
Maisons-du-Bois-Lièvremont
Couvet
Route de l'Absinthe
Fleurier
Pontarlier (837m)
121
120
122
Fort du Larmont Supérieur
Chaffois
Château de Joux
123 WC
Sainte-Croix
Les Grangettes
Lac Saint-Point
St-Point-Lac
124
Malbuisson
Frasne
Bonnevaux
Labergement-Sainte-Marie
Lac Remoray
125
Orbe
DEP. JURA (39)
Vallorbe
Parc naturel régional
du Haut-Jura
126
Mouthe (935m)
127
Source du Doubs
Band 50: Mit dem Wohnmobil in die Schweiz (W)
Chaux-Neuve (991m)
Gros Crêt 1419 m
Tour 3
Parc Polaire
SCHWEIZ
Lac de Joux
Les-Planches-en-Montagne
Tour 7
Mont Tendre 1679 m
Chapelle-des-Bois (1085m)
128
Risoux
Waadtländer Jura
10 km
N
Bois-d'Amont
L'Orbe
Morez (702m)
Fort du Risoux
Lac des Rousses
Lac Léman (Genfer See)

TOUR 6 (ca. 100 km)

Morteau – Source de la Loue – Auberge du Moine – Pontarlier – Les Grangettes – Saint-Point-Lac – Labergement-Sainte-Marie – Mouthe

Stellplätze:	Auberge du Moine, Les Grangettes, Saint Point-Lac, Labergement-Sainte-Marie, Mouthe.
Campingplätze:	Pontarlier.
Ver-/Entsorgung:	Saint Point-Lac, Labergement-Sainte-Marie, Mouthe.
Besichtigungen:	Morteau (Musée de l'Horlogerie du Haut Doubs), Pontarlier (Altstadt, Château de Joux).
Wandern:	Rund um die Source de la Loue, rund um den Lac Remoray, rund um die Quelle des Doubs.
Baden/Wellness:	Naturbadestrände am Lac Saint-Point und am Lac Remoray.

Mit dieser Tour fahren wir den Jura immer höher hinauf, je näher wir der Quelle des Doubs kommen. Pontarlier ist ein Etappenziel. Um dorthin zu gelangen wählen wir nicht die kürzeste Strecke, sondern machen einen kleinen Umweg zur Source de la Loue, die sich von der Höhe der Jurafläche besser anfahren lässt, als von unten aus dem Tal. Was den Fluss Loue in seinem Verlauf nach der Quelle interessant werden lässt, finden Sie in der Tour 3 beschrieben. Nachdem wir die Quelle und Pontarlier besucht haben, stehen zwei Seen auf dem Programm, die in den Sommermonaten gern aufgesucht werden. Von diesen Seen ist es dann nicht mehr weit bis zur Quelle des Doubs, an der wir dieses Kapitel enden lassen.

Wir starten also in Villers-le-Lac und erreichen nach sechs Kilometern **Morteau**. Die fast 7000 Einwohner zählende Kleinstadt war ein Zentrum der Uhrenindustrie. Im **Musée de l'Horlogerie du Haut Doubs** in der Rue de la Glapiney 17 [GPS: N47°03'15.2" E6°36'03.6"] wird mit zahlreichen Exponaten die Geschichte des Uhrenhandwerks in dieser Region gezeigt. Der Parkplatz ist sehr klein. Wer einen sicheren Parkplatz ohne Rangieraufwand möchte, stellt das WOMO besser auf dem Marktplatz [GPS: N47°03'15.1" E6°36'23.3"] ab und geht 500 Meter bis zum Museum.

Morteau ist im ganzen Land bekannt für seine Wurst. Die **Saucisse de Morteau,** wie sie nach der Stadt genannt wird, ist eine stark geräucherte Wurst, die Sie in jedem Supermarkt im Jura kaufen können. Nach Originalrezept wird die Wurst

Saucisse de Morteau eine Spezialität aus dem Jura.

aus Schweinefleisch hergestellt. Vor dem Verzehr wird sie gedünstet und gern mit einem leicht angewärmten Kartoffelsalat gegessen. Uns schmeckt sie gut (wir haben hier mal eine für Sie aufgeschnitten). Große Schweinemastbetriebe werden Sie in dieser Region aber nicht finden. Schweinezucht wird im Jura nebenbei betrieben. Auf den Höfen, die in erster Linie Milch produzieren, sind die quiekenden Borstenviecher nur in geringer Zahl anzutreffen. Sie sind als "Molkevernichter" angestellt, verstoffwechseln sozusagen die Abfallprodukte der Milchwirtschaft und sind am Ende ihres Lebens Fleischlieferant, aus dem unter anderem diese Wurst gemacht wird. Geräuchert wir sie mit den Hölzern der örtlich in großer Zahl vorhandenen Nadelwälder.

Genug der Wurst! Wir fahren weiter, 34 Kilometer abwechslungsreiche Juralandschaften liegen vor uns. Entlang des Doubs geht es durch ein enges Tal, eine Kluse, wie es im Fachjargon heißt, nach La Colombière und von dort durch eine flachwellige Weidelandschaft ohne zu halten weiter nach Gilley. Hinter Gilley erwartet uns ein Höhenzug des Jura-Faltengebirges, den wir überqueren, um dann anschließend wieder durch eine flachwellige Weidelandschaft zu fahren, bis wir auf die N57 treffen. Hier geht es links ab Richtung Pontarlier. Nach zwei Kilometern folgen wir dem Hinweisschild nach **Ouhans** und biegen rechts ab. Nun sind es nur noch fünf Kilometer und wir haben diesen Wanderparkplatz [GPS: N47°00'25.6" E6°17'58.9"] in der Nähe der **Source de la Loue** auf 585 Metern Höhe erreicht.

Wanderparkplatz an der Source de la Loue.

Es wäre natürlich schön, diesen Platz auch als Übernachtungsplatz zu nutzen. Das ging früher einmal, in der Zwischenzeit ist es untersagt.

Nur eine halbe Stunde Gehzeit benötigt man, um vom Parkplatz zur Quelle hin und zurückzugelangen. Abschüssig windet sich der betonierte Weg hinunter. Das Rauschen der Quelle wird schnell vernehmbar und nach einer letzten Biegung ist der Blick in den engen Talkessel frei. Aus einem großen Loch schießt das Wasser heraus. Gespeist wird die Quelle durch das Sickerwasser von den Plateaus, die wir auf dem Weg hierher durchfahren haben. Die Wassermenge verändert sich im Laufe des Jahres. Im Frühjahr nach der Schneeschmelze schwillt sie an, in trokkenen Sommermonaten nimmt sie ab. Trocken fällt die Quelle am Fuße der mächtigen, rund 100 Meter senkrecht abfallenden Felswand allerdings nicht. Wie diese Talformen, die im Jura **Reculées** genannt werden, entstanden sind, haben wir in der Tour 3 auf der Seite 159 kurz erläutert, das wollen wir hier nicht wiederholen.

Die Source de la Loue.

Reste von Mauerwerk lassen erkennen, dass der Mensch an der Source de la Loue schon einmal eingegriffen haben muss. Tafeln am Rand weisen darauf hin, dass in der Mitte des 19. Jahrhunderts hier mehrere Mühlen betrieben wurden. Mit Beginn des 20. Jahrhunderts wurden sie durch hydroelektrische Anlagen ersetzt. Heute wird etwas unterhalb der Quelle ein Wasserkraftwerk zur Energieerzeugung betrieben. Störend wirkt diese Anlage nicht.

Auf dem Rückweg kann man sich im Chalet de la Loue, dem kleinen Restaurant am Rande des Parkplatzes, mit einem Imbiss stärken. Für die Freunde der gepflegten Küche haben wir aber noch ein weiteres Lokal anzubieten. Der Weg dorthin ist kurz. Nur sieben Kilometer sind es bis zur **Auberge du Moine**, einem einsam gelegenen Gasthaus. Der Weg lohnt sich. In der Nähe gibt es einen schönen Aussichtspunkt, der einen fantastischen Blick in das Tal der Loue bietet und der Wanderparkplatz **[119:** N47°01'46.3" E6°16'07.8"**]** eignet sich in hervorragender Weise für eine ruhige Übernachtung. Hier können Sie schon einmal die Speisekarte des Lokals einsehen http://aubergedumoine.fr. Das sind doch genug Gründe, diesen Ort aufzusuchen.

Aussicht vom Belvédère du Moine in das Tal der Loue.

Wanderparkplatz am Point de vue du Moine.

Wir fahren vom Parkplatz an der Quelle die Straße nach Ouhans hoch. An der Straßeneinmündung in die D41 sehen wir ein Hinweisschild auf die Aussichtspunkte du Moine und de Renédale. Diesen Hinweisen folgen wir. Nach wenigen Kilometern verlassen wir die D41, biegen rechts ab und folgen erneut dem Hinweisschild zu den Aussichtspunkten und fahren das Sträßchen bis zum Ende durch. Kurz vor dem Ende befindet sich das Restaurant, vor dem man mit dem WOMO allerdings schlecht parken kann. Am Ende der Straße ist der große Wanderparkplatz, dessen Koordinaten wir bereits genannt hatten.

Ob Sie nun an einem der fest verankerten Tische des Wanderparkplatzes Platz nehmen und die mitgebrachte Morteau mit einem Baguette verzehren und dabei die Aussicht genießen oder doch lieber in das schicke Restaurant gehen, bleibt natürlich Ihnen überlassen. Die Öffnungszeiten des Etablissements entnehmen Sie bitte der genannten Website. Vom Wanderparkplatz dorthin sind es rund 400 Meter.

Ein Wanderweg führt von dem Aussichtspunkt entlang der Abbruchkante nach Westen, doch nirgendwo ist die Aussicht so grandios wie an dieser Stelle. Wer sich für eine kurze Wanderung in das Tal der Loue entscheidet (sind ja nur 3,5 Kilometer), sollte Wissen, dass hier rund 400 Meter Höhenunterschied zu überwinden sind.

Nächster Ort, ganz anderes Thema. Wir fahren nach **Pontarlier**, der Hauptstadt des Absinth. Über Ouhans geht es zurück auf die N57 und schnell ist der Ort nach 22 Kilometern erreicht. Diese Kleinstadt mit rund 17.000 Einwohnern liegt in einer

Triumphbogen Porte Saint-Pierre.

Ebene auf 837 Metern Höhe. Um den alten Kern der Stadt zu erreichen, muss man zunächst ein großes Industrie- und Gewerbeviertel durchqueren. Einen komfortablen WOMO-Stellplatz in Stadtnähe gibt es nicht. Entweder man fährt den Campingplatz an und geht zwei Kilometer bis in die Stadt, oder man sucht sich einen ausreichend groß dimensionierten Parkplatz. Wir meinen, mit dem Parkplatz am Quai du Doubs [**120:** N46°54'19.3" E6°21'25.0"] einen gefunden zu haben. Es ist die nach allen Seiten offene Markthalle, die hoch genug ist, um auch mit einem Alkovenfahrzeug hinein zu fahren. Donnerstags und samstags geht das allerdings nicht. Wenn es Ihnen dort nicht gelingt, einen Platz zu finden, versuchen Sie es an der Place Zarautz [**121:** N46°54'41.8" E6°21'03.1"]. Hier sind Sie zwar etwas weiter weg vom Zentrum (rund einen Kilometer), dafür stehen Sie am Doubs in der Nacht sehr ruhig.

(122) WOMO-Campingplatz: Camping Municipal Le Larmont

GPS: N46°54'00.8" E6°22'26.8", 874 m;
2 Chemin du Toulombief, 25300 Pontarlier.
Max. WOMOs: >10, maximale Länge 10 m.
Ausstattung: Frischwasserversorgung, Abwasserentsorgung mit Bodeneinlass, Kassettenentleerung, Stromanschlüsse, Behälter für die Müllentsorgung, WiFi. Im Servicegebäude gibt es Duschen, WCs, Waschmaschinen und Trockner. Der Platz ist ganzjährig geöffnet.
Beschreibung: Ruhige, überwiegend schattige Anlage. Ebene Rasenstellflächen.
Preise: Je nach Saison zwischen 9,20 € und 13,20 € für ein Fahrzeug mit vier Personen. Ver- und Entsorgung ist im Preis enthalten. Ohne Übernachtung werden dafür 7,00 € berechnet. Strom kostet 5,10 € pro Tag.
Zufahrt: Der Beschilderung zum Campingplatz folgen.
Reservierung/Kontakt: Tel.: 03 81 46 23 33
E-Mail: contact@camping-pontarlier.fr, Web: www.camping-pontarlier.fr.

Das Rathaus in Pontarlier.

Pontarlier erlebte in seiner Geschichte viele Zerstörungen. Kriege wüteten hier und in Friedenszeiten gingen die Holzhäuser der Stadt mehrfach in Flammen auf. Die schlimmste Brandkatastrophe ereignete sich 1736, als die halbe Stadt einer Feuersbrunst zum Opfer viel. Der Wiederaufbau des Ortes wurde mit dem Triumphbogen **Porte Saint-Pierre** abgeschlossen. Unterkriegen ließen sich die Pontissalien und Pontissalienne, wie die männlichen und weiblichen Einwohner im Französischen genannt werden, also nicht.

Portal der Chapelle des Annonciades.

Die Flaniermeile in Pontarlier ist die Rue de la République, die an der Porte Saint-Pierre beginnt und nach rund 500 Metern an der Brücke über den Doubs endet. Hier befinden sich die schönsten Gebäude der Stadt. Es gibt zahlreiche Cafés, Restaurants und Boutiquen in dieser Straße, die den alten Stadtkern auch am Abend lebendig halten. Am Ende des ersten Drittels dieser Straße steht die **Chapelle des Annonciades**, die mit ihrem schön renovierten Portal aus dem frühen 18. Jh. auffällt. Sie wird heute für Ausstellungen genutzt. Nur sie blieb von dem großen Annunziatenkloster erhalten, das hier einstmals stand. Das gepflegte Rathaus steht mit seiner schönen Fassade auf der gegenüberliegenden Straßenseite.

Bei der **Église Saint-Bénigne** in der Rue Tissot verwundert die Fassade, die vor der Kirche steht. Es handelt sich dabei allerdings nicht um die Ruine eines alten Gebäudes. Sie wurde eigens nach dem Wiederaufbau der Stadt als dekoratives Element errichtet, damit das neue Gebäudeensemble eine stimmige Wirkung erzielt. Die Kirche weist einen typischen Comtois-Glockenturm auf, der mit glasierten Ziegeln eingedeckt ist. Sie wurde im 15. Jahrhundert gebaut und ist im Inneren reich mit Kunstwerken aus verschiedenen Jahrhunderten ausgestattet. Die Glasfenster wurden neu gestaltet.

Pontarlier ist, wie wir eingangs erwähnt haben, die Hauptstadt des Absinths, zumindest in Frankreich. Was es damit auf sich hat, klären wir jetzt.

Absinth

Um der Geschichte des Absinths nachzugehen, ist Pontarlier der richtige Ort. Gleich an mehreren Stellen kann man dies tun. Im Musée municipal, in der **Distillerie Guy**, 49 Rue de Lavaux, GPS: N46°54'20.9" E6°21'52.0" oder auf der **Route de l'Absinthe,** die in das Val de Travers und damit in die benachbarte Schweiz führt. Diesem hochprozentigen Wermutschnaps würde nicht so viel Aufmerksamkeit zuteil, wäre da nicht dieser Mythos entstanden, der sich nach dem Verbot dieses Getränkes 1915 entwickelte. Die **"Grüne Fee"**, wie der Absinth auch genannt wird, war ein beliebtes Getränk bei Künstlern und Literaten in allen großen französischen Städten. Es gehörte zum guten Ton in diesen Kreisen, sich am späten Nachmittag zur **"heure verte"** zu treffen, sich auszutauschen, zu plaudern und darauf zu hoffen, dass die besondere Kräuter-Mixtur dieses stark alkoholhaltigen Getränkes (zwischen 40 und 80%) neue Inspiration und Ideen für die künstlerische Arbeit bringt. Toulouse-Lautrec, Vincent van Gogh, Oscar Wilde, Charles Baudelaire waren bekennende Absinth-Trinker, um nur einige wenige Namen zu nennen. Die Sorgen um die Folgen des Konsums dieser "Modedroge" nahmen in den Jahren immer mehr zu, so das es schließlich zu einem europaweiten Verbot kam, was Schwarzbrenner natürlich nicht davon abhielt, im Verborgenen zu produzieren und zu verkaufen. Heute ist der Absinth wieder zugelassen und man ist bemüht, den Mythos der grünen Fee mit ausgeklügelten Trinkritualen zu pflegen. Sie werden mehr darüber erfahren, wenn Sie die oben genannte Distillerie besuchen. Über die Öffnungszeiten informiert diese Seite www.pontarlier-anis.com.

Südlich von Pontarlier liegt in fünf Kilometern Entfernung das Château de Joux. Es ragt hoch über einem Quertal des Doubs auf. Der Weg dorthin ist nicht schwer zu finden. Man fährt auf der N57 stadtauswärts und folgt den zahlreichen Hinweisschildern zum Fort. Am Fuße des Châteaus befindet sich ein Picknickplatz mit Tischen und Bänken auf 915 Metern Höhe. Sie erreichen den Platz mit diesen Koordinaten **[123:** N46°52'13.9" E6°22'17.4"]. Er eignet sich gut für eine Übernachtung, waagerechte Flächen gibt es hier allerdings nur wenige.

Eine Besichtigung der Festung ist nur im Rahmen einer Führung möglich. Mindestens fünf Führungen werden täglich angeboten. Die genauen Zeiten erfährt man am Eingang und auch unter www.chateaudejoux.com. Eine Führung dauert ca. eine Stunde und 15 Minuten. Sie erfolgt nur in französischer Sprache. Für deutschsprachige Erläuterungen stehen Audioguides zur Verfügung, die man an der Kasse erhalten kann.

Fort Mahler und das Château de Joux.

Château de Joux

Ein Schloss im klassischen Sinne ist es nicht, insofern ist der Name eigentlich ein wenig irreführend. Wer einen Palast wie z. B. an der Loire erwartet, den müssen wir enttäuschen. Es handelt sich hier um eine Festung, ein Fort. Und von welcher Seite man es auch betrachtet, malerisch fügt sich die Architektur nicht in die Landschaft ein. Aus der Ferne wirkt es wie ein mächtiger Klotz, dem kein Angriff etwas anhaben kann. Zusätzlich bietet das benachbarte Fort Mahler diesem Château Schutz. Tatsächlich wurden im Laufe der Jahrhunderte nur wenige Schäden durch kriegerische Auseinandersetzungen verursacht. Die schwersten erfolgten 1814 durch österreichische Truppen gegen Ende der napoleonischen Herrschaft.

Über die Jahrhunderte wurde die Festung praktisch ständig umgebaut, erweitert und den jeweils neuesten militärtechnischen Herausforderungen angepasst. Natürlich war auch Vauban (siehe Seite 122) hier tätig, nachdem die Franche-Comté zu Frankreich kam. Eine kleine Kopie seiner Statue, wie sie in Besançon zu sehen ist, steht hier und erinnert an den großen Festungsbaumeister. Zum UNESCO-Welterbe zählt die Festung aber nicht, es ist keine reine Vauban-Festung. Er nahm hier nur Veränderungen und Erweiterungen vor, die bei der Führung eingehend erläutert werden. Das Château de Joux war lange Zeit Staatsgefängnis. Berühmte Persönlichkeiten saßen hier ein **Mirabeau**, **Heinrich von Kleist**, Haitis Freiheitsheld **Toussaint-Louverture**, der sich den Anordnungen Napoleons widersetzte, die Unabhängigkeit der damaligen Kolonie Haiti von Frankreich proklamierte und die Sklaverei in seiner Heimat abschaffte. Napoleon schickte ein Expeditionsheer nach Haiti, ließ ihn jagen, gefangen nehmen und hierher verbringen. Er starb 1803 wenige Monate nach seiner Gefangennahme an den unsäglich harten Haftbedingungen.

36 Meter tief, 212 Stufen führen zum Brunnen der Festung hinunter.

Haitis Freiheitsheld Toussaint-Louverture.

Hart ist auch die Geschichte der **Berthe de Joux**. Eine dramatische und amouröse Erzählung, in der Liebe, Wut, Hass und Mord nach einer wahren Begebenheit wiedergeben wird, so, wie es sich in diesem Château zugetragen hat.

Die Räumlichkeiten sind insgesamt betrachtet spärlich ausgestattet, viele Exponate gibt es nicht zu betrachten. Im Rahmen der Führung wird das Festungsbauwerk erklärt, welche Angriffe es gab und welche Folgen diese hatten. In den Gefängniszellen werden die Geschichten der Personen erzählt, die in diesen Zellen inhaftiert waren.

Wer an historischen Zusammenhängen interessiert ist, dem können wir den Besuch des Château de Joux empfehlen.

Nach diesem Ausflug in die Geschichte stehen zwei Seen auf dem Programm, bevor es dann zur Quelle des Doubs weitergeht.

Der **Lac Saint-Point**, der erste See, ist der drittgrößte Natursee Frankreichs. Er liegt auf 850 Metern Höhe. Im Sommer ist er ein beliebter Badesee und wird auch gern zum Surfen und Segeln genutzt. Im Winter verwandelt sich der etwa sieben Kilometer lange See in eine überdimensionale Natureisbahn. Kitesurfer finden hier übrigens optimale Bedingungen. Und ja, man kann auch noch ganz gewöhnlich um den See herum wandern.

(124) Offizieller WOMO-Badeplatz: Lac-Saint-Point

GPS: N46°48'45.6" E6°18'14.7", 853 m; 6 Rue du Port, 25160 Saint-Point-Lac
Max. WOMOs: 30, maximale Länge 12 m.
Ausstattung: Befestigter Platz mit Wasserversorgung und Entsorgung mit Bodeneinlass, Kassettenentleerung, Stromversorgung. Tische und Bänke in den Grünlagen mit Hundeverbot. Behälter für die Müllentsorgung, max. Aufenthaltsdauer: 72 h, geöffnet von April – Nov.

Beschreibung: Direkt am Seeufer, nachts sehr ruhig.
Preise: Pro Tag 10,00 € für ein Fahrzeug mit 2 Personen, Frischwasser 1,00 €. Die Bezahlung kann nur über eine Kreditkarte (Master- oder Visa) an einem Automaten erfolgen. Man erhält auf einem Beleg einen achtstelligen Code mit dem man die Schranke beliebig oft öffnen kann. Den Strom gibt es nur für 55 Min. an der Versorgungssäule.
Zufahrt: Von der D219 in der Ortsmitte in die Rue du Port fahren.

Naturparadies Lac Remoray bei Labergement-Saint-Marie.

Bis zum Stellplatz am Westufer des Sees haben wir rund 13 Kilometer vom Château de Joux zurückzulegen.

Lac Remoray am späten Nachmittag.

Kulinariker sollten sich bei der Auswahl eines Restaurants auf Malbuisson konzentrieren. Die Auswahl ist an diesem See nicht groß.

Am Ortsrand von **Labergement-Sainte-Marie** liegt der **Lac Remoray**, der wesentlich kleiner als der Lac Saint-Point ist. Er liegt in einem Naturschutzgebiet, Wassersport ist auf diesem See nicht gestattet. Kein Segler und kein Surfer stört hier die Vogelwelt. Nur Angeln ist erlaubt und an einem kleinen Badestrand am Rande eines Spielplatzes ist Baden in dem flach abfallenden See möglich.

Für Wanderer, Naturliebhaber und Vogelkundler ein schönes Gebiet, um Kormoranen, Wasserhühnern, dem Wiedehopf und anderen Vogelarten beim Nestbau oder der Aufzucht der Jungvögel auf einer der größeren Inseln in einem Nebensee zuzuschauen. Allerdings benötigt man hierzu ein ordentliches Fernglas, sonst sieht man nicht viel, die Entfernung ist doch

(125) Offizieller WOMO-Badeplatz: Labergement-Sainte-Marie

GPS: N46°46'17.6" E6°16'34.2", 855 m;
7 Rue du Lac, 25160 Labergement-Sainte-Marie
Max. WOMOs: 10, maximale Länge 10 m.

Ausstattung: Asphaltierter Platz mit Wasserversorgung und Entsorgung mit Bodeneinlass, Kassettenentleerung, 2 Stromanschlüssen, Müllentsorgung, max. Aufenthaltsdauer: 48 h, geöffnet von April – Okt.
Beschreibung: 500 Meter vom See entfernt. Gegenüber des Platzes befinden sich Sportanlagen und eine Schule. Nachts sehr ruhig.
Preise: 7,00 € für ein Fahrzeug mit zwei Personen, Frischwasser 2,00 €, Stromversorgung 2, 00 € (nur mit 2-Euromünzen). Die Parkgebühren müssen an der Rezeption des benachbarten Campingplatzes beglichen werden.
Zufahrt: In der Ortsmitte geht es von der D437 in die Rue du Lac.

sehr groß. Der größte Teil der Seenlandschaft ist für Besucher nicht zugänglich, das ist für ein Naturschutzgebiet natürlich nicht weiter überraschend. Der begehbare Rundweg mit rund zwei Kilometern Länge reicht für einen reizvollen Spaziergang.

Detaillierte Informationen über das Naturschutzgebiet und über die hier lebenden Vogel- und andere Tierarten hält das **Maison de la Réserve** am Rande des Schutzgebietes für Besucher bereit.

(126) Offizieller WOMO-Stellplatz: Mouthe – Place de l'Eglise

GPS: N46°42'37.4" E6°11'44.0", 938 m; 12 Place de l'Église, 25240 Mouthe.
Max. WOMOs: >10, maximale Länge >12 m.
Ausstattung: Asphaltierter Platz mit Wasserversorgung und Entsorgung mit Bodeneinlass, Kassettenentleerung, 2 Stromanschlüsse, Behälter für die Müllentsorgung, max. Aufenthaltsdauer: 24 h, ganzjährig geöffnet.

Beschreibung: Ortsmitte, direkt neben der Kirche.
Preise: Kostenlos. Stromversorgung 3,50 € für 55 Min, Entsorgung kostenlos, Frischwasser 3,50 €. Dafür ist der Einwurf eines Jetons notwendig, den man im Office de Tourisme kaufen kann. (45 Grande Rue, 600 Meter vom Stellplatz entfernt).
Zufahrt: In der Ortsmitte von der D437 auf die D433 abbiegen, den Hinweisschildern zur "Source de Doubs" folgen, nach 200 Metern ist der Kirchplatz "Place de l'Église" erreicht.

Der Stellplatz liegt in unmittelbarer Nähe des Sees neben einem Campingplatz, der nur von Mitte Mai bis Mitte September geöffnet hat.

Nur elf Kilometer sind es vom Lac de Remoray bis nach **Mouthe**. Dieses Dorf mit weniger als 1000 Einwohnern liegt auf rund 938 Metern Höhe. Hauptattraktion ist die **Quelle des Doubs (Source du Doubs)**, die sich rund 1,5 Kilometer östlich der Dorfmitte befindet. Der Stellplatz liegt in der Mitte des Ortes. Die Beschreibung können Sie auf der linken Seite lesen. In unmittelbarer Nähe der Quelle befindet sich ein Wanderparkplatz, den haben wir auf der folgenden Seite beschreiben.

Die Quelle des Doubs.

Wanderwegweiser in Mouthe.

Mouthe liegt im nördlichen Bereich des **Parc naturel régional du Haut-Jura**, einem Naturpark, dessen Schutzbestimmungen denen der deutschen Naturparke entsprechen. Zwischen Mouthe und dem rund 18 Kilometer entfernten **Chapelle-des-Bois** wurde ein umfangreiches und gut ausgeschildertes Wanderwege- und Mountainbike-Streckennetz angelegt. Zwischen vielen kurzen und langen Strecken kann man sich die passende Route in diesem bergigen Gelände heraussuchen. Man findet eine Übersichtskarte am Stellplatz und kann diese auch im örtlichen Office de Tourisme bekommen. Eine kurze Wanderung führt vom Stellplatz zur Quelle des Doubs, der Weg ist nur etwas mehr als einen Kilometer lang.

Aus der Höhle einer Felswand schießt das Wasser, das sich in den diversen Gängen des Höhlensystems im **Risoux-Massiv** gesammelt hat, an das Tageslicht. Die Talform ist hier nicht so ausgeprägt, wie wir sie bei anderen Quellen gesehen

(127) WOMO-Wanderparkplatz: Source du Doubs

GPS: N46°42'27.8" E6°12'35.9", 944 m;
Parking source du Doubs, 25240 Mouthe.

Max. WOMOs: >10, maximale Länge >12 m.
Ausstattung: Asphaltierter Platz, Behälter für die Müllentsorgung, max. Aufenthaltsdauer: 24 h, ganzjährig geöffnet.
Beschreibung: Ortsrand, direkt neben einem Landschulheim.
Preise: Kostenlos.
Zufahrt: Von Mouthe über die D433 fahren, den Hinweisschildern zur "Source de Doubs" folgen.

haben, die von hohen Steilwänden umgeben sind. Die schönste und beeindruckendste Quelle ist sie also nicht, aber als Ursprung des Doubs natürlich sehenswert.

Die Schüttung ist jahreszeitlich recht unterschiedlich. Im Frühjahr nach der Schneeschmelze führt die Quelle mehr Wasser als im Sommer nach einer Periode mit wenigen Niederschlägen. Das klingt nicht überraschend und das hatten wir bei den anderen Quellen im Jura bereits mehrmals erwähnt. Aber auch im Sommer kann es stark variierende Schüttungen

geben. Nach einer Periode heftiger Niederschläge schwellen mit einer kleinen Zeitverzögerung die Wassermassen an. Denn weiter oben im Risoux-Massiv gibt es kaum oberirdische Abflüsse. Das Regenwasser sucht sich seinen Weg direkt durch das Innere der klüftigen Gesteinsschichten und sammelt sich in mehreren Höhlen innerhalb des Gebirges, bevor es aus der Quelle zutage tritt. Für ein verkarstetes Gebirge kein ungewöhnlicher Vorgang.

Schaut man nur auf die Quelle, sieht die Wassermenge zunächst gar nicht so gewaltig aus. Geht man den Weg von der Quelle 150 Meter bis zu einer Brücke flussabwärts, überrascht der Doubs schon mit einer stattlichen Breite.

Die Wasserkraft dieses jungen Flusses wurde im 17. Jh. durch eine Kornmühle genutzt. Im 19. Jh. kam noch ein Sägewerk dazu und wenig später wurde mit der Wasserkraft auch Elektrizität gewonnen. Das ging bis 1910, dann brannte der gesamte Gebäudekomplex ab und wurde nicht wieder aufgebaut. Der Graben und das Mauerwerk, mit dem das Wasser für die Wasserräder abgeleitet wurde, sind heute noch deutlich sichtbar.

Wir sind am Ende dieser Tour angekommen. Im nächsten Kapitel erklimmen wir den schönsten Aussichtspunkt des Jura und fahren dann bis nach Chanay an die Rhône.

Der Doubs ist nach ca. 150 Metern schon ein breiter Gebirgsbach.

Mouthe (935m)
127
Source du Doubs
126
D437
Gros Crêt 1419 m
Chaux-Neuve (991m)
SCHWEIZ
Tour 3
Parc Polaire
Syam
L'Ain
Lac de Joux
077
D127
076
Gorges de la Langouette
La Saine
Les-Planches-en-Montagne
D46
Mont Tendre 1679 m
N5
079
3,5t
Chapelle-des-Bois (1085m)
D75
078
D437
128
10 km
Le Frasnois
080
129
D18
Risoux
Band 50: Mit dem Wohnmobil in die Schweiz (W)
Bellefontaine
La Chaux-du-Dombief
D678
N5
Bois-d'Amont
DEP. JURA (39)
L'Orbe
Waadtländer Jura
Fort du Risoux
Morez (702m)
Lac de l'Abbaye
Lac des Rousses
131
Les Rousses
D437
130
Lac Léman (Genfer See)
Fort des Rousses (Jurakäse)
1
Château d'Yvoire
Biathlonanlage
La Bienne
D1005
132
Nyon
D437
Yvoire
162
3,5t
D313
Parc naturel régional
D25
D60
133
D936
Col de la Faucille (1323 m)
St-Claude
Mijoux
8%
1
Douvaine
135
Gex
D436
Grand Montrond 1596 m
WC
136
Colombey de Gex 1689 m
LHC
D1005
134
137
du Haut-Jura
Lélex
Ferney-Voltaire
Crozet
Les Bouchoux
St-Genis-Pouilly
CERN Besucherzentrum
Crêt de la Neige 1720 m
Annemasse
Le Reculet 1718 m
Thoiry
Meyrin
D25
Haute Chaîne du Jura
GENÈVE
La Valserine
D15
A40
Chézery-Forens
Collonges-sous-Salève
DEP. AIN (01)
Lac Genin
103
WC
Rhône
D991
Charix
Fort l'Écluse
D1084
138
D1201
Lalleyriat
Les Pertes de la Valserine
A40
D15
D27
104
Tour 4
D101
105
Bellegarde-sur-Valserine
A41
Porte de Cuvéry 1178 m
Plateau de Retord
DEP. HAUTE-SAVOIE (74)
Rhône
D1508
Chapelle de Retord
Crêt du Nu 1351 m
D1508
Bugey
D991
La Balme-de-Sillingy
D910
WC
142
Annecy (445 m)
WC
106
Tour 8
Chanay
Château

TOUR 7 (ca. 160 km)

Chapelle-des-Bois – Les Rousses – Mijoux – Col de la Faucille – Gex – Crozet – Ferney-Voltaire – Bellegarde-sur-Valserine – Chanay

Stellplätze:	Chapelle-des-Bois, Les Rousses, Mijoux, Col de la Faucille, Crozet, Bellegarde-sur-Valserine.
Campingplätze:	Gex.
Ver-/Entsorgung:	Chapelle-des-Bois, Les Rousses, Mijoux, Lélex, Gex.
Besichtigungen:	Les Rousses (Fort und Käserei), Ferney-Voltaire (Schloss), Meyrin (CERN), Fort l'Ecluse.
Wandern/Radwandern:	Radtour zum Lac de Joux, Wanderung zum Grand Montrond und Crêt de la Neige, Radwanderung CERN, Wanderung zu den Schluchten les Pertes de la Valserine.

In dieser Tour geht es den Jura immer höher hinauf. Mit dem Crêt de la Neige begrüßen wir den höchsten Punkt des gesamten Jura. Er lässt sich von Lélex oder Crozet mit Seilbahnen und einer kurzen Wanderung bequem erreichen. Etwas länger dauert es vom Grand Montrond, der vom Col de la Faucille gut zu erreichen ist.

Wir haben aber nicht nur Bergwanderungen auf der Haute Chaîne du Jura im Programm, sondern auch den Besuch einer Käserei und den Besuch des großer Teilchenbeschleunigers, des Large Hadron Collider (LHC), mit dem der Aufbau der Materie erforscht wird. In Ferney-Voltaire widmen wir uns ein wenig der Philosophie, und nach einer weiteren Wanderung durch eine löcherige Flusslandschaft lassen wir diese Tour, wie die Tour 4 in Chanay an der Rhône enden. Sie können erneut eine sehr abwechslungsreiche Reise erwarten. Los geht es!

Wir verlassen die Quelle des Doubs, fahren zurück nach Mouthe und von dort über die D437 in Richtung **Chapelle-des-Bois**. Das Hochplateau des **Haut Jura**, in dem wir uns hier befinden, ist flachwellig und abflusslos. Der Regen versickert im Karstgebirge und speist entweder den Doubs oder die Saine, deren Schlucht (Gorges de la Langouette) wir schon in der Tour 4 beschrieben haben (siehe Seite 157). Weidewirtschaft prägt diese Landschaft, die von dichten Wäldern auf den Höhenzügen begrenzt wird. In Chaux-Neuve verlassen wir die D437, biegen auf die D46 ab. Auf dem weiteren Weg weist ein Schild auf den **Parc Polaire** hin. Es ist ein Wildgehege mit Rentieren, Bisons und Damwild, das wir nicht besucht haben. Wir fahren daran vorbei und erreichen nach insgesamt rund 18 Kilometern **Chapelle-des-Bois**. Der Ort auf 1085 Metern Höhe ist mit etwa 250 Einwohnern sehr klein. In den Wintermonaten herrscht hier reger Betrieb. Für den Ski-Langlauf ist die Lage des Ortes ideal. In den Sommermonaten finden Wanderer und Mountainbiker viele Möglichkeiten die Natur auf dem gut ausgebauten Wegenetz, das zusammen mit Mouthe unterhalten wird, zu erkunden.

Der Stellplatz ist sehr groß, doch mehr als 10 Fahrzeuge möchte die Gemeinde hier nicht stehen sehen. Ein Schild am Rande des Platzes weist ausdrücklich darauf hin, dass der elfte sich bitte einen anderen Platz suchen möge.

In die Verlegenheit sind wir nicht gekommen, wir standen dort ganz allein.

(128) Offizieller WOMO-Wanderparkplatz: Chapelle-des-Bois

GPS: N46°36'11.2" E6°06'47.8", 1089 m;
28 Route des Pâturages, 25240 Chapelle-des-Bois.
Max. WOMOs: 10, maximale Länge >12 m.

Ausstattung: Behälter für die Müllentsorgung, Ver- und Entsorgungsmöglichkeit am Rande des Platzes. max. Aufenthalt: 7 Tage, ganzjährig geöffnet.
Beschreibung: Staubiger Platz am Waldrand.
Preise: Kostenlos, Frischwasser 3,00 €.
Zufahrt: In der Ortsmitte von der D46 in die Route des Pâturages abbiegen, dann noch 500 Meter weiter fahren.

Rund acht Kilometer weiter finden wir in **Belleville** einen weiteren kostenlosen Stellplatz mit einer Ver- und Entsorgungsmöglichkeit [**129:** N46°33'34.4" E6°04'06.4"] auf 1027 Metern Höhe. Hier stehen wir auf Asphalt. Der Wechsel der Straßennummer zeigt an, dass wir eine Départementgrenze überschritten haben. Wir befinden uns nunmehr im Département Jura.

Von Belleville geht die Reise weiter Richtung **Les Rousses**, nächster Ort ist Morez. Es geht kurvenreich abwärts. Morez liegt in einem tiefen Quertal auf rund 700 Metern Höhe. Hier treffen wir auf die gut ausgebaute N5 und fahren nach der Durchquerung des kleinen Städtchens mit 5000 Einwohnern auf das nächste Plateau. Hier liegt unser Etappenziel Les Rousses auf etwas über 1000 Metern Höhe. Für diese 24 Kilometer benötigen wir fast 45 Minuten.

Um sich die Innenstadt des Ortes mit ihren vielen Läden und Restaurants anzuschauen, lässt es sich gut in der Rue des Écoles [**130:** N46°29'03.3" E6°03'32.2"] auf der Place de l'Omnibus parken. Als Übernachtungsplatz erscheint er uns weniger geeignet. Da ist der offizielle Stellplatz an der Route du Lac in einem Kilometer Entfernung schon wesentlich angenehmer.

(131) Offizieller WOMO-Stellplatz: Les Rousses

GPS: N46°29'16.1" E6°04'01.3", 1099 m; 121 Route du Lac, 39220 Les Rousses.
Max. WOMOs: 10, maximale Länge >10 m.
Ausstattung: Asphaltierter Platz, Wasserversorgung und Entsorgung mit Bodeneinlass am Rande des Areals, Behälter für die Müllentsorgung, max. Aufenthaltsdauer: 7 Tage, ganzjährig geöffnet.
Beschreibung: Ortsrand, neben einem Fußballplatz.
Preise: Nutzung des Platzes kostenlos, Frischwasser und 55 Minuten Strom 5,00 €, zu zahlen mit EC- oder VISA-Karte, keine Münzen.
Zufahrt: In der Ortsmitte von der N5 der Beschilderung zum "Lac des Rousses" folgen. Fahrzeuge über 3,5t können den Platz nur über die Straße Route du Génie erreichen. Diese zweigt aus Richtung Morez kommend vor dem Ortseingang links ab. Auch hier wird "Lac des Rousses" angezeigt.

Am **Lac des Rousses** findet man leider keinen Parkplatz. Es führt kein Weg zum Ufer, den man mit einem Fahrzeug

See und Moorgebiet bei Les Rousses.

befahren kann. 700 Meter vom Ufer entfernt befindet sich ein kleiner Parkplatz [GPS: N46°29'47.0" E6°04'28.2"], von dem man den See zu Fuß erreichen kann. Einen Uferweg rings um den See gibt es nicht. Die schmalen Straßen entlang der bei Les Rousses entspringenden Orbe eignen sich für eine kleine Radtour. Bis zum Lac de Joux in der Schweiz sind es nur 20 Kilometer. Als geographische Besonderheit ist für Les Rousses zu erwähnen, dass es Teil der Wasserscheide zwischen der Nordsee und dem Mittelmeer ist. Alles, was im Norden des Ortes abfließt, geht in die Nordsee, alles, was im Süden abläuft in das Mittelmeer.

Der Eingang vom Fort des Rousses.

Comté-Käse im Fort des Rousses.

Wechseln wir das Thema! Der Jura bietet hervorragendes Weideland, das den Kühen in den vielen bäuerlichen Betrieben dieser Region als Futter dient. Was mit der Milch geschieht, die auf diesen Höfen produziert wird, kann man im **Fort des Rousses** sehen. Das schauen wir uns doch einmal genauer an.

Das Fort befindet sich im Süden der Stadt. Adresse für Ihr Navi: Le Fort des Rousses, 39220 Les Rousses oder [GPS: N46°28'44.9" E6°03'27.1"]. Sie können vor dem Eingang des Forts parken, Sie können aber auch hineinfahren und auf einem der beiden Parkplätze im großen Innenhof des Forts Ihr Fahrzeug abstellen.

Das Fort zählt mit 93 Hektar Fläche zu den größten in Frankreich. Im Festungsgraben ist ein Wanderweg angelegt, der um die gesamte Anlage führt und rund 2,5 Kilometer lang ist. Wer ihn geht, kann noch allerlei über die Funktion und Bedeutung der einzelnen Bauwerke erfahren. Das Fort sollte die Grenze zur Schweiz absichern.

Der französische Generalstab befürchtete allerdings Mitte des 19. Jh. keinen Angriff der Schweizer, sie befürchteten, dass Preußen die Neutralität der Schweiz verletzen könnte und an dieser ungesicherten Grenze Frankreich angreifen würde. Deshalb errichtete man diese Festung und baute sie im Laufe der Jahre zu einer großen Kaserne für 3500 Soldaten aus. Angegriffen wurde das Fort allerdings nie, 1919 wurde es bereits vom Militär wieder aufgegeben. Nach dem Zweiten Weltkrieg nutzte man es noch eine Zeit lang zur Ausbildung von Elitesoldaten, dann wurde es geschlossen und 1997 an die Stadt verkauft. Eines der beiden großen Kasernengebäude wird heute als Verwaltungsgebäude genutzt, in dem anderen befindet sich die Käserei. Das ist doch mal eine gelungene Konversion.

Jura Flore, Fort des Rousses

Der Besuch der Reifekeller für den Jurakäse (Les caves d'affinage Arnaud du Fort des Rousses) ist schon sehr beeindruckend. Es dauert eine Weile, bis man zu den Schaufenstern kommt, die den Besucherraum von den Reifekellern trennt. Denn es gibt ja so viel zu erzählen über die Geschichte der Käseherstellung im Allgemeinen und der Käseherstellung im Jura im Besonderen. Und dann ist da ja auch noch das Fort als besonderer Ort. Auch darüber wird ausführlich berichtet.

Über 100.000 Laibe **Comté-Käse** liegen hier auf Fichtenbrettern und warten unter außergewöhnlichen Reifungsbedingungen darauf, dass der Maitre Affineur, der Käsemeister, sie für den Verkauf freigibt. Bis es so weit ist, werden sie dreimal pro Woche gerieben, mit einer Salzlake bestrichen und gewendet. In den Werbefilmen sieht man das immer einen Käsemeister machen. Hier fährt automatisiert ein Roboter durch und erledigt diese Aufgabe. Dies wird solange durchgeführt, bis eine harte und trockene Käserinde entstanden ist. Je nach Käsesorte dauert dieser Prozess zwischen 4 und 18 Monaten. Für die Herstellung eines dieser wagenradgroßen rund 48 Kilogramm schweren Laibe werden 450 bis 500 Liter Milch benötigt. Milch, die nur von den Rindern der Rasse Montbéliard kommen darf

Gerätschaften der Käseherstellung aus vergangenen Zeiten.

und die nur mit dem Gras oder dem Heu der umliegenden Jurawiesen gefüttert werden dürfen. Strenge Regeln also, an die sich die rund 400 Bauern der Region und die 32 fruitières (Molkereien) halten müssen, die diesen Betrieb mit den gepressten aber ungereiften Käselaiben beliefern.

Hergestellt werden hauptsächlich der klassische Comté-Käse, wie soeben beschrieben, der **Morbier** der sich mit einem Streifen aus Pflanzenasche zu erkennen gibt und deren Laibe wesentlich kleiner sind, sowie der **Bleu de Gex**, ein milder Blauschimmelkäse und in geringen Mengen der **Chevret**, der im Jura nicht aus Ziegenmilch, sondern aus der Kuhmilch gewonnen wird.

Dass es am Ende der Führung die Möglichkeit gibt, sich an einem Verkaufsstand mit Käse einzudecken, wird vermutlich nicht überraschen. Alle Sorten werden angeboten. Im Eintrittspreis von 6,80 € sind nur kleine Häppchen zum probieren enthalten.

Öffnungszeiten und weitere Informationen auch in englischer Sprache finden Sie auf dieser Seite www.juraflore.com.

Weg im Festungsgraben des Forts des Rousses.

Dass Les Rousses auch ein großes Wintersportzentrum ist, wird an dem großen **Stade nordique des Tuffes** erkennbar, einer Biathlon- und Skisprunganlage, die außerhalb des Winters sehr verwaist wirkt. Der Parkplatz an dieser Anlage ist gleichzeitig Wohnmobilstellplatz.

(132) Offizieller WOMO-Stellplatz: Les Rousses – Station de ski

GPS: N46°26'53.0" E6°04'37.1", 1200 m; Route du Tabagnoz, 39220 Les Rousses.
Max. WOMOs: >10, maximale Länge >10 m.

Ausstattung: Wasserversorgung und Entsorgung mit Bodeneinlass. Behälter für die Müllentsorgung. Max. Aufenthaltsdauer: 7 Tage, ganzjährig geöffnet.
Beschreibung: Asphaltiertes schattenloses Areal außerhalb der Stadt am Rande einer Wintersportanlage.
Preise: Kostenlos, Frischwasser und 55 Minuten Strom kosten 5,00 €, zu zahlen mit EC- oder VISA-Karte.
Zufahrt: Über die D1005 in Richtung Gex..

Der Platz liegt rund 5 Kilometer vom Fort entfernt. Um diese Region, die für Wanderungen oder Radtouren gut geeignet ist, erkunden zu können, benötigen Sie die IGN Top-Karte 3327 ET im Maßstab 1:25.000.

Wir fahren weiter nach Mijoux. Für Fahrzeuge bis 3,5t sind es bis zum nächsten Stellplatz 13 Kilometer, für Fahrzeuge über 3,5t 17 Kilometer, letztere dürfen die schmale D313 nicht befahren. Der Ort liegt in einem Längstal, der Combe de Mijoux, das von der Valserine entwässert wird, einem Fluss, der für uns am Ende dieses Kapitels noch ein besonderes Schmankerl bereithält. Dieser Stellplatz ist eine gute Alternative für diejenigen, die oben auf dem Col de la Faucille auf dem Wanderparkplatz nicht frei übernachten möchten. Darüber hinaus hat der kleine Ort einige Ladengeschäfte für die Grundversorgung mit Lebensmitteln.

(133) Offizieller WOMO-Stellplatz: Mijoux

GPS: N46°22'10.1" E6°00'08.7", 995 m; La Bissaude, 01410 Mijoux.
Max. WOMOs: >10, maximale Länge >10 m.
Ausstattung: Wasserversorgung und Entsorgung mit Bodeneinlass in der Mitte des Platzes. Behälter für die Müllentsorgung, max. Aufenthaltsdauer: 7 Tage, ganzjährig geöffnet.
Beschreibung: Befestigter sonniger Platz im Wald am Ortsrand 500 Meter von Mijox entfernt.
Preise: Die Nutzung des Platzes ist kostenlos, Frischwasser und 55 Minuten Strom kosten 3,50€. Dazu benötigt man einen Jeton, den es im Office de Tourisme oder den Ladengeschäften zu kaufen gibt.
Zufahrt: Über die D1005/D313 in Richtung Gex/Mijoux.

Wir stehen hier am Fuße der **Haute Chaîne du Jura**, des Höhenzuges, der mit dem **Crêt de la Neige** mit 1720 Metern die höchste Erhebung des gesamten Juragebirges aufzuweisen hat. Der Kamm dieser Gebirgskette ist ein sehr beliebtes Wandergebiet und auch leicht zu begehen, wenn der Aufstieg geschafft wurde. Er bietet fantastische Blicke auf die Alpen und auf den Genfer See. Um den Anstieg vom Tal zu umgehen, gibt es mehrere Möglichkeiten. Eine ist nach Lélex zu fahren, um mit der Kabinenseilbahn den Höhenunterschied zu überwinden. Praktischerweise gibt es in dem Ort einen Stellplatz, den wir auf der folgenden Seite beschrieben haben.

Die **Télécabine la Catheline** bringt Sie von der Talstation auf 1447 Metern Höhe. Von dort sind es bis zum Crêt de la Neige keine vier Kilometer und bis zum Croix de Reculet nur etwas mehr als fünf Kilometer. Bis zum Grand Montrond, der nördlich liegt, sind es etwas mehr als zwölf Kilometer. Klettern müssen Sie in diesem Gelände nicht. Es geht zwar immer wieder rauf und runter, aber die Steigungen sind sehr mo-

(134) Offizieller WOMO-Stellplatz: Lélex

GPS: N46°18'01.2" E5°56'02.2", 856 m; La Pellière, 01410 Lélex.

Max. WOMOs: >10, maximale Länge 12 m.

Ausstattung: Frischwasserversorgung, Abwasserentsorgung mit Bodeneinlass, Kassettenentleerung, 7 Stromanschlüsse, Behälter für die Müllentsorgung. Der Platz ist ganzjährig geöffnet.

Beschreibung: Große schattenlose Asphaltplätze neben einer Tennisanlage. Die Talstation der Kabinenseilbahn ist ein Kilometer entfernt.

Preise: Kostenlos, Frischwasser 5,00 €, Strom 4,00 € pro Tag in den Sommermonaten, 8,00 € in den Wintermonaten. Abwasserentsorgung und Entleerung der Bordtoilette ist kostenfrei. Gezahlt wird mit der EC-Karte.

Zufahrt: Von Mijoux auf der D991 im Tal in Richtung Bellegarde-sur-Valserine fahren. Diese Straße führt durch Lélex. Dort angekommen in der Mitte des Ortes rund 500 Meter nach der Talstation der Seilbahn rechts abbiegen.

Blick vom Reculet auf den Crêt de la Neige.

derat und gut zu gehen. An der Bergstation der Seilbahn gibt es ein Restaurant, in dem einfache Gerichte serviert werden, so muss man nach einer ausgiebigen Wanderung nicht hungrig wieder hinunterfahren.

Wenn Sie sportlich unterwegs sind, können Sie in den Sommermonaten auch mit einem speziell ausgestatteten MTB den Hang von der Bergstation in das Tal hinunterrauschen. Die Räder werden mit der Seilbahn nach oben transportiert. Über die Preise und die Öffnungszeiten der Bahn informiert diese Seite www.paysdegex-montsjura.com/equipements/telecabine-la-catheline.

Der Col de la Faucille in den Sommermonaten.

Eine weitere Möglichkeit das Wandergebiet Haute Chaîne du Jura zu erreichen, bietet die Fahrt auf den **Col de la Faucille**. Der Pass führt in einer Höhe von 1323 Metern über den Höhenzug und geht hinunter in die Ebene des Genfer Sees. Es ist ein stark frequentiertes Wintersportgebiet. Die Skisaison ist lang, sie reicht bis Ende März/Anfang April. Bei guter Schneelage sind Abfahrten bis hinunter nach Mijoux möglich. Immerhin rund 500 Meter Höhenunterschied. Das ist sicher für diejenigen interessant, die im Winter unterwegs sind.

Blick vom Petit Montrond auf einen Teil der Haute Chaîne du Jura.

Den großen Parkplatz auf dem Pass erreichen Sie mit diesen Koordinaten [**135:** N46°22'05.3" E6°01'03.0"].

Das Wetter kann sehr rau sein hier oben, die Gewitter stürmisch und die Temperaturen niedrig. 10°Celsius Unterschied zu den Orten am Genfer See ist keine Seltenheit. Selten aber ist, dass hier oben das Thermometer mehr als 25°anzeigt. Wie es scheint, wird das Gebiet immer stärker für Freizeitzwecke ausgebaut. Neben der Kabinenseilbahn, die zum Montrond hochführt lockt eine Sommerrodelbahn Gäste an und es gibt zwei Restaurants. Die Kabinenseilbahn ist allerdings in der Nebensaison nur an den Wochenenden in Betrieb, ebenso die rund 1,3 Kilometer lange Sommerrodelbahn und die Seilrutsche. Auch die Restaurants sind in der Nebensaison nur an den Wochenenden geöffnet.

Für den Wanderer gibt es mehrere Wege nach oben auf den Montrond, auch ohne Seilbahn. Sich davon einen auszusuchen ist nicht schwer, der Höhenunterschied nicht einmal 300 Meter, die zumeist

Sendeanlagen auf dem Petit Montrond.

leicht zu bewältigen sind. Den Weg nach oben zu gehen lohnt sich bei gutem Wetter ganz sicher, auch wenn kleinere steile Anstiege den einen oder anderen etwas stärker anstrengend erscheinen lassen.

Es ist schon ein erhebender Anblick, der sich vom Petit Montrond auf die Alpen mit dem 4810 Meter hohen Mont Blanc bietet. Der majestätische Berg ist auf der rechten Bildseite gut erkennbar. Von dieser Bergkette haben Sie immer wieder dieses fantastische Alpenpanorama vor Augen. Sie müssen ja nicht gleich bis zum Crêt de la Neige, dem höchsten Berg des Jura, gehen, der, wie wir einige Seiten zuvor schon festgestellt haben, etwas mehr als zwölf Kilometer entfernt ist. Eine kleinere Etappe in die Richtung tut es auch.

Wir lösen uns nun von diesem Blick auf die Alpen und kehren zum Wohnmobil zurück. Wir setzen unser Fahrzeug wieder in Gang und fahren kurvenreich hinunter nach **Gex**. Der hiesige Campingplatz ist komfortabel ausgestattet, allerdings nur in den Sommermonaten geöffnet. Sie erreichen ihn in der Avenue des Alpes mit diesen Koordinaten [**136:** N46°20'02.8" E6°04'01.8"]. Das gesamte Angebot des Camping Municipal Les Genêts können Sie auf der Website der Stadt www.gex.fr nachlesen. Von Gex ist es nicht weit nach **Crozet**. Dieser kleine Ort ist das Pendant zu Lélex auf

der Westseite der Haute Chaîne du Jura. Den Parkplatz in der Nähe der Seilbahnstation erreichen Sie mit diesen Koordinaten [**137:** N46°16'55.9" E6°00'22.5"]. Sie können dort oder entlang der wenig befahrenen Straße Ihr Fahrzeug abstellen. Die Bahn ist in den Sommer- und Wintermonaten täglich in Betrieb, in der Vor- und Nachsaison nur samstags und sonntags. Eine Fahrt hin- und zurück kostet pro Person 13,00 €. Die sportlichen unter Ihnen können auch hier das MTB mit nach oben nehmen und dann anschließend die Hänge hinuntersausen. Wer einfach nur wandern möchte, geht von der Bergstation zum Crêt de la Neige, oder zum Reculet und genießt dabei die Sicht auf das Alpenpanorama.

Der Parkplatz an der Talstation in Crozet hat darüber hinaus den Vorteil, in einem ganz speziellen Radweg einsteigen zu können. Sicher haben Sie schon einmal etwas von dem **"Teilchenbeschleuniger"** gehört oder gelesen. Die Entdeckung des **"Gottesteilchens"** ging vor einigen Jahren durch die Medien und galt als ein elementarer Schritt für das Verständnis des Universums. Entdeckt wurde es im Europäischen Kernforschungszentrum **CERN** mit dem **Large Hadron Collider**, kurz **LHC**, dem leistungsstärksten Teilchenbeschleuniger der Welt. Inzwischen ist es etwas ruhiger geworden mit der Berichterstattung.

Blick vom Petit Montrond auf die Alpen mit dem Mont Blanc.

Wenn Sie einen Blick auf die Karte am Anfang dieses Kapitels werfen, dann sehen sie ihn dort mit einem grünen Kreis markiert.

Um die Forschung nach den größten Geheimnissen unseres Universums einem breiteren Publikum näher zu bringen, wurde ein Radweg angelegt, der entlang dieser Riesenmaschine führt, die 100 Meter unter der Erdoberfläche liegt. Er ist 54 Kilometer lang und zählt 10 Stationen. Sie befinden sich an Einrichtungen des CERN, die selbst nicht zu besichtigen sind. Vor den Gebäuden stehen Informationstafeln, die auf die Arbeit in diesen Forschungsstätten hinweisen und man findet in einem Frage-Antwort-Spiel Aufklärung über die Tätigkeit und Fragen der Forscher. Wo man in diesen Radweg einsteigt, bleibt einem selbst überlassen.

Passport to the Big Bang

Zur Vorbereitung der Radtour kann man sich den Passport to the Big Bang beim Office de Tourisme in Gex oder in Crozet besorgen oder sich schon zu Hause oder unterwegs auf der Website https://visit.cern/passport-to-the-big-bang informieren und die Übersichtskarte anschauen. Die Erläuterungen gibt es nur in englischer und in französischer Sprache. Einmal auf dem Radweg, folgt man auf der französischen Seite diesen Hinweisschildern. In der Schweiz sehen die Schilder etwas anders aus. Die deutlich längere Strecke des Weges liegt in Frankreich.

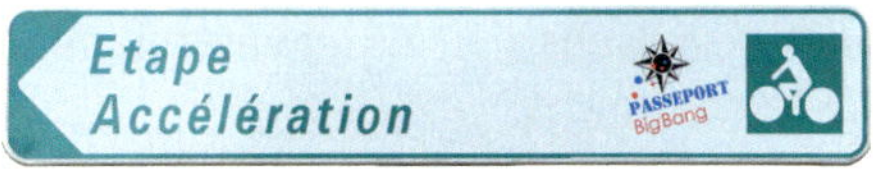

In dem Passport to the Big Bang werden in multiple-choice-Form Fragen gestellt wie:

What do we call the transformation that neutrinos undergo during their journey?
a) metamorphosis
b) vibration
c) oscillation

Eine der Hinweistafeln auf der Tour Passport to the Big Bang.

Nun, wissen Sie es? Wir stehen achselzuckend vor dieser Frage, die sich an Kinder richtet. Selbst zu erklären, was Neutrinos überhaupt sind, bringt uns ins Grübeln und muss erst ergoogelt werden. Also diese Tour ist schon eine intellektuelle Herausforderung, körperlich anstrengend ist sie nicht. Wer aber ein Faible für Physik hat, dem wird dieser Weg gefallen und wird auch sicher im Besucherzentrum in **Meyrin** vorbeischauen, an dem man automatisch vorbeikommt, wenn man dieser Route mit dem Rad folgt. Hier werden geführte Touren in englischer und französischer Sprache angeboten. Die Öffnungszeiten sowie das gesamte Angebot des Besucherzentrums können Sie auf dieser Seite https://visit.cern nachlesen. Vergessen Sie bitte nicht, Ihren Personalausweis mitzunehmen, wenn Sie diesen Radweg befahren möchten. Sie werden ihn unter Umständen an der Grenze zur Schweiz benötigen. Wer das Besucherzentrum 500 Meter hinter der französisch-schweizerischen Grenze mit dem WOMO anfahren will, findet den Parkplatz mit diesen Adressangaben: Route de Meyrin 372, 1217 Meyrin, Schweiz, GPS: N46°14'01.2" E6°03'25.6".

CERN, Besucherzentrum in Meyrin.

Als Nächstes haben wir **Ferney-Voltaire** auf dem Besuchsprogramm. Was den Ort besonders interessant macht, verrät schon der zweite Teil seines Namens. Über schmale Straßen geht es elf Kilometer quer durch das Pays de Gex zu

Château Voltaire in Ferney-Voltaire.

der Stadt, in der der große französische Philosoph **Voltaire** (*1694; †1778) einst lebte. Einen Parkplatz zu finden ist zugegebener Weise nicht so ganz einfach. Am besten gelingt dies wahrscheinlich am Rathaus (23 Chemin Florian, 01210 Ferney-Voltaire; GPS: N46°15'21.7" E6°06'27.0"), der Parkplatz direkt vor dem Schloss ist sehr klein. Hier einen Platz zu finden ist eher unwahrscheinlich. Das ist nicht weiter tragisch, denn bis zum Schloss sind es vom Rathaus nur 500 Meter.

"Mit seiner Kritik an den Missständen des Absolutismus und der Feudalherrschaft sowie am weltanschaulichen Monopol der katholischen Kirche war Voltaire ein Vordenker der Aufklärung und ein wichtiger Wegbereiter der Französischen Revolution. In der Darstellung und Verteidigung dessen, was er für richtig hielt, zeigte er ein umfangreiches Wissen und Einfühlungsvermögen in die Vorstellungen seiner zeitgenössischen Leser. Sein präziser und allgemein verständlicher Stil, sein oft sarkastischer Witz und seine Kunst der Ironie gelten oft als unübertroffen."

Das Denkmal Voltaires.

So ist Voltaire in der deutschsprachigen Wikipedia charakterisiert. Schöner und treffender hätten wir es auch nicht formulieren können, deshalb erlauben wir uns, diese Sätze zu zitieren.

Sein Denkmal steht auf der Avenue Voltaire an der Kreuzung mit der verkehrsberuhigten Grand' Rue.

Das Schloss wurde im Auftrag von Voltaire in der Zeit von 1758 bis 1766 an der Stelle einer ehemaligen Burg gebaut. Es war der Wohnsitz während seiner letzten zwanzig Lebensjahre. Dieses elegante Wohnhaus ist heute denkmalgeschützt und ein Ort der Erinnerung an den großen Philosophen des Zeitalters der Aufklärung. In diesem Schloss empfing Voltaire, der sich selbst gern als "Gastwirt Europas" bezeichnete, zahlreiche Persönlichkeiten aus ganz Europa. Er soll ständig mehr als 50 Gäste in seinem Haus beherbergt haben, die mit

In der Grand' Rue befinden sich einige Cafés und Restaurants.

Theateraufführungen unterhalten wurden. Von hier aus führte der Philosoph und Freund Friedrichs d.Gr. auch seinen Kampf gegen die Intoleranz und schrieb in seinem Arbeitszimmer im linken Flügel des Hauses Meisterwerke für die Verteidigung der Menschenrechte, wie die Abhandlung über den Toleranzgedanken und das philosophische Wörterbuch.

Er zeigte sich als verantwortungsvoller Gutsherr, ließ das damals noch kleine Dorf mit Steinhäusern erneuern und stiftete ein Krankenhaus, eine Schule und ließ Werkstätten einrichten.

Das Schloss kann besichtigt werden. Das gesamte Angebot mit Veranstaltungen und Öffnungszeiten können Sie hier nachlesen www.chateau-ferney-voltaire.fr.

Wir kehren zum WOMO zurück und fahren nunmehr dem Ende dieser Tour entgegen. Bis nach Bellegarde-sur-Valserine unserem nächsten Etappenziel, sind es 36 Kilometer.

Auf dem Weg dorthin kommen wir am **Fort l'Écluse** vorbei. Den Bau begannen die Herzöge von Savoyen, fertiggestellt wurde es unter der Leitung von Vauban, nachdem Savoyen zu Frankreich gekommen war. Die Österreicher zerstörten es 1815, die Franzosen bauten es nach der Herrschaft Napoleons wieder auf. Also eine ganz schön wechselhafte Geschichte.

Das Fort besteht aus zwei Gebäudekomplexen, die mit Gängen verbunden sind. Das obere Fort, dass der Absicherung des unteren diente, ist baufällig und kann nicht besichtigt werden. Das untere wird heute für Veranstaltungen und als Abenteuerspielplatz genutzt. Detaillierte Informationen dazu gibt es hier www.fort-lecluse-aventure.com.

Bevor der Straßentunnel gebaut wurde, ging der Verkehr durch das Innere des Forts. Wenn Sie es besuchen möchten,

Fort l'Écluse an der Rhône.

finden Sie direkt hinter der Tunnelausfahrt einen Parkplatz [GPS: N46°07'11.6" E5°53'24.8"]. Die Zufahrt ist sehr spitzwinkelig. Es empfiehlt sich mit größeren Mobilen nach Ende des Tunnels 500 Meter weiter zu fahren, dort gibt es eine Möglichkeit zu wenden und dann den Parkplatz anzusteuern.

Wir setzen unseren Weg fort und fahren zu einem kleinen Wanderparkplatz [**138:** N46°07'26.3" E5°49'07.1"] in der Nähe der **Valserine**, am Ortsrand von **Bellegarde-sur-Valserine** an der Route de Lyon (D1084). Von hier führt der **Sentier des pertes** de la Valserine über Stufen und schmalen Wegen bergab zum Fluss. Es ist ein lauschiger Wanderweg, der durch einen märchenhaften Wald mit vermoosten Bäumen führt. Hohe Luftfeuchtigkeit bietet denen Moosen ideale Wachstumsbedingungen und haben Bäume und Büsche vollständig eingehüllt.

Strudellöcher der Valserine.

Nach etwa einem Kilometer ist das Tal erreicht und wir sehen zunächst keinen Fluss, nur eine große zerfurchte Steinplatte. Doch hört man Wasser rauschen und je näher man kommt, wird

Wasserfall und Staustufe bei Bellegarde-sur-Valserine.

erkennbar, wie sich die Valserine in unzähligen Rinnen durch das harte Gestein gearbeitet hat. Mit Strudellöchern hat sie kleinere und größere Hohlformen geschaffen. Eine Erosionsform, die wir im Jura nun schon oft gesehen haben, doch hier kann man ausnahmsweise einmal darüber hergehen und sich die Formungsvorgänge von oben anschauen.

Etwas weiter unterhalb dieses Naturphänomens befinden sich eine Staustufe und ein kleiner Wasserfall, die zu einem Picknick einladen. Hier sind wir bereits am Ortsrand von Bellegarde-sur-Valserine angelangt und der weitere Weg verspricht nicht interessant zu sein. Deshalb kehren wir um und gehen denselben Pfad zurück.

Oben angekommen fahren wir zu dem ruhigen Stellplatz, den wir schon am Ende der Tour 4 angesteuert haben. Von dort geht es weiter nach Annecy.

(106) Offizieller WOMO-Stellplatz: Chanay – Aire de Municipale

GPS: N46°00'17.9" E5°46'58.0", 498 m; 1 Allée d'Izernore, 01420 Chanay.
Max. WOMOs: 5, maximale Länge 8 m.
Ausstattung: Asphaltierter halbschattiger Platz mit Wasserversorgung und Entsorgung mit Bodeneinlass, Kassettenentleerung, Waschbecken, Behälter für die Müllentsorgung, WC, ganzjährig geöffnet.
Beschreibung: Neben einem Sportgelände, nachts ruhig.
Preise: Nutzung und Entsorgung kostenlos, Frischwasser 3,00 €, nur mit EC-Karte und PIN zahlbar. Mit Münzen zu zahlen ist nicht möglich.
Zufahrt: Etwa in der Ortsmitte rechts in die Route des Bocconod abbiegen, dann rund 150 Meter weiterfahren.

Seite 263
Annecy
(445 m)
Lac d'Annecy
Lac du Bourget
DEP. HAUTE-SAVOIE (74)
DEP. SAVOIE (73)
DEP. AIN (01)
Parc Nat. Reg.
du Massif des Bauges
Chaîne des Aravis
Bugey
Bonneville
Le Reposoir
La Roche-sur-Foron
Le Petit-Bornand
Thorens-Glières
(650 m)
Château de Thorens
Cascade du Pas du Roc (70 m hoch)
Monument National de la Résistance
Plateau des Glières (1440 m)
Nécropole nationale des Glières
Chartreuse du Reposoir
Col des Aravis 1487 m
La Clusaz
Thônes
(627 m)
Le Fier
Flumet
Col des Saisies 1633 m
Ugine
Villard-sur-Doron
Band 91: Mit dem Wohnmobil in die Französischen Alpen
Château de Faverges
Faverges
Doussard
la Tournette 2351 m
Veyrier-du-Lac
Menthon-St-Bernard
Sévrier
Saint-Jorioz
Lathuile
1699 m
Pont du Diable
Lescheraines
Cusy
Pont de l'Abîme
Gruffy
Alby-s-Chéran
Château Montrottier
Lovagny
Les Gorges du Fier
Vaulx
La Balme-de-Sillingy
Jardins Secrets (Geheime Gärten)
Rumilly
St-Félix
Albens
Frangy
Clermont
Château
Seyssel
Corbonod
Chanay
Serrières-en-Chautagne
Rhône
Chanaz
Abbaye de Hautecombe
Rés. Nat. du Marais de Lavours
Château de Machuraz
Artemare
Ceyzérieu
Belley
Cascade de Cerveyrieu (70 m hoch)
Cascade de Clairfontaine
Virieu-le-Grand
Plateau d'Hauteville
Champdor-Corcelles
Tenay
Labalme
Monument des Maquis de l'Ain
Chapelle de Retord
Crêt du Nu 1351 m
Tour 4
Tour 7
Tour 9
10%
10 km
N
Route des Grandes Alpes

TOUR 8 (ca. 100 km)

Corbonod – Seyssel – Clermont – La Balme-de-Sillingy – Vaulx – Château Montrottier – Les Gorges du Fier – Annecy – Lac d'Annecy

Stellplätze:	Corbonod, Seyssel, La Balme-de-Sillingy, Vaulx, Château Montrottier, Les Gorges du Fier, Annecy, Sévrier (Lac d'Annecy), Lathuile (Lac d'Annecy).
Campingplätze:	Sévrier (Lac d'Annecy), Duingt (Lac d'Annecy), Doussard (Lac d'Annecy).
Ver-/Entsorgung:	Seyssel, La Balme-de-Sillingy, Annecy, Lathuile (Lac d'Annecy).
Besichtigungen:	Weingut in Corbonod, Seyssel (Altstadt), Clermont (Schloss), Geheime Gärten in Vaulx, Schloss Montrottier, Schlucht des Fier, Annecy (Altstadt).
Wandern/Radwandern:	Mit dem Fahrrad rund um den Lac d'Annecy, Wanderungen auf dem Semnozplateau.
Baden/Wellness:	Strandbäder in Seyssel und am Lac d'Annecy.

Von einer kleinen Weinbaulandschaft an der Rhône fahren wir in dieser Tour zu beeindruckenden Schlössern, zu faszinierenden Gärten und gehen durch eine sehr bemerkenswerte und außergewöhnliche Schlucht. Wir verlassen dabei den Jura und begeben uns nun nach Hochsavoyen. Wir befinden uns damit bereits in der Region Rhône-Alpes. Den Besuch der Hochalpen werden wir in dieser und in der nächsten Tour nicht vornehmen. Das bleibt unserem Buch über die Französischen Alpen (Band 91 des WOMO-Verlages) vorbehalten, auf das wir an dieser Stelle hinweisen möchten.

Am Ende dieser Tour kommen wir nach Annecy, einem Ort, dessen Altstadt sich größter Beliebtheit erfreut und gern "Venedig der Alpen" genannt wird. Das milde Klima und das saubere und glasklare Wasser des Sees führt zu hohen Besucherzahlen. Eine Fülle von Stell- und Campingplatzen sind am Ufer und auf den Höhen zu verzeichnen, von denen wir für Sie einige herausgesucht und beschrieben haben. Es ist eine außerordentlich imponierende Naturlandschaft, in die wir jetzt fahren werden.

Wir beginnen mit **Corbonod**, einer kleinen Weinbaugemeinde sechs Kilometer hinter Chanay.

War es in den Bergen und auf den Höhen des Jura noch richtig frisch, ist es hier an der Rhône schon mild und warm. Das hiesige Klima begünstigt den Weinbau. Angebaut wird der **Mondeuse** oder **Mondeuse Noire**, eine alte Rotwein-

Das Weindorf Sylans gehört zur Gemeinde Corbonod.

Mondeuse Noire in Corbonod-Sylans.

sorte, die in dieser Region weit verbreitet ist und sortenrein angebaut wird. Ein charaktervoller Traubensaft mit kräftigen Aromen von roten Früchten, vollmundig und würzig, pfeffrig, kraftvoll und farbintensiv. Als zweite Rebsorte wird Molette, eine Weißweinsorte angebaut, aus der ein leichter, köstlicher Wein gekeltert wird. Beide Sorgenbrecher werden in den kleinen Weingütern des Ortes angeboten, auch in dem Weingut, das diesen Stellplatz anbietet, den wir hier aufgeführt haben. Uns haben die Weine gefallen, sie schmeckten gut und sie sind zudem recht günstig im Preis.

(139) WOMO-Winzerstellplatz: Corbonod-Sylans – Domaine Bernard Aimé

GPS: N45°59'09.0" E5°48'05.5", 390 m; 205 Rue des Vignes, 01420 Corbonod.

Max. WOMOs: 3, maximale Länge 8 m.

Ausstattung: Befestigter sonniger Platz, WC, ganzjährig geöffnet.

Beschreibung: Auf dem Gelände des Winzers Bernard Aimé mit freiem Blick auf die Rhône und dem Jura, nachts ruhig.

Preise: Kostenlos.

Zufahrt: In der Mitte des Ortsteils Sylans von der D991 in die schmale Gasse Rue des Vignes fahren, links halten, 200 Meter.

Mit einem kleinen Weinvorrat im Gepäck setzen wir unsere Fahrt fort. Der nächste Ort ist Seyssel, nur fünf Kilometer entfernt. Nur welches Seyssel? Den Ortsnamen gibt es gleich zweimal und bei flüchtiger Betrachtung könnte man meinen, es handle sich um eine Stadt, die links und rechts der Rhône liegt. Dem ist aber nicht so. Seyssel rechts der Rhône gehört zum Département Ain, Seyssel links der Rhône gehört zum Département Haute-Savoie. Die Rhône, über die eine wunderschöne alte Brücke führt, (siehe nächste Seite) bildet die Grenze zwischen den Départements. In **Seyssel (Ain)** befinden sich zwei Stellplätze, in **Seyssel (Haute-Savoie)** gibt es keinen. Der erste den wir anfahren, ist eher als Ausweichplatz für die Sommersaison anzusehen, wenn der zweite belegt sein sollte.

(140) WOMO-Stellplatz: Seyssel (Ain)

GPS: N45°57'41.7" E5°49'56.5", 255 m; 4 Quai Edouard Serullaz, 01420 Seyssel.

Max. WOMOs: >10, maximale Länge >10 m.

Ausstattung: Befestigter sonniger Platz ohne Versorgungseinrichtungen, ganzjährig geöffnet.

Beschreibung: Am Ortseingang mit freiem Blick auf die Rhône und Seyssel (Haute Savoie), nachts etwas Lärm durch die direkt vorbeiführende D991.

Preise: Kostenlos.

Zufahrt: Über die D991 gleich am Ortseingang links.

(141) Offizieller WOMO-Badeplatz: Seyssel (Ain)

GPS: N45°56'58.4" E5°50'03.2", 258; Quai du Rhône, 01420 Seyssel.

Max. WOMOs: 22, maximale Länge 8 m.

Ausstattung: Frischwasserversorgung, Abwasserentsorgung mit Bodeneinlass, Kassettenentleerung, Stromanschlüsse 6 A, WC, Behälter für die Müllentsorgung, WiFi.

Beschreibung: Weitgehend schattenloser neu angelegter Platz im Süden von Seyssel. Freibad und Badesee in unmittelbarer Nähe. Nachts sehr ruhig.

Preise: Vom 1.5. bis 30.09. 10,00 € pro Tag, vom 1.10. bis 30.4. 12,00 € inklusive Ver- und Entsorgung, Strom und WiFi. Kurtaxe 0,40 € pro Person.

Zufahrt: Über die D991B Route de Lyon bis zum Ortsende fahren, dann vor der Steigung, die zur neuen Brücke hochführt links abbiegen.

Der Stellplatz im Süden der Gemeinde ist sehr beliebt. Er wurde 2021 komplett neu gestaltet. Das Foto ist noch von dem alten Gelände. Die aufgeführten Daten beziehen sich

Blick von Seyssel (Ain) auf Seyssel (Haute-Savoie).

aber auf den neuen Stellplatz und wurden von der amtlichen Mitteilung der Gemeinde übernommen. Wir hatten noch nicht die Gelegenheit, erneut vorbeizufahren und die neue Anlage in Augenschein zu nehmen.

Altstadt von Seyssel (Haute-Savoie).

Wir haben diesen reizvollen Platz schon öfter auf dem Weg nach Südfrankreich genutzt, das auch schon zu einer Zeit, als wir noch gar nicht daran dachten, ein Buch über diese Region zu schreiben. Wir haben den Platz immer gut gefüllt vorgefunden.

Etwa einen Kilometer ist die alte Brücke entfernt, über die man in das gegenüberliegende Seyssel (Haute-Savoie) kommt. Man geht dazu über die Kais, die Mitte des 19. Jahrhunderts erbaut wur-

den. Die Hängebrücke datiert von 1838-1840, sie ersetzte eine Holzbrücke, die 1835 ein Hochwasser nicht überstand. Oben auf der Brücke steht eine Statue der Jungfrau Maria. Die schwarze Madonna aus dem 12. Jahrhundert, die sich vorher auf der Flussinsel befand, steht heute in der Kirche von Seyssel (Ain). Sehenswert ist auch die **Église Saint-Blaise** in Seyssel (Haute-Savoie). In unmittelbarer Nähe befindet sich im Hotel Beau Sejour das Restaurant "Au fil de l'Eau" mit einer schönen Aussichtsterrasse über der Rhône. Hier können Sie schon mal einen Blick in die Speisekarte werfen www.hotelseyssel.fr. Seyssel (Haute-Savoie) bietet mehr Altstadtflair als sein Pendant gegenüber. Dafür ist der Blick von Seyssel (Ain) von einem der Straßencafés auf die gegenüberliegende Seite reizvoller. Aber sehen Sie selbst!

Von diesem Ort lassen sich schöne Rad- und Wandertouren in ein weiter südlich gelegenes Vogelschutzgebiet an der Rhône unternehmen. Wenn Sie kein Fahrrad dabei haben, so können Sie sich ein modernes e-bike am Freibad für einige Stunden oder einen ganzen Tag zum einem Preis zwischen 18,00 und 23,00 € leihen. Der Radweg, der durch Seyssel führt, ist Teil der **Via Rhona**, dem 815 Kilometer langen Radwanderweg, der vom Genfer See ans Mittelmeer geht.

Eine so große Radtour machen wir natürlich nicht. Nachdem wir uns die beiden Städte angesehen haben, fahren wir weiter.

Das Château de Clermont.

Es geht nunmehr nach **Clermont**. Der Ort liegt rund 10 Kilometer von Seyssel entfernt und ist trotz kurvenreichen Anstiegs schnell erreicht. Um dorthin zu kommen, geben Sie in ihr Navi: 19 Route du Château, 74270 Clermont ein oder verwenden diese Koordinaten [GPS: N45°58'21.3" E5°54'23.6"]. Der Parkraum vor dem Schloss ist sehr begrenzt. Bei Bedarf kann auf eine Wiese neben dem Parkplatz ausgewichen werden.

Das Schloss wurde in den Jahren zwischen 1576 und 1580 im Stil der italienischen Renaissance erbaut. Es ist das einzige Renaissancegebäude dieser Art in Savoyen und im Gegensatz zu den ganzen Befestigungs- und Festungsanlagen, die wir schon besucht und beschrieben haben, ein echtes Schloss, dessen Glanzstück sicher der Innenhof mit den Arkaden ist. Dieser Hof wird für Veranstaltungen genutzt

Dorfkirche Saint Étienne neben dem Château de Clermont.

und kann in den Monaten Mai, Juni und September samstags und sonntags besichtigt werden, in den Monaten Juli und August ist das Schloss täglich für Besucher geöffnet. Direkt neben dem Schloss befindet sich ein nettes Restaurant, in dem man die Wartezeit auf die nächste Führung angenehm verkürzen kann. Man kann die Zeit aber auch nutzen, um den Hang hinter dem Schloss hochzugehen und das Alpenpanorama zu genießen. Selbst von dieser Stelle lässt sich der Mont Blanc bei klarer Sicht gut erkennen.

Arkaden im Innenhof des Schlosses.

Eine weitere Sehenswürdigkeit dieses 400 Einwohner zählenden Ortes ist die **Église Saint-Etienne** aus dem 19. Jahrhundert, die im Inneren eine schöne Deckenbemalung aufzuweisen hat.

Unsere nächsten beiden Ziele präsentieren sich im Frühjahr von ihrer schönsten Seite. Von Clermont geht die Reise nach **La Balme-de-Sillingy**.

Blütenpracht Anfang Mai.

Die Straßen sind schmal in diesem Teil des Genevois, wie die Landschaft nach der ehemaligen Provinz des Herzogtums Savoyen genannt wird und zudem auch kurvenreich. So brauchen wir für die 14 Kilometer fast eine halbe Stunde. Wir fahren direkt den Stellplatz am **Lac de la Balme** an. Adresse und Koordinaten entnehmen Sie bitte der folgenden Stellplatzbeschreibung.

(142) WOMO-Stellplatz: La Balme-de-Sillingy

GPS: N45°58'16.9" E6°01'52.5", 487 m;
10 Route des Carasses, 74330 La Balme-de-Sillingy.
Max. WOMOs: 16, maximale Länge 9 m.

Ausstattung: Frischwasserversorgung, Abwasserentsorgung mit Bodeneinlass, Kassettenentleerung, Behälter für die Müllentsorgung, max. Aufenthaltsdauer: 48 h, geöffnet von April – Nov.
Beschreibung: Am Rande des Lac de la Balme, nachts sehr ruhig.
Preise: Pro Fahrzeug mit 2 Personen 6,00 €, Kurtaxe 0,40 € pro Person, Frischwasser und Entsorgung ist kostenlos. Bezahlung nur mit EC- oder VISA-Karte möglich. Die Menuführung gibt es auch in deutscher Sprache. Die Quittung unbedingt mitnehmen, der aufgedruckte Code wird für die Ausfahrt benötigt.
Zufahrt: Über die D1508, Route de Paris.

Badesachen benötigen Sie für den Besuch des kleinen Sees nicht. Baden kann man hier nicht, es ist ein Fischgewässer, in dem auch Sie Angeln können, wenn Sie vorher an der Touristinformation, die sich in der Nähe des Parkplatzes befindet, die entsprechende Erlaubniskarte erworben haben. Entlang des Sees ist ein schmaler Park angelegt, der im Frühjahr eine wahre Blütenpracht entfaltet. Neben diesen blühenden Bäumen und Sträuchern gibt es eine ganze Reihe von Fitnessgeräten, die man entweder allein oder zu zweit bedienen kann. Nach einer längeren Fahrt oder längerer Untätigkeit der ideale Ort, um Muskeln aufzulockern und den Kreislauf

Ob zartrosa oder weiß. Die Blütenpracht bezaubert.

Spazierweg am Lac de la Balme.

in Schwung zu bringen. Rund um den See ist ein Spazierweg angelegt, er hat eine Länge von 1,4 Kilometern.

Ein weiterer Garten ruft. **Jardins Secrets** heißt das nächste Ziel. Wieder können wir schmale Straßen nicht vermeiden und wieder ist es viel zu kompliziert, eine Routenbeschreibung zu verfassen. Die Adresse lautet 1561 Route de Lagnat, 74150 Vaulx und diese Koordinaten [**143:** N45°55'05.7" E5°59'09.4"] führen Sie hin.

Ist **Vaulx** mit weniger als 1000 Einwohnern schon eine kleine Gemeinde, so ist der Teilort Lagnat, wo wir unser Etappenziel finden, eigentlich nur ein großes Gehöft.

In den geheimen Gärten.

Der Parkplatz liegt direkt neben dem von außen eigentlich nur als Gebäude erkennbaren Gärten. Durch eine Fassade aus bunten Ziegeln, die in allerlei Stilrichtungen gefertigt sind, betreten wir das Gebäude, entrichten unseren Eintrittspreis und sind erst mal baff. Überrascht und erstaunt kann man auch sagen, sehr überrascht sogar.

Für den Besuch dieses außergewöhnlichen Gar-

Le jardin du curé.

tens sollte man sich ein wenig Zeit nehmen. Die Gartengestaltung ist detailverliebt mit kleinen Gebäuden, Brunnen, Beeten, Ornamenten und Figuren ausgestattet. Eine einheitliche Stilrichtung gibt es nicht und die Materialauswahl könnte vielfältiger kaum sein. Mit diesem Garten haben **Nicole** und **Alain Moumen** ein bezauberndes Werk geschaffen. Reiseerinnerungen sind hier auf sehr kreative Weise in die Gartengestaltung eingegangen. Hier glaubt man etwas Orientalisches, dort etwas Asiatisches, an anderer Stelle wiederum etwas Alpenländisches oder Provençalisches zu sehen. Doch nichts davon ist originalgetreu. Jede Ecke des Gartens hat seine eigene individuelle Gestaltung, die Architekturelemente anderer Kulturen aufnimmt und durch kreative Arbeit künstlerisch in Szene setzt. Die verwendeten Materialien Holz, Kupfer, Kalkmörtel, Kalkstein, Ton oder Kieselsteine sind dabei unterschiedlich be- und verarbeitet, bemalt, lackiert oder einfach naturbelassen. Die Arrangements wirken verspielt und haben eine Unmenge an Details, die man nur sieht, wenn man sich Zeit lässt und in aller

Le salon aux étoiles.

Ruhe durch den Garten geht. Es gibt eben sehr viel zu entdecken auf diesen 7000 Quadratmetern.

Les galeries.

Wasser ist ein weiteres wesentliches Element in diesem Garten. Brunnen, Teiche, kleine Kanäle überall plätschert und murmelt das Wasser, das von überschwänglichem Grün umrahmt ist und je nach Jahreszeit eine andersfarbige Blütenpracht entfaltet und damit der Anlage in der Tat etwas Geheimnisvolles gibt. Insgesamt ist der Garten in 13 Teile gegliedert. Nacheinander betritt man den 1. Garten der Wonnen, 2. den Hof mit großem Kastanienbaum, 3. ein Bauernhaus, 4. einen andalusischen Garten, 5. einen Apothekergarten, 6. einen Hof mit Kieselsteinmosaik, 7. den Hof wo der Wahnsinn wohnt, 8. vier Salons, 9. den Garten der Leiern, 10. die Galerien, 11. den Salon der Schlappen, 12. den Priestergarten und 13. die Inseln des Glücks.

Allein die Aufzählung macht schon neugierig und zu jedem dieser Gärten oder Gebäude wären eine Fülle von Details

Le jardin du curé aus einem anderen Blickwinkel.

aufzuzeigen, was den Rahmen dieses Buches allerdings deutlich sprengen würde. Auf dieser Seite www.jardins-secrets.com finden Sie weitere Informationen zu diesen Gärten sowie die Öffnungszeiten und die Eintrittspreise.

Wenn Sie nicht nur mit dem Wohnmobil unterwegs sind und daheim vielleicht einen Garten haben, können Sie sich hier die vielfältigsten Anregungen für die Gestaltung Ihres Anwesens holen.

Am Ende des Rundgangs wartet ein salon de thé, in dem man gemütlich bei einer Tasse Kaffee die Eindrücke des Gartens verarbeiten kann. In einer Boutique gibt es diverse Andenken zu kaufen und dann beenden wir auch schon den Besuch in dieser sehr außergewöhnlichen geheimnisvollen Anlage.

Parkplatz am Château Montrottier.

Wohin die weitere Reise geht, daraus machen wir natürlich kein Geheimnis. Als nächste Sehenswürdigkeit haben wir das **Château Montrottier** auf dem Programm, zu dem wir zehn Kilometer zu fahren haben. Wieder geht es über schmale Straßen kurvenreich rauf und runter bis zum Ziel.

Der Parkplatz ist einfach zu finden, das Schloss in Sichtweite [**144:** N45°53'53.3" E6°02'28.9"]. Die mittelalterliche Burg ist in seiner Architektur ein typisches Beispiel für eine Wehrbau-

Rund und 33 Meter hoch, der Bergfried vom Château de Montrottier.

anlage in Savoyen. Das Château kann besichtigt werden. In den Sommermonaten Juli und August ist es täglich geöffnet. Die genauen Öffnungszeiten und die Eintrittspreise können Sie auf dieser Seite nachlesen www.chateaudemontrottier.com.

Blick in den Innenhof des Châteaus.

Markant ist der Bergfried mit 33 Metern Höhe und 3 Meter dicken Mauern, die sich nach oben auf 1,5 Meter verjüngen. Er ist durch eine kernlose Wendeltreppe nach oben begehbar. In den Räumlichkeiten des Schlosses sind im Waffensaal Uniformen und Waffen aus verschiedenen Epochen zu sehen. In einem weiteren Zimmer sind Waffen und Kunstgegenstände aus Asien, Afrika und Ozeanien ausgestellt. Der größte Raum ist der Rittersaal, in dem die Festlichkeiten der Schlossherren stattfanden. Möbel und weitere Waffen sind hier zu sehen. Das die Mode für die Damen des Mittelalters Bedeutung hatte, jedenfalls für die adeligen, sieht man an den verschiedenen Spitzen, die in einem großzügig angelegten Zimmer präsentiert werden und unter anderem aus Belgien und England kamen.

Unser nächstes Ziel, ein absolutes Highlight für Naturliebhaber, könnten wir eigentlich zu Fuß erreichen. Geht aber nicht, denn wir haben ja auch hier auf dem Parkplatz einen Termin mit unserem Fotomodell, das auf den Namen Fortero

(145) WOMO-Wanderparkplatz: Gorges du Fier-Ost

GPS: N45°53'47.6" E6°02'38.6", 390 m; 435 Route de la Gare, 74330 Lovagny
Max. WOMOs: 5, maximale Länge 8 m.
Ausstattung: befestigter Platz ohne wohnmobilspezifische Einrichtungen, ganzjährig geöffnet.
Beschreibung: Am Eingang der Schlucht direkt neben der Eisenbahnlinie. Hier pfeifen die Züge tagsüber laut vorbei. Nachts ist es etwas ruhiger.
Preise: Kostenlos.
Zufahrt: Direkt an der D64, Route de la Gare.

hört. Wenn der Parkplatz auch das ganze Jahr über anzufahren ist, so ist die **Gorges du Fier** nur von Mitte März bis Mitte Oktober begehbar. Der Wege zum Eingang ist leicht zu finden. Die Eintrittspreise und die genauen Öffnungszeiten können Sie auf dieser Seite nachlesen www.gorgesdufier.com.

Der Beginn der begehbaren Strecke.

Das, was wir in Bellegarde-sur-Valserine im Kleinen gesehen haben, finden wir hier in einer monumentalen Form wieder. Der Fier hat auf seinem Weg vom Lac d'Annecy zu seiner Mündung in die Rhône bei Seyssel eine gewaltige Schlucht gegraben. Den spektakulärsten Teil dieser Talenge begann man bereits 1868 für Besucher begehbar zu machen. Der Weg ist mit 250 Metern nicht sehr lang, dafür aber außergewöhnlich beeindruckend. Auf die Entstehungsgeschichte der Schlucht wird mit Schautafeln am Anfang und am Ende des Steges hingewiesen (französisch und englisch). An der Kasse ist auch

Am Ende der Schlucht (Belvédère de la Mer des Rochers).

La Basilique de la Visitation d'Annecy.

Palais d'Isle in der Altstadt von Annecy.

eine deutschsprachige Beschreibung erhältlich, erkundigen Sie sich danach, wenn Sie nicht sowieso freundlicherweise nach Ihrer Nationalität gefragt werden und es angeboten bekommen.

Begeben wir uns nun zum letzten Ziel dieser Tour, nach **Annecy**. Weit entfernt ist es nicht. Rund zwölf Kilometer sind es bis zu dem ersten Stellplatz, den wir hier auflisten. Ob Sie da einen Platz bekommen werden, ist unter anderem eine Frage der Jahreszeit. In den Sommermonaten ist in Annecy nämlich die Hölle los, um mal wieder salopp zu formulieren. Wir waren schon öfter in der Nebensaison hier, haben uns aber um dieses Buch schreiben zu können, auch einmal in der Hauptsaison herbemüht, um einen Eindruck zu gewinnen, wie es in den Monaten Juli und August zugeht, wenn ganz Frankreich Urlaub macht.

Es ist voll, sehr voll und auf den Stellplätzen ist "Kuschelcampen" angesagt. Da stehen die Fahrzeuge in Aufbautürbreite nebeneinander. Damit Sie einen Platz finden, haben wir eine Reihe von Alternativen für Sie ausgesucht und dazu auch extra eine Karte angefertigt, die Ihnen die Orientierung erleichtern soll.

Lac d'Annecy

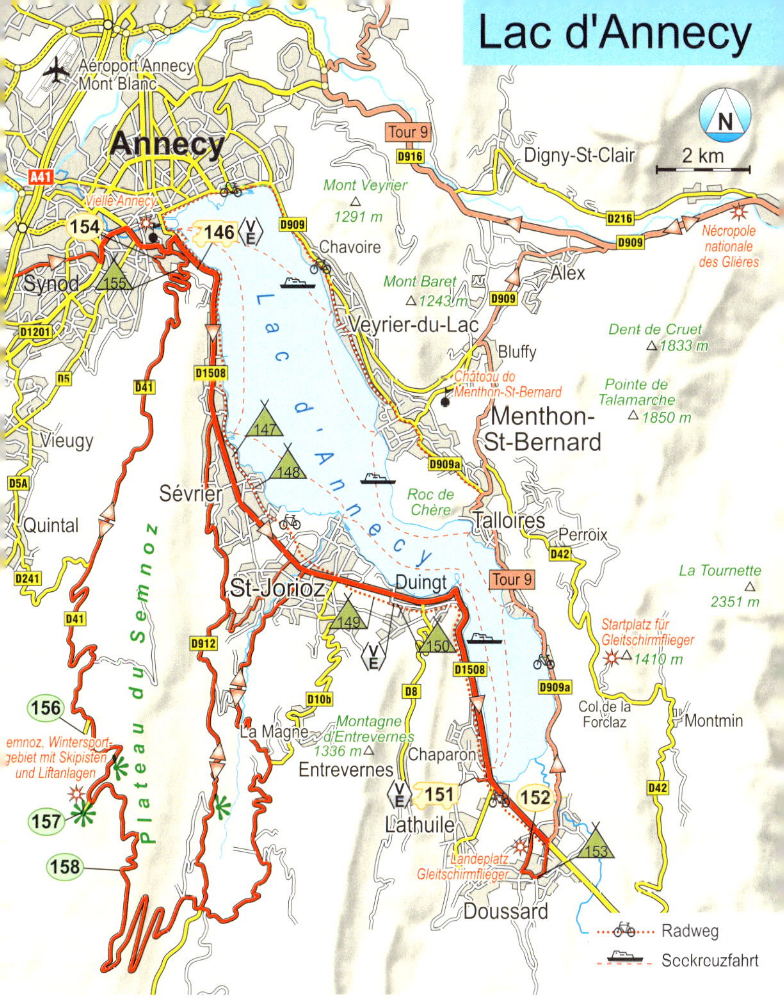

In der Reihenfolge der Liste beginnen wir mit dem offiziellen Stellplatz im Süden der Stadt, arbeiten uns dann entlang des Lac d'Annecy bis an das Südufer des Sees vor und führen die Stell- und Campingplätze auf, die uns für Wohnmobile besonders gut geeignet erscheinen. Im zweiten Schritt gehen wir das Plateau du Semnoz an und listen die Plätze auf, die uns dort gut gefallen haben. Hierbei ist zu beachten, dass wir einen Höhenunterschied von mehr als 1000 Meter zu verzeichnen haben. Wenn es in den Sommermonaten unten am See äußerst warm werden kann, so geht auf der Höhe oft ein frischer und kühler Wind. Das kann sehr angenehm sein, um der Hitze zu entfliehen. Zudem ist der Blick auf das Alpenpanorama einfach faszinierend, wie Sie auf den Fotos der noch folgenden Seiten sehen können.

Jetzt gibt es aber erst einmal viele Stellplatzinformationen. Wir wünschen gutes Gelingen bei der Platzsuche!

(146) Offizieller WOMO-Stellplatz: Annecy

GPS: N45°53'26.8" E6°08'20.5", 451 m; Chemin de Colmyr, 74000 Annecy
Max. WOMOs: 10, maximale Länge 8 m.

Ausstattung: Frischwasserversorgung, Abwasserentsorgung mit Bodeneinlass, keine WC-Entleerung möglich, Behälter für die Müllentsorgung, max. Aufenthaltsdauer: 1 Tag, ganzjährig geöffnet.
Beschreibung: Asphaltierter Platz am Ortsrand. Sehr enge Stellflächen. 100 Meter bis zum See, 1,5 km bis zur Altstadt. Gelegentlich ist die Schranke eines benachbarten größeren Parkplatzes offen. Dann ist auch hier ein Abstellen des WOMOs möglich.
Preise: Gebührenfrei, Frischwasser und Entsorgung kostenlos.
Zufahrt: Über die Seeuferstraße Rue des Marquisats (D1508).

(147) WOMO-Campingplatz: Sevrier – Au Cœur du Lac

GPS: N45°51'16.8" E6°08'41.8", 3233 Route d'Albertville, 74320 Sevrier.
Max. WOMOs: 96, maximale Länge 8 m.
Ausstattung: Frischwasserversorgung, Abwasserentsorgung mit Bodeneinlass, Kassettenentleerung, Stromanschlüsse, Behälter für die Müllentsorgung, WiFi, Baguetteservice. Im Servicegebäude gibt es Duschen, WCs, Waschmaschinen und Trockner. Geöffnet von Anfang April bis Ende September.
Beschreibung: Halbschattige Rasenflächen. Badestrand am See (nicht überwacht), Spielplatz, nachts ruhig. Entfernung zur Altstadt von Annecy 6 km. Hunde in der Hauptsaison nicht erlaubt.
Preise: Gebühren gestaffelt nach Saison ab 18,00 € pro Fahrzeug mit zwei Personen.
Zufahrt: Über die Seeuferstraße Route d'Albertville (D1508).
Reservierung/Kontakt: Tel.: 04 50 52 46 45
E-Mail: cloyet@campingaucoeurdulac.com,
Web: www.campingaucoeurdulac.com.

(148) WOMO-Campingplatz: Sevrier – Les Rives du Lac

GPS: N45°50'55.6" E6°09'03.4", 331 Chemin des Communaux, 74320 Sevrier.
Max. WOMOs: 92, maximale Länge 8 m.
Ausstattung: Frischwasserversorgung, Abwasserentsorgung mit Bodeneinlass, Kassettenentleerung, Stromanschlüsse, Behälter für die Müllentsorgung, WiFi, Baguetteservice. Im Servicegebäude gibt es Duschen, WCs, Waschmaschinen und Trockner. Geöffnet von Ende März bis Ende September.
Beschreibung: Halbschattige Rasenflächen. Bootsstege und Badestrand am See, Spielplatz, nachts ruhig. Entfernung zur Altstadt von Annecy 7 km. Hunde an der Leine erlaubt.
Preise: Gebühren gestaffelt nach Saison ab 21,70 € pro Fahrzeug mit zwei Personen.
Zufahrt: Über die Seeuferstraße Route d'Albertville (D1508).
Reservierung/Kontakt: Tel.: 04 50 52 40 14
E-Mail: contact@lesrivesdulac-annecy.com,
Web: www.lesrivesdulac-annecy.com.

(149) WOMO-Campingplatz: Saint-Jorioz – Europa

GPS: N45°49'48" E6°10'55", 1444, Route d'Albertville 74410 Saint-Jorioz.
Max. WOMOs: >10, maximale Länge 7,5 m, keine Doppelachser.
Ausstattung: Frischwasserversorgung, Kassettenentleerung, Stromanschlüsse, Behälter für die Müllentsorgung, WiFi, Baguetteservice. Im

Servicegebäude gibt es Duschen, WCs, Waschmaschinen und Trockner. Geöffnet von Anfang Mai bis Mitte September.
Beschreibung: Halbschattige Rasenflächen. Schwimmbecken und Pool mit Lagune, Wasserspielplatz, Wasserrutschen, Hydromassage, Restaurant, Bar, Spielplatz, nachts ruhig. Entfernung zur Altstadt von Annecy 10 km. Hunde erlaubt. Da eine Abwasserentsorgung auf diesem Platz nicht möglich ist, kann an den Rand des Campingplatzes "Les champs Fleuris" in 800 Metern Entfernung gefahren werden, wo eine öffentlich zugängliche Flot Bleu-Station steht. GPS: N45°49'36.7" E6°11'17.8".
Preise: Gebühren gestaffelt nach Saison zwischen 21,00 € und 52,00 € pro Fahrzeug mit zwei Personen.
Zufahrt: Über die Seeuferstraße Route d'Albertville (D1508).
Reservierung/Kontakt: Tel.: 04 50 68 51 01
E-Mail: info@camping-europa.com, Web: www.camping-europa.com.

(150) WOMO-Campingplatz: Duingt – Les champs Fleuris

GPS: N45°49'36.0" E6°11'19.6", 460 m; 631, Voie romaine, 74410 Duingt.
Max. WOMOs: >20, maximale Länge 10 m
Ausstattung: Frischwasserversorgung, Abwasserentsorgung mit Bodeneinlass am Eingang, Kassettenentleerung, Stromanschlüsse, Behälter für die Müllentsorgung, WiFi, Baguetteservice. Im Servicegebäude gibt es Duschen, WCs, Waschmaschinen und Trockner. Geöffnet von Ende März bis Ende September.

Beschreibung: Halbschattige Plätze abseits des Sees, sehr ruhig. Direkt am Radweg nach Annecy, Entfernung zur Altstadt 11 km. Hunde an der Leine erlaubt.
Preise: Gebühren gestaffelt für ein Fahrzeug mit zwei Personen zwischen 18,00 € für eine Übernachtung im Eingangsbereich und 26,00 € auf dem Gelände.
Zufahrt: Über die Seeuferstraße Route d'Albertville (D1508).
Reservierung/Kontakt: Tel.: 04 50 68 57 31 oder 06 78 99 20 74.
E-Mail: camping@duingt.fr, Web: www.camping-duingt.com.

(151) Offizieller WOMO-Stellplatz: Lathuile – Les Jardins du Taillefer

GPS: N45°47'41.2" E6°12'28.6", 461 m; 190 Route de la Porte, 74210 Lathuile.
Max. WOMOs: 40, maximale Länge 11 m.
Ausstattung: Frischwasserversorgung, Abwasserentsorgung mit Bodeneinlass, Kassettenentleerung, Stromanschlüsse, Behälter für die Müllentsorgung, Bio-Hofladen, ganzjährig geöffnet.

Beschreibung: Enge Plätze, Ortsrand, 700 Meter bis zum See, 16 km mit dem Rad in die Altstadt von Annecy.
Preise: 14,40 € incl. Frischwasser, Entsorgung und Strom. Die Zahlung erfolgt mit EC-Karte am Eingang.
Zufahrt: Über die Seeuferstraße Route d'Annecy (D1508).

(152) WOMO-Stellplatz: Doussard

GPS: N45°46'58.9" E6°13'27.2", Route du Pont Monnet, 74210 Doussard.

Max. WOMOs: 5, maximale Länge 7 m.
Ausstattung: Keinerlei wohnmobilspezifische Einrichtungen, ganzjährig geöffnet.
Beschreibung: Parkplatz an einem Wäldchen mit Tischen und Bänken in Sichtweite des Gleitschirmlandeplatzes. Max. Aufenthaltsdauer: 24 h.
Preise: Kostenlos.
Zufahrt: Über die Seeuferstraße Route d'Annecy (D1508).

(153) WOMO-Campingplatz: La ferme de la Serraz

GPS: N45°46'29.5" E6°13'29.3", 482 m; Rue de la Poste, 74210 Doussard.
Max. WOMOs: 83, maximale Länge 12 m.
Ausstattung: Fünf-Sterne Platz mit Frischwasserversorgung, Abwasserentsorgung mit Bodeneinlass, Kassettenentleerung, Stromanschlüssen, Behälter für die Müllentsorgung, WiFi, großer Pool, Planschbecken, Solarium, Restaurant, Fahrradverleih. Im Servicegebäude gibt es Duschen, WCs, Waschmaschinen und Trockner. Der Platz ist von Ende April bis Mitte September geöffnet.
Beschreibung: Abseits vom See, große sonnige, teilweise auch schattige Rasenplätze bis 200 m², sehr ruhig. Entfernung zur Altstadt von Annecy 18 km. Hunde an der Leine erlaubt.
Preise: Gebühren gestaffelt nach Saison und Komfortausstattung zwischen 22,00 € und 42,00 € für ein Fahrzeug mit zwei Personen. Entsorgung 5,00 €, Hund 3,50 €.
Zufahrt: Über die Seeuferstraße Route d'Annecy (D1508) und Route de la Gare in die Rue de la Poste.
Reservierung/Kontakt: Tel.: 04 50 44 30 68
E-Mail: info@campinglaserraz.com, Web: www.campinglaserraz.com.

Bis hierher haben wir die Stell- und Campingplätze in der Nähe des Sees aufgeführt. Nunmehr begeben wir uns auf das Plateau du Semnoz und stellen weitere Stell- und Campingplätze vor. Wir beginnen erneut am südlichen Stadtrand von Annecy. Hier ist zunächst der Parkplatz an der sehenswerten **Basilique de la Visitation** in der Avenue de la Visitation zu nennen (siehe Seite 262), den Sie mit diesen Koordinaten [**154:** N45°53'33.0" E6°07'35.5"] erreichen. Von diesem Ort hat man einen schönen Blick auf die Stadt. Unweit des Platzes befindet sich folgender Campingplatz.

(155) WOMO-Campingplatz: Annecy – Camping Municipal Le Belvédere

GPS: N45°53'25.7" E6°07'56.4", 523 m; 8 route du Semnoz, 74000 Annecy.
Max. WOMOs: 50, maximale Länge 8 m.
Ausstattung: Frischwasserversorgung, Abwasserentsorgung mit Bodeneinlass, Kassettenentleerung, Stromanschlüsse, Behälter für die Müllentsorgung, WiFi. Im Servicegebäude gibt es Duschen, WCs, Waschmaschinen und Trockner. Der Platz ist von Ende April bis Mitte Oktober geöffnet.

Beschreibung: Abseits vom See, große sonnige, teilweise auch schattige Rasenplätze, sehr ruhig. Entfernung zur Altstadt von Annecy 1,5 km.
Preise: Gebühren gestaffelt nach Saison zwischen 17,40 € und 25,70 € für ein Fahrzeug mit zwei Personen. Strom 4,00 €.
Zufahrt: Der Ausschilderung zum Campingplatz folgen.
Reservierung/Kontakt: Tel.: 04 50 45 48 30
Web: www.annecy-camping-municipal.fr.

(156) WOMO-Wanderparkplatz: Plateau du Semnoz – Skilift-Nord

GPS: N45°48'27.7" E6°06'06.2", 1495 m; D41 74540 Viuz-la-Chiésaz.
Max. WOMOs: > 50, maximale Länge >10 m
Ausstattung: Keine.
Beschreibung: Auf dem Semnoz-Plateau. Große Asphaltfläche, die in den Wintermonaten als Parkplatz für das Skigebiet genutzt wird. Ein kleiner Höhenzug versperrt die Sicht auf die Alpen. Absolut ruhiger Platz.
Preise: Gebührenfrei.
Zufahrt: Über die D41/D110, 16 km von Annecy, 26 km von St-Jorioz (über D912).

(157) WOMO-Wanderparkplatz: Plateau du Semnoz – Kamm

GPS: N45°47'33.5" E6°06'06.4", 1642 m; D110 74320 Leschaux.
Max. WOMOs: >10, maximale Länge 9 m.
Ausstattung: Keinerlei wohnmobilspezifische Einrichtungen, ganzjährig geöffnet.

Beschreibung: Großartiges Alpenpanorama, nachts sehr ruhig. Gutes, preiswertes Restaurant mit Aussichtsterrasse neben dem Platz. Ein weiteres Restaurant befindet sich in 1000 Metern Entfernung. Speisekarte: http://lesrochersblancs.com.
Preise: Gebührenfrei.
Zufahrt: Über die D41/D110, 20 km von Annecy, 23 km von St-Jorioz (über D912).

(158) WOMO-Wanderparkplatz: Plateau du Semnoz – Skilift-Süd

GPS: N45°46'52.5" E6°06'29.1", 1412 m; D110 74320 Leschaux.
Max. WOMOs: > 10, maximale Länge 9 m.
Ausstattung: Keinerlei wohnmobilspezifische Einrichtungen, ganzjährig geöffnet.

Beschreibung: Große geschotterte Fläche, die in den Wintermonaten als Parkplatz für das Skigebiet genutzt wird. Ein kleiner Höhenzug und Bäume versperren die Sicht auf die Alpen und in das Umland. Absolut ruhiger Platz. Bis zum Restaurant neben dem vorangegangenen Platz sind es über einen leicht zu gehenden Wanderweg rund 2,5 km.
Preise: Gebührenfrei.
Zufahrt: Über die D41/D110, 22 km von Annecy, 20 km von St-Jorioz (über D912).

Blick von der D912 auf den Lac d'Annecy.

Auf dem Radweg am Lac d'Annecy.

Der **Lac d'Annecy** ist der zweitgrößte durch einen eiszeitlichen Gletscher entstandene See in Frankreich. In Größe und Ausdehnung wird er nur vom Lac du Bourget, dem wir uns im Alpenbuch gewidmet haben, übertroffen. Der Lac d'Annecy gilt als eines der saubersten Gewässer Europas und wird oft als Juwel der Alpen gepriesen. Der See hat Trinkwasserqualität und einen extrem niedrigen Nitratgehalt, niedriger als im handelsüblichen Mineralwasser. Das Wasser ist klar, seine Sichttiefe beträgt 14 Meter. Der See ist so sauber, dass ein Rückgang des Zooplanktons zu verzeichnen ist, was wiederum dazu führt, das die Saiblinge und andere Fische nicht mehr genug Nahrung finden und die Population zurückgeht bzw. die Fische kleiner werden. Sieben Flüsse und Bäche sowie eine Unterwasserquelle speisen den See. Der Thiou, der durch Annecy fließt und in den Fier mündet, ist der natürliche Abfluss des Sees.

Der See hat eine Länge von rund 15 Kilometern und misst an der breitesten Stelle etwa 3,4 Kilometer. An seiner schmal-

sten Stelle zwischen Duingt und Talloires sind es etwa 800 Meter. Hier befand sich in historischer Zeit eine Landbrücke und trennte den See in zwei Teile. Reste neolithischer Pfahlbauten sind in Ufernähe noch erhalten, für Besucher aber nicht sichtbar. Heute ist die Landbrücke von Wasser bedeckt.

Der See präsentiert sich mit dem Gipfel der **Tournette** (2351m) im Südosten und dem **Semnoz-Plateau** (1600m) im Westen malerisch, wenn nicht gar atemberaubend, wenn

Der See als Badeparadies.

Wandern auf dem Plateau du Semnoz mit Blick auf den Mont Blanc.

man das mal pathetisch ausdrücken darf. Einen schönen Blick über den See gewinnt man, wenn man den Hang zum Semnoz-Plateau erklimmt.

Aufgrund seiner herausragenden Lage in der Bergkulisse, seinem angenehmen Klima und seiner ausgezeichneten Wasserqualität hat sich der See zu einem Badeparadies und zu einem Zentrum für Wassersportler entwickelt. Kein Wunder also, wenn hier im Sommer die "Hölle los ist".

Für eine erste Erkundung bietet sich das Fahrrad an. Ein Radweg führt rund um den See. Besonders der Weg am Westufer, der auf dem Damm einer stillgelegten Eisenbahnlinie verläuft, ist sehr reizvoll. Von Doussard nach Annecy sind es 19 Kilometer. Wenn Sie im südlichen Bereich des Sees für Ihr WOMO einen Platz gefunden haben, dann ist die Fahrt mit dem Rad nach Annecy für einen Bummel in der Altstadt eine gute Option. Der Radweg ist in den Sommermonaten sehr stark frequentiert. Wenn Sie kein Fahrrad dabei haben, so können Sie sich vor Ort eines leihen. Klassische Fahrräder oder e-bikes bekommen Sie hier: www.velonecy.com. Der Verleih erfolgt am Omnibusbahnhof in Annecy (Arrêt OUIBUS Gare routière Annecy). Wer gern sportlich mit dem MTB unterwegs ist, kann sich in den Sommermonaten von eben diesem Bahnhof mit dem Pendelbus samt Fahrrad auf das Semnoz-Plateau bringen lassen und dann auf ausgewiesenen Strecken mit dem Rad wieder hinunterfahren.

Für **Gleitschirmflieger** ist der Lac d'Annecy ein beliebtes Ziel, bietet der See mit den umliegenden Bergen doch optimale Voraussetzungen für eine gute Thermik und damit für lange Flüge. Im Süden des Sees werden Sie bei gutem Wetter viele Flieger kreisen sehen. Wenn Sie selbst fliegen oder einen Tandemflug buchen möchten: Hier erfahren Sie mehr www.annecy-parapente.fr.

Ausflugsschiffe im Hafen von Annecy.

Quai de l'Évêché in Vieille Ville Annecy (Altstadt).

Für eine Wanderung bietet sich das Semnoz-Plateau an. Wenn Sie ohnehin schon hier stehen (Stellplatz "157", Seite 267), dann erst recht. Auf dem fast kahlen Kamm benötigen Sie nicht einmal eine Wanderkarte, die Wege sind gut ausgeschildert und es gibt nichts, was die Orientierung erschwert. Die Fernsicht auf die Alpen und in den Jura ist einfach umwerfend. Das Foto (siehe Seite 270) ist bei unserer kleinen Wanderung auf dem Plateau entstanden. Für weitere Strek-

Blick in die Rue Saint-Claire.

ken in den Bergen rund um den See empfehlen wir Ihnen die IGN-Top-Karte 3431 OT im Maßstab 1:25.000.

Eine sehr geruhsame und bequeme Methode, den See zu erkunden, besteht darin, mit einem der Ausflugsschiffe in Etappen die einzelnen Häfen anzufahren. Hierzu gibt es unterschiedliche Routen, Fahrzeiten und Preise, die Sie hier nachschauen können www.annecy-croisieres.com.

Im Office de Tourisme in der Rue Jean Jaurès wird man Ihnen noch sehr viel mehr Tipps geben können. Wir haben hier nur auf klassische Freizeitaktivitäten hingewiesen.

Ein Besuch des malerischen Viertel **Vieille Ville Annecy** an einem Tag in den Sommermonaten hat seine eigene Faszination. Dicht gedrängt gehen die Besucher der Stadt durch die Gassen entlang der Kaimauern und den anderen Straßen abseits des Thiou. Babylonisches Sprachgewirr dringt ans Ohr, neben französisch hört man viel italienisch, breites Schwyzerdütsch, englisch natürlich und erstaunlich viel chinesisch. In den vielen Restaurants sind alle Plätze besetzt, kaum wird ein Tisch frei, ist er auch schon wieder belegt. Man setzt sich und bestellt ein Fondue Savoyardes (Käsefondue), ein Raclette oder ganz profan eine Pizza. Die Speisekarten, die wir studiert haben, lassen in der Auswahl eigentlich keine Wünsche offen. Es gibt klassisch französische Restaurants, es gibt den Italiener, vietnamesische Restaurants, klassisch türkischen kebab im Straßenverkauf und vieles andere mehr.

Die genaue Zahl der Restaurants haben wir nicht ermittelt, es dürften so 40 bis 50 sein, die hier dicht gedrängt um die Kundschaft buhlen. Zwischen den Lokalen befinden sich Souvenirläden und Boutiquen. Auf den Plätzen und in den Straßen präsentieren darüber hinaus Gaukler, Akrobaten und Musiker ihre Künste natürlich nicht ohne Hut oder Geigenkasten für einige Münzen aufzuhalten. Wir haben die Altstadt vor Corona sehr lebendig erlebt.

Der Spaziergang durch die Stadt steht im krassen Gegensatz zu einer Wanderung auf dem Semnoz-Plateau und in einem krassen Gegensatz zu den anderen ruhigen Zielen, die wir in diesem Buch schon beschrieben haben. Es soll halt für jeden etwas dabei sein.

Die Altstadt hat aber durchaus mehr zu bieten als nur die Fülle der Restaurants. Machen wir zum Abschluss noch einen kleinen Bummel.

Zum Beispiel lohnt es sich ein Blick auf das **Palais d'Isle** zu werfen, dem Wahrzeichen der Stadt, das wie ein Schiffsbug auf der Insel im Fluß Thiou wirkt (siehe Seite 262). Es wurde im 12. Jahrhundert errichtet, als Annecy noch ein unbedeutender Ort war. Später diente es als Münzwerkstätte, dann als Justizpalast und später einige Zeit als Gefängnis.

In dem hohen gotischen Innenraum der Cathédrale St-Pierre hielt einst Franz von Sales seine Predigten und Jean-Jacques Rousseau spielte hier während seines Aufenthaltes, als er vor den Calvinisten aus der Schweiz geflohen war, auf der Flöte.

In der Cathédrale St-Pierre.

Die **Église St-François** aus dem 17. Jahrhundert steht am rechten Ufer des Thiou. Sie gehörte zum ersten Kloster der Salesianerinnen. Die Barockfassade wurde teilweise während der Revolution zerstört, als sie zu einer Fabrik umfunktioniert wurde. Heute dient sie der italienischen Gemeinde der Stadt als Gotteshaus.

Die **Église St-Maurice** im Hintergrund des rechten Bildes wurde im 15. Jahrhundert errichtet. Hier ist das breite gotische Kirchenschiff bemerkenswert.

Église St-François am Ufer des Thiou, im Hintergrund die Église St-Maurice.

Besonders sehenswert ist das Schloss, das über einen steilen Anstieg und Treppen von der Rue Ste-Claire zu erreichen ist.

Die ehemalige Residenz der Grafen von Genf ist eine einzigartige Mischung aus mittelalterlicher Verteidigungsarchitektur und der Eleganz der französischen Renaissance. Heute ist hier das Musée-Château eingerichtet. Es verfügt über umfangreiche Kunstsammlungen. Der Eintrittspreis von 5,50 € beinhaltet den Besuch des Regionalen Seen-Observatoriums (ORLA), dass sich den alpinen Seen widmet und mit Exponaten den wissenschaftlichen Stand der Forschung im Bereich der Biologie, Ökologie, Ethnologie, Archäologie und Limnologie präsentiert.

Damit beenden wir unseren Besuch in Annecy und schließen damit auch gleichzeitig diese Tour ab.

Das Château Annecy.

Lac Léman
(Genfer See)
SCHWEIZ
10 km
Route des Grandes Alpes
N
WC
167
Thollón-les-Mémises
(1017 m)
Évian-les-Bains
D1005
D24
Pic des Mémises
1675 m
166
165
D52
Bernex
Geopark
Château de Ripaille
D32
D22
V E
164
Thonon-les-Bains
D902
Vacheresse
(831 m)
Château d'Yvoire
Anthy-sur-Léman
Nyon
Yvoire
163
162
D1005
D25
Les Gorges du Pont du Diable
D32
D26
C. de Corbier 1230 m
D903
D12
D25
D60
Chablais
Abbaye d'Aulps
Château Saint Michel Avully
Brenthonne
St-Jean-d'Aulps
(800 m)
Douvaine
D1206
D35
Bons-en-Chablais
Machilly
D20
Signal des Voirons
1480 m
Monastère de Bethléem
D26
Boëge
DEP. HAUTE-SAVOIE (74)
Annemasse
D1206
D903
D20
D12
D907
GENÈVE
A40
Peillonnex
Prieuré
Thyez
Marignier
Cluses
D15
Reignier-Ésery
D1205
Bonneville
D2
Château
Collonges-sous-Salève
D903
La Roche-sur-Foron
Le Reposoir
161
V E
D4
Chartreuse du Reposoir
D1201
D27
A410
D2
Le Petit-Bornand
D15
Band 91:
Mit dem Wohnmobil in die Französischen Alpen
Chaîne des Aravis
Thorens-Glières
(650 m)
Cascade du Pas du Roc
(70 m hoch)
160
Monument National de la Résistance
A41
D55
Château de Thorens
10%
Plateau des Glières
(1440 m)
D5
La Clusaz
142
V E
WC
Seite 263
Col des Aravis
1487 m
D909
La Balme-de-Sillingy
Annecy
(445 m)
Nécropole nationale des Glières
Thônes
(627 m)
D909
Tour 8
V E
159
Vaulx
Château Montrottier
144
Le Fier
Veyrier-du-Lac
Lovagny
Menthon-St-Bernard
Lac d'Annecy
D12
Mont Chavin
2409 m
Les Gorges du Fier
145
Sévrier
la Tournette
2351 m
Saint-Jorioz
Ugine
A41
D41
D912
Doussard
D910
1699 m
D1508
Château de Faverges
Alby-s-Chéran
Lathuile
D1212
Faverges

TOUR 9 (ca. 190 km)

Thônes – Thorens-Glières – La Roche-sur-Foron – Yvoire – Anthy-sur-Léman – Thonon-les-Bains – Évian-les-Bains – Thollón-les-Mémises

Stellplätze:	Thônes, Plateau des Glières, La Roche-sur-Foron, Yvoire, Anthy-sur-Léman, Thollón-les-Mémises.
Campingplätze:	Yvoire, Thonon-les-Bains.
Ver-/Entsorgung:	Thônes, La Roche-sur-Foron, Anthy-sur-Léman.
Besichtigungen:	Thônes (Necropole National de la Résistance), Thorens-Glières (Monument National de la Résistance, Château de Thorens), La Roche-sur-Foron (Altstadt), Yvoire (mittelalterliche Stadt), Thonon-les-Bains (Altstadt), Évian-les-Bains (Bäderviertel).
Wandern:	Thônes, Thorens-Glières (Plateau des Glières), Thollón-les-Mémises (Pic des Mémises).
Baden/Wellness:	Anthy-sur-Léman (Strandbad), Évian-les-Bains (Therme).

Die letzte Tour dieses Buches führt uns vom Lac de d'Annecy an den Genfer See, wo wir in der Nähe der Grenze zur Schweiz mit einer letzten Wanderung auf einen hohen Berg Abschied nehmen wollen von dieser Region.

Auf dem Weg dorthin werden wir noch einige schöne Städtchen anschauen, geschichtsträchtige Orte aufsuchen und kurz vor dem Ende des Buches an einer berühmten Mineralwasserquelle unseren Durst stillen.

Erster Ort auf diesem Weg ist **Thônes**, ein kleines Städtchen in den Bergen östlich des Lac de d'Annecy. Umgeben ist die ca. 6000 Einwohner zählende Kleinstadt von mehreren Bergen, die über 2000 Meter Höhe erreichen oder nur knapp darunter liegen. Beschaulich geht es hier zu. Kein Vergleich mit dem Trubel in Annecy oder den stark von Touristen frequentierten Orten am Westufer des Sees. Hier kann man in aller Ruhe in einem der Straßencafes vor den Arkaden im historisch geprägten Zentrum des Ortes seinen café au lait

Église Saint-Maurice in der historischen Ortsmitte von Thônes.

Hochaltar in Saint-Maurice.

schlürfen. Eine Fußgängerzone hat der Ort zwar nicht, aber die wenigen Autos, die hier durchfahren stören kaum. Als historisches Baudenkmal ist die Kirche sehenswert, die ursprünglich im 17. Jahrhundert im Barockstil erbaut wurde, dann aber im Laufe der Zeit mehrfach aus unterschiedlichen Gründen Umgestaltungen und bauliche Veränderungen erfahren hat, die dann nicht mehr im Stile des Barock vorgenommen wurden. Besonders sehenswert ist der mit vielen Skulpturen versehene Hochaltar.

Unter den Arkaden finden sich auch einige kleine Läden, in denen man nicht nur ein Baguette erstehen kann, sondern auch verschiedene "Specialités de Montagne" mit denen diverse Wurst- und Käsevariationen gemeint sind, die man auch mit gutem Willen gar nicht alle probieren kann. Eingedeckt mit leckeren Vorräten lässt sich eine Wanderung in die Bergwelt auch gleich mit kulinarischen Genüssen verbinden.

(159) Offizieller WOMO-Stellplatz: Thônes

GPS: N45°52'51.8" E6°19'16.4", 626 m; 1 Route de Paradis, 74230 Thônes.

max. Womos: 8, maximale Länge 10 m.

Ausstattung: Keine, max. Aufenthaltsdauer: 48 h, ganzjährig geöffnet.

Beschreibung: Befestigte halbschattige Lage am Fluss Le Fier, Ortsrand, nachts ruhig.

Preise: Gebührenfrei.

Zufahrt: Von der D909 nach dem Ortseingang im ersten Kreisverkehr Richtung Thônes-Centre fahren, nach einer Brücke und einem Park gleich rechts abbiegen, geradeaus bis zur Brücke über den Fier fahren und diese überqueren.

Wasserver- und Abwasserentsorgung: Eine Versorgungsstation mit dem System "Flot Bleu" befindet sich etwas abseits ca. 500 Meter entfernt in der Rue Saint-Blaise. (GPS: N45°53'04.1" E6°19'03.4"). Hier können Sie für 2,00 € Wasser tanken, ihr WC entleeren und das Grauwasser über einen Bodeneinlass ablaufen lassen.

Wanderweg am Oberlauf des Fier (rechts hinter dem Buschwerk nicht sichtbar) am Rande der Kleinstadt Thônes.

Vom Stellplatz lassen sich je nach Kondition, Zeit und Interesse diverse Wanderungen unternehmen. Man kann bis zum Tournette auf 2351 Meter hochgehen (anstrengende 2-Tagestour) oder einfach nur eine kürzere Strecke entlang des Fier wandern. Es gibt zahlreiche sehr gut ausgeschilderte Wege, da ist für jeden Geschmack etwas dabei.

Etwas abseits von Thônes auf dem Weg zurück Richtung Lac d'Annecy befindet sich die **Site de Morette**. Was im Vorbeifahren nur so aussieht wie ein besonders gut gepflegter Soldatenfriedhof, entpuppt sich bei näherer Betrachtung als eine außergewöhnliche Gedenkstätte. Diese steht in einem engen Zusammenhang mit unserem nächsten Etappenziel, dem Plateau des Glières.

Ehrenfriedhof am Musée de la Résistance et de la Déportation in Morette.

Cascade du Pas du Roc.

Der direkte Weg dorthin wäre ein Wanderweg, etwa elf Kilometer lang mit fast 1000 Meter Höhenunterschied. Wir wählen die bequemere Route mit dem WOMO, die dafür allerdings mehr als dreimal so lang ist. Über die D5 geht es nach **Thorens-Glières** und von dort über die D55 mit einer 10-prozentigen, serpentinenreichen Steigung auf das **Plateau des Glières**, das sich auf rund 1440 Metern Höhe befindet. Die Straße ist gut ausgebaut und breit genug, um auch mit einem großen Fahrzeug hochzufahren. Wir passieren auf halber Strecke die **Cascade du Pas du Roc**, einen Wasserfall, dessen Oberkante man über einen Wanderweg erreichen und sogar überqueren kann. Hierbei ist Schwindelfreiheit und gute Trittsicherheit auf dem steilen Weg nach oben absolute Voraussetzung.

Das Plateau **[160:** N45°57'57.7" E6°19'52.1"] erreichen wir ohne Probleme. Parkplätze gibt es hier oben mehr als ge-

Das Plateau des Glières.

nug. In den Wintermonaten ist die etwa fünf Kilometer lange und mehr als einen halben Kilometer breite Hochebene ein stark frequentiertes Langlaufparadies. Die Sommermonate gehören den Wanderern, die ein weit verzweigtes Wegenetz vorfinden. Morphologisch betrachtet ist diese Hochebene, die sich zwischen langgestreckten Höhenzügen befindet, ein Relikt der letzten Eiszeit. Ausgeformt von einem Gletscher, haben sich in den Mulden dieser Hochebene Moore gebildet. Wäre das Gebiet nicht durch eine Zugangsstraße erschlossen, es wäre nur schwer zu erreichen.

Wer bis in die Mitte des Plateaus fährt, wird auf der rechten Seite schnell die große Betonskulptur wahrnehmen, die auf den ersten Blick wie ein stilisierter großer Vogel aussieht, der eine runde Scheibe auf dem Rücken trägt. Warum um alles in der Welt setzt man an dieser Stelle so ein Ding hin?

Plateau des Glières
Die Geschichte der Résistance in dieser Region

Wir schreiben das Jahr 1944. Europa befindet sich im Krieg. Die deutsche Wehrmacht hatte Frankreich überfallen und unterworfen. Die Alliierten formierten ihren Widerstand gegen Hitlerdeutschland, die Landung ihrer Truppen in der Normandie wurde vorbereitet.

In Hochsavoyen kämpft die Résistance für die Befreiung. Sie kämpft sowohl gegen die deutsche Wehrmacht als auch gegen die Kollaborateure des Vichy-Regimes. Zahlenmäßig und in der militärischen Ausrüstung ist sie ihren Gegnern unterlegen. Um den Widerstand zu stärken beschliesst England die Résistance mit Waffen zu unterstützen. Um diese ins Land zu bringen, wird das Plateau des Glières als Landeplatz für den Abwurf mit dem Fallschirm festgelegt. Im Februar 1944 ist ein erster Versuch wenig erfolgreich. Am 10. März, einer Vollmond-Nacht behindern starke Schnellfälle den ansonsten erfolgreichen Abwurf. Die Aktivitäten der Résistance bleiben den Vichy-Kräften und der deutschen Wehrmacht natürlich nicht verborgen. Es kommt zu verlustreichen Kämpfen für die waffentechnisch wie zahlenmäßig immer noch unterlegenen Widerstandskämpfer. Von Petit-Bornand starten die deutschen Truppen am 26. März ihre Angriffe, 129 Widerstandskämpfer verlieren ihr

Das Monument aus der Nähe betrachtet.

Leben. 105 davon fanden auf dem Ehrenfriedhof in Morette vor den Toren von Thônes ihre letzte Ruhestätte. Der Widerstand ging auch nach diesen verlustreichen Kämpfen weiter. Zahlenmäßig durch Partisanengruppen aus verschiedenen Regionen verstärkt, gelang die Befreiung Hochsavoyens auch mit Hilfe weiterer Waffenlieferungen durch Fallschirmabwürfe bereits am 19. August 1944.

Das Denkmal wurde 1973 eingeweiht. Es stellt ein "V" für "Victoire" im englischen "victory", also ein bekanntes Siegeszeichen dar. Ein Schenkel ist vollständig, er zeigt in die Richtung des Himmels und stellt damit ein Symbol der Hoffnung dar. Darauf befindet sich eine große Scheibe. Sie stellt die Sonne als Symbol der Wiedergeburt und der Freiheit dar. Sie ruht nicht im Schnittpunkt der beiden Schenkel. Damit soll sie symbolisieren, dass Freiheit ein labiler Zustand sein kann, der ständig neu erkämpft und verteidigt werden muss. Der zweite Schenkel des "V" ist deutlich eingekürzt. Er symbolisiert, das jeder erfolgreiche Kampf für die Freiheit auch Leid, Verlust und Tod bedeuten kann.

Wenn am Abend die Tagesbesucher mit dem PKW das Plateau verlassen haben, kehrt hier absolute Ruhe ein. Hier stört in der Nacht niemand.

Nachdem wir das Plateau verlassen haben, führt uns die Reise zum **Château de Thorens**, es liegt praktischerweise auf unserem weiteren Weg, den wir ohnehin fahren wollten und erfordert nur einen kleinen Schlenker von der Hauptstraße weg, um es zu erreichen [GPS: N45°59'39.1" E6°15'23.1"].

Das Schloss kann nur im Rahmen einer Führung besichtigt werden. Im Juli und August werden sie täglich angebo-

Das Château de Thorens.

ten, von April bis Juni und im September und Oktober nur an Nachmittagen am Mittwoch, Samstag und Sonntag. Näheres gibt es hier: www.chateauthorens.fr. Großen Raum nimmt in der Führung **François de Sales** (*1567, †1622) ein, Schutzpatron der Schriftsteller und Journalisten, der hier geboren wurde und Fürstbischof von Genf-Annecy war. Auf ihn geht auch der Orden der Salesianerinnen (genauer: Ordo Visitatio Mariae, OVM) zurück, den er in seiner Zeit als Bischof mit der Baronin Johanna Franziska von Chantal gründete. Weiter werden natürlich alle historisch bedeutenden Persönlichkeiten erwähnt, die aus diesem Hause stammen oder mit diesem Adelsgeschlecht in Verbindung standen. Um das alles Einordnen und verstehen zu können, muss man sich schon etwas mit der Geschichte Savoyens befassen. Das führt hier zu weit. Wir fahren lieber weiter nach **La Roche-sur-Foron**, einem Ort mit einer pittoresken, mittelalterlichen Altstadt. Weit ist es nicht, es sind nur noch rund 14 Kilometer, die wir über die D2 zurückzulegen haben.

Es empfiehlt sich gleich den Stellplatz anzufahren, von hier aus ist es nur ein kurzer Weg zum historischen Kern der Stadt.

Bevor der Besuch losgeht, lohnt ein Blick auf den Stadtplan am Rande des Platzes und eine Lektüre der Beschreibung des Ortes neben der Karte.

(161) WOMO-Stellplatz: La Roche-sur-Foron

GPS: N46°03'51.3" E6°18'49.3", 529 m;
72 Chemin du Canada, 74800 La Roche-sur-Foron
Max. WOMOs: 8, maximale Länge 7 m.
Ausstattung: Asphaltierter Platz mit Wasserversorgung und Entsorgung mit Bodeneinlass, Kassettenentleerung, Behälter für die Müllentsorgung, max. Aufenthaltsdauer: 48h, ganzjährig geöffnet.
Beschreibung: Innenstadtnah, neben der Foron, nachts ruhig.
Preise: Gebührenfrei, Frischwasser und Entsorgung ist kostenlos.
Zufahrt: Von der "Avenue de la Bénite Fontaine" (D27), eine Abzweigung der D2, führt eine schmale Straße, die "Rampe des Tanneries" hinunter zum Platz. Die letzte Kurve von der schmalen Straße zum Platz ist sehr eng. Größere Fahrzeuge müssen hier u.U. etwas rangieren.

Über die mittelalterliche Bogenbrücke pont Renaud geht es zu Fuß über den Fluss Foron, dann über einige Treppenstufen, der Passage de la Crossette, etwas weiter hoch und schon ist man nach wenigen Metern auf der Place Saint-Jean mit der **Église Saint-Jean-Baptiste**. Die Kirche stammt in ihren Ursprüngen aus dem 12. Jahrhundert und wurde im Laufe der Jahrhunderte mehrfach umgestaltet. Ihr Inneres besteht aus grob behauenen Natursteinmauerwerk. Nur die Säulen und die Bögen des Kreuzgratgewölbes sind in Steinmetzarbeiten ausgeführt. Etwas ungewöhnlich für die sonst so reicht

Rue Perrine, eine der Straßen mit historischer Bausubstanz.

ausgemalten katholischen Kirchen. Neben der Kirche führt eine schmale Gasse durch ein ehemaliges Stadttor zum Felsen von Foron. Nach diesem markanten Block oberhalb des Flusses wurde der Ort benannt. Interessanterweise hat dieser Felsblock eine längere Reise während der letzten Eiszeit hinter sich gebracht und ist kein "gewachsener" Fels, der hier aus der ihm umgebenden Landschaft durch Erosion herauspräpariert wurde. Mit den Eismassen der Gletscher wurde er über eine längere Zeit her transportiert. Schon erstaunlich welche Transportleistungen das kriechende Eis vollbringen kann.

Auf dem Felsen setzten die Menschen des 12. Jahrhunderts einen Wach- und Verteidigungsturm. La Roche stand zu dieser Zeit in voller Blüte und war über zwei Jahrhunderte die

Historische Straßenbeleuchtung und Turm der Église Saint-Jean-Baptiste.

Hauptstadt des Genevois, einer Grafschaft zwischen Genf und Annecy.

Den Turm kann man besteigen. Von ihm hat man eine gute Sicht in die Savoyer Alpen. Bis zum Mont Blanc reicht die Aussicht aber nicht, da stehen zu viele Zweitausender im Weg, die den Blick versperren.

Im historischen Kern der Stadt, zwischen dem Hôtel de Ville und der Église Saint-Jean-Baptiste finden sich viele kleine Ladenlokale und einige Brasserien. Die Auswahl an Restaurants ist nicht sehr groß.

Tour des Comtes de Genève.

Église Saint-Jean-Baptiste und Stadttor.

Das ist in **Yvoire**, unserem nächsten Etappenziel, das in 38 Kilometern Entfernung liegt, gänzlich anders. Dieser sündhaft teure Parkplatz **Pré Ponce** [**162:** N46°22'04.6" E6°19'32.8"] ist die einzige vernünftige Möglichkeit das WOMO für einen Besuch des Ortes abzustellen. Für einen kurzen Besuch mag das gehen, für einen Aufenthalt über Nacht erscheint uns der Campingplatz die bessere Alternative zu sein.

(163) WOMO-Campingplatz: Yvoire – Camping Mathieu

GPS: N46°22'04.0" E6°19'41.9", 404 m;
212, Route d'Excenevex, 74140 Yvoire.
Max. WOMOs: >20, maximale Länge 8 m.
Ausstattung: Frischwasserversorgung, Abwasserentsorgung mit Bodeneinlass, Kassettenentleerung, Stromanschlüsse, Behälter für die Müllentsorgung. Im Servicebereich gibt es Duschen, WCs, Waschmaschinen und Trockner. Der Platz ist ganzjährig geöffnet.
Beschreibung: 90 m² große schattige Rasenplätze unter Bäumen, sehr ruhig, 400 Meter von der Ortsmitte entfernt. Hunde sind nicht erlaubt.
Preise: Erwachsene Person je nach Saison 5,00 € oder 6,00 €, Kinder 0 - 9 Jahre 2,00 €, Kinder 10 - 17 Jahre 3,50 €, Kurtaxe (nur Erwachsene) 0,20 €, Wohnmobil 6,50 € oder 8,00 €, Waschmaschine/Trockner jeweils 3,80 €, Frischwasser 3,50 €.
Zufahrt: Von der D25 in der Ortsmitte im Kreisverkehr zweite Ausfahrt, dann nach 200 Metern rechts.
Reservierung/Kontakt: Tel.: 04 50 72 84 31 oder 06 56 79 25 77
E-Mail: campingmathieu@yahoo.fr,
Web: www.camping-lac-leman-mathieu.com.

In diesem mittelalterlichen Städtchen reiht sich ein Restaurant an das andere. Dazu einige Kunstgalerien, Souvenirläden und andere Läden mit kunstgewerblichen Artikeln. In den Monaten von April bis Oktober zählt der Ort täglich ganz sicher ein mehrfaches an Besuchern als es Einwohner hat. Nun erscheinen 900 Einwohner natürlich nicht viel, aber die Fläche ist auch sehr klein. Addiert man die Längen der Gassen in der Altstadt zusammen, kommt man mit etwas gutem Willen auf rund 1000 Meter. Die meisten Einwohner wohnen ganz sicher nicht im mittelalterlichen Kern, denn hier ist jedes der aus Natursteinen bestehenden Gebäude bis in den kleinsten Winkel für ein Restaurantbetrieb oder als Ladengeschäft genutzt. Da bleibt kein Platz für Wohnraum. Schön herausgeputzt sind die Häuser alle. Blumentöpfe und Blumenampeln geben einen farbenfrohen Schmuck und sollte sich noch eine Lücke zwischen den Häusern auftun, dann

Malerisches Stadttor in Yvoire.

steht dort garantiert ein Strauch oder ein Bäumchen. Nicht umsonst zählt Yvoire zu den "Plus beaux villages de France", den schönsten Dörfern Frankreichs. So wie sich Häuser, Restaurants und Blumenschmuck auf kleinsten Raum drängen, so ist das auch mit den Besuchern. Sie kommen aus allen Ecken der Welt, Genf mit seinem internationalen Publikum ist nur einen Katzensprung entfernt. Schweizer machen einen Sonntagsausflug mit dem Ausflugsdampfer einem "Belle Epoque-Schiff" oder der ganz "normalen" Personenfähre, die in den Sommermonaten von Nyon auf der Schweizer Seite bis zu 35 mal nach Yvoire hin- und herfährt. Nur 20 Minuten benötigt eine Fahrt. Dazu kommen die Bustouristen, die PKW-Touristen, Motorradfahrer, Radfahrer und dann noch die eine oder andere WOMO-Besatzung. Die Parkflächen sind in der Summe fast genauso groß wie die Ortsfläche mit ihrer malerischen Bebauung, die diese ma-

Blumengeschmücktes Haus in Yvoire.

Schloss Yvoire am Ufer des Genfer Sees.

Die Kirche Saint Pancrace in Yvoire.

gnetische Wirkung (nicht zuletzt durch ein sehr geschicktes Marketing) auf Besucher entfaltet hat. Ruhe innerhalb des Ortes findet man eigentlich nur im **Jardin des Cinq Sens**, einem botanischen Garten mit Heil- und Gewürzpflanzen sowie einem kleinen Irrgarten. Die 12,00 Euro Eintritt für den kleinen Garten schrecken viele Besucher ab und suchen stattdessen nach einem Plätzchen in einem der rund 20 Restaurants. Irgendwann muss man am Genfer See natürlich einmal ein Filet de Perches (Barsch) oder ein Filet de Féra (Felchen), die hier im See gefangen werden probiert haben. Sie verzichten dann lieber darauf am Enzian gerochen zu haben, Heil- und Gewürzpflanzen, Obstbäume, alte Rosen, Volieren und Fontänen in dem Garten betrachtet zu haben und durch den grünen Kreuzgang mit Brunnen und Blumen gegangen zu sein.

Am Genfer See sind die Möglichkeiten mit dem WOMO ein schönes Plätzchen zu finden sehr begrenzt. Klassische Stellplätze gibt es nicht und wenn, dann sind sie sehr klein wie der in **Anthy-sur-Léman**. Die sonstigen, zum Teil sehr großen Parkplätze haben die rot-weiß oder auch grün-weiß lakierten

(164) Offizieller WOMO-Badeplatz: Anthy-sur-Léman

GPS: N46°21'32.0" E6°25'18.3", 24 Rue du Lac, 74200 Anthy-sur-Léman.
Max. WOMOs: 5, maximale Länge 7 m.
Ausstattung: Frischwasserversorgung, Abwasserentsorgung mit Bodeneinlass, Kassettenentleerung, Müllentsorgung, geöffnet von 1. Mai – 30. Sept., maximale Aufenthaltsdauer 48 h.

Beschreibung: Sehr enger befestigter halbschattiger Platz in unmittelbarer Nähe des Sees. Restaurants in der Nähe. Die Ver- und Entsorgung ist auch nutzbar ohne auf dem Stellplatz zu verweilen.
Preise: Kostenlos.
Zufahrt: Über die D33 durch die Ortsmitte hinter den Friedhof fahren. Enge Straßenführung.

Liegewiese am Ufer des Genfer Sees bei Anthy-sur-Léman.

WOMO-Bremsen aus stabilem Stahlrohr. Sie variieren nur in der Höhe, mal 1,80 Meter, mal 1,90 Meter, da hat man selbst mit einem klassischen Camper mit Aufstelldach keine Chance. Wer längere Zeit verweilen will, der wird notgedrungen auf einen Campingplatz ausweichen müssen. In Anthy-sur-Léman gibt es einen kleinen Stellplatz in unmittelbarer Nähe des Sees, mit einer Parkanlage und Badestrand. Man muß schon sehr viel Glück haben, um hier bei sonnig-warmen Wetter einen Platz zu bekommen. Wir hatten das Glück nicht und mussten weiterfahren.

In Thonon-les-Bains und Évian-les-Bains den nächsten beiden Orten auf dieser Reise gibt es ebenfalls keine Stellplätze für Wohnmobile. Mit etwas Glück lassen sich an den Strandpromenaden Parkplätze finden, das reicht aber nur für einen

(165) WOMO-Campingplatz: Thonon-les-Bains – Le Disdillou

GPS: N46°23'49.4" E6°30'12.3", 387 m;
98 Avenue de Saint-Disdille, 74200 Thonon-les-Bains.
Max. WOMOs: >20, maximale Länge 10 m.
Ausstattung: Frischwasserversorgung, Abwasserentsorgung mit Bodeneinlass, Kassettenentleerung, Stromanschlüsse, Behälter für die Müllentsorgung, WiFi. Im Servicegebäude gibt es Duschen, WCs, Waschmaschinen und Trockner. Der Platz ist von Anfang April bis Ende Oktober geöffnet.
Beschreibung: Große sonnige, teilweise auch schattige Rasenplätze, Strandzugang, Spielplätze, Paddel- und Tretbootverleih.
Preise: Je nach Saison zwischen 14,00 € und 18,00 € für ein Fahrzeug mit 2 Personen, Hund 3,00 €, Strom 4,00 €, Waschmaschine und Trockner jeweils 4,00 €.
Zufahrt: Von der Strandpromenade im Norden der Avenue de Ripaille und dann, nach dem zweiten Kreisverkehr, der Avenue du Champ Bochard folgen. Ab hier ist die weitere Zufahrt zum Campingplatz ausgeschildert.
Reservierung/Kontakt: Tel.: 04 50 26 13 59 oder 06 24 09 30 56
E-Mail: contact@ledisdillou.com, Web: www.ledisdillou.com.

(166) WOMO-Campingplatz: Thonon-les-Bains – Saint Disdille

GPS: N46°23'56.9" E6°30'13.8", 386 m;
102 Réserve Naturelle, 74200 Thonon-les-Bains.
Max. WOMOs: >20, maximale Länge 10 m.
Ausstattung: Frischwasserversorgung, Abwasserentsorgung mit Bodeneinlass, Kassettenentleerung, Stromanschlüsse, Behälter für die Müllentsorgung, WiFi, Fahrradverleih, Tennisplatz, Beach Volleyball, Tischtennis, Petanque, Spielplätze, direkter Zugang zum Strand am Genfer See. Im Servicegebäude gibt es Duschen, WCs, Waschmaschinen und Trockner. Der Platz ist von Anfang April bis Mitte Oktober geöffnet..
Beschreibung: Überwiegend halbschattige 100 bis 120 m² große Plätze, sehr ruhig, strandnah.
Preise: Je nach Saison und Größe des Platzes zwischen 19,00 € und 35,50 € pro Fahrzeug mit 2 Personen inkl. Strom sowie Ver- und Entsorgung.
Ver- und Entsorgung ohne Nutzung des Campingplatzes 5,00 €.
Zufahrt: Von der Strandpromenade im Norden der Avenue de Ripaille und dann, nach dem zweiten Kreisverkehr, der Avenue du Champ Bochard folgen. Ab hier ist die weitere Zufahrt zum Campingplatz ausgeschildert.
Reservierung/Kontakt: Tel.: 04 50 71 14 11
E-Mail: camping@disdille.com, Web: https://disdille.com.

kurzen Stadtbummel, eine Übernachtung ist da kaum möglich. Thonon hat mehrere Campingplätze, am besten erscheint uns der Platz Saint Disdille zu sein. Allerdings bietet auch dieser nur eine begrenzte Zahl an Plätzen für Wohnmobile.

Der Campingplatz Saint Disdille bietet (neben seiner kompletten Ausstattung und Seenähe) den Vorteil genau zwischen **Thonon-les-Bains** und Évian-les-Bains zu liegen. Von hier ist es einfach, mit dem Fahrrad sowohl den einen wie den anderen Ort zu besuchen. Wer kein Fahrrad dabei hat, der kann sich auf dem Campingplatz eines leihen. Radfahren ist hier am See kein Problem, die Steigungen von den Unter- zu den Oberstädten sind beherrschbar, ansonsten ist es ohnehin flach. Beide Städte haben Standseilbahnen. Die **"funiculaire"** in Thonon überwindet dabei etwas mehr als 40 Meter Höhenunterschied, die in Évian rund 120 Meter. In Évian ist ein Transportwagen für Fahrräder dabei und die Bahn ist sogar kostenlos. Also alles kein Problem mit den Rädern.

Wer mit dem Rad vom Campingplatz am Genfer See entlang nach Thonon fährt, kommt am **Château de Ripaille** vorbei. Für die, die den Besucherparkplatz in der Avenue de Ripaille direkt anfahren wollen, finden ihn mit diesen Koordinaten [GPS: N46°23'17.4" E6°29'09.0"].

Das ursprünglich im 15. Jahrhundert erbaute Schloss diente zeitweise zwischen dem 16. und 18. Jahrhundert auch als Kloster. Während der Französischen Revolution wurde es teilweise zerstört und am Ende des 19. Jahrhunderts erst auf Veranlassung durch den elsässischen Industriellen Fréderic Engel-Gros vollständig restauriert. Heute ist es in erster Linie

Das Weingut und Schloss Ripaille in Thonon am Ufer des Genfer Sees.

ein Weingut, das pro Jahr etwa 140000 Flaschen Wein erzeugt, vorwiegend Cuvées. Hauptrebsorte ist Chasselas, die in Deutschland unter dem Namen Gutedel bekannt ist. Gut gekühlt schmeckt der Wein hervorragend zu einem Reblochon de Savoie, einem zarten Weichkäse aus dieser Region. Einfach mal ausprobieren!

Das Schloss kann besichtigt werden, allerdings nur im Rahmen einer Führung. Von Ende März bis Anfang November werden täglich Führungen (auch in deutscher Sprache) angeboten. Eintrittspreise und genaue Öffnungszeiten entnehmen Sie bitte dieser Seite www.visitesenchablais.fr.

Ganz ohne Führung geht es auf der Flaniermeile, dem Quai de Ripaille entlang des Genfer Sees weiter. In der Nähe des

Im Jachthafen von Thonon-les-Bains.

Jachthafens finden sich eine Reihe von Restaurants, die ihre Tische unter den in Form geschnittenen Ahorn-Bäumen platziert haben. Von hier ist es nicht weit zur funiculaire, die Ende des 19. Jahrhunderts gebaut wurde, um den Kurgästen den Weg vom Hafen in die Oberstadt zu erleichtern. Die Bahn funktioniert heute vollautomatisch, ein Retourticket kostet 2,00 €.

In der Oberstadt von Thonon.

Auf dem Weg dorthin passiert man das Château de Rives, eine Burg, deren Ursprünge auf das 14. Jh. zurückgehen und die zur Verteidigung der Stadt und des Hafens von Thonon errichtet wurde. Heute hat sie keine Funktion und kann nur

Der Springbrunnen am Belvédère in der Oberstadt von Thonon.

Blick auf die Unterstadt, den Jachthafen und den Genfer See.

von außen betrachtet werden. Ähnlich verhält es sich mit dem zweifellos schöneren **Château Montjoux**, das in den Tourismusseiten von Thonon gern gezeigt wird, für Besucher aber nicht geöffnet ist.

Einmal in der Oberstadt angekommen, bietet sich vom **Belvédère** in einer kleinen Parkanlage mit großem Springbrunnen und Desaix-Denkmal ein schöner Blick auf die Unterstadt, den Jachthafen und den Genfer See. Unweit des Belvédère findet sich das Office de Tourisme und das schöne städtebauliche Ensemble rund um den Place de Hôtel de Ville mit dem Rathaus, einem Brunnen und eine in den Platz eingelassene Windrose, die den Kilometer Zéro der Touristenstraße Route

Place de Hôtel de Ville mit dem Rathaus, dem Rathausbrunnen und Kilometer Zéro.

Die Barockkirche Saint-Hippolyte, hat einen direkten Durchgang zur neoklassischen Basilika Saint-François-de-Sales.

des Grandes Alpes markiert. Hier beginnt sie also, die 700 Kilometer lange Straße, die über 16 Alpenpässe bis nach Menton an die Côte d'Azur führt. Wir kommen in unserem Buch über die französischen Alpen darauf zurück, dort fahren wir sie fast vollständig ab.

Freunde der sakralen Baustilkunde werden noch gern einen Blick auf und in die beiden aneinandergebauten Kirchen **Saint-Hippolyte** (Barock) und **Saint-François-de-Sales** (Neoklassik) werfen. Sie befinden sich in der Grande Rue, nur wenige Meter vom Rathaus entfernt.

Es ist selten, dass man von einer Kirche direkt in die andere gehen kann, ohne den Gebäudekomplex verlassen zu müssen. Hier ist das möglich.

Mineralwässer gibt es viele. Aber nur wenige erlangen so viel Ruhm wie das aus Évian, das sicher jeder irgendwann

Die Trinkhalle der Cachat-Quelle, heute Ausstellungsraum der Fa. Évian.

Die Rückseite der Cachat-Trinkhalle. Jugendstil pur.

schon einmal getrunken hat. Wenn nicht, in **Évian-les-Bains** lässt sich dies an der Cachat-Quelle nachholen, kostenlos versteht sich. Es ist die berühmteste der zahlreichen Quellen in Évian. Das ganze Jahr über fließt hier aus einem kleinen, unscheinbaren Hahn das Wasser konstant mit einer Temperatur von 11,6°C in ein kleines Becken. Man braucht ein wenig Geduld, um diese Quelle ohne Personen fotografieren zu können. Denn ständig stehen Besucher davor, um einmal direkt aus dem Hahn dieses köstliche Naß zu trinken oder einheimische füllen ihren Hausvorrat an dieser Quelle in Kanister ab. Es ist halt beliebt, das Wasser, das in rund 120 Länder der Welt exportiert wird und den Ruhm Évian-les-Bains als Kurstadt begründete.

Évian, das Mineralwasser und der Kurort

"C'est ici au cœur des Alpes, après un voyage de plus de quinze ans au travers de roches granitiques, de galets et de sables fins, que l'eau evian® se purife et s'enrichit en minéraux essentiels jusqu'à l'équilibre parfait. Enveloppée par deux couches d'argile de moraine que des glaciers millénaires ont déposé là, il y a 30000 ans, elle est ainsi protégée de toute pollution."

So steht es am Eingang der Ausstellungshalle, einem schönen Jugendstilgebäude aus dem Jahre 1903. Hier erfährt man alles über das Mineralwasser.

Übersetzt heißt der Text: "Es ist hier, im Herzen der Alpen, wo nach einer Reise von über fünfzehn Jahre durch Granitfelsen, Kieselsteinen und feinem Sand das Évian®-wasser gereinigt und mit essenziellen Mineralien angereichert seine perfekte Balance erreicht hat. Umschlossen von zwei Lagen tonhaltigen Moränenmaterials, die von Gletschern hier vor 30000 Jahren abgelagert wurden, ist es von jeder Art Verschmutzung geschützt."

Damit ist zur Herkunft des Wassers eigentlich alles Wesentliche gesagt. Für die industrielle Nutzung sind die Quellen heute natürlich mit Brunnenbohrungen erschlossen. Die großen Abfüllanlagen befinden sich in Publier, das liegt zwischen Thonon und Évian.

Bekannt ist die Qualität des Wassers bereits seit dem Mittelalter, aber erst Ende des 18. Jh. wurde die heilende Kraft des Wassers entdeckt und alsbald auch vermarket. Es passte in die Zeit, das Kurwesen erlebte im 18. und 19. Jh. in ganz Europa einen rasanten Aufschwung. Kurorte wie Vichy, Bath (England), Karlsbad (Tschechien), Aachen, Wiesbaden und Baden-Baden, um nur einige zu nennen, buhlten um den gut situierten Adel bekannte Schriftsteller und andere, die Rang und Namen hatten. Für die sogenannte gehobene Gesellschaft war es schick, Kuraufenthalte in diesen Städten zu machen. Dabei ging es nicht immer nur um die Gesundheit. Man frönte der Spielleidenschaft (oder warum gibt es sooft Spiel-Casinos in Kurorten?) und ganz sicher gab es auch noch viele andere Dinge, die wir hier aber nicht weiter ausführen wollen.

Die Cachat-Quelle in Evian.

Die berühmten Kurorte standen in einer Konkurrenz zueinander. Deshalb wundert es nicht, dass in dieser Zeit die exklusivsten Hotelanlagen in diesen Städten errichtet wurden, prunkvolle Villen entstanden und sich in der Architektur bedeutende städtebauliche Akzente unterschiedlichster Stilrichtungen wiederfinden. So ist zu erklären, dass Évian mit einer ganzen Reihe von städtebaulichen Sehenswürdigkeiten aufwarten kann. Darunter das Palais Lumière, das ehemalige Thermalbad, das heute als Kultur- und Kongresszentrum genutzt wird, das Hôtel de Ville oder auch die Villa Lumière, die ehemalige Villa der Familie Lumière, das Theater Antoine Ribaud und natürlich die Trinkhalle Cachat.

Die vielen Jugendstilgebäude haben ihren ganz eigenen Charme. Versäumen Sie nicht, einmal hinter das Gebäude der Trinkhalle zu gehen.

Das heutige moderne Thermalbad befindet sich an der Place de Libération zwischen dem Palais Lumière und dem Jachthafen ein ganz profanes Gebäude ohne architektonischen Reiz.

Ein Bummel durch die Stadt führt vorbei, an dem Theater und Casino, an der ehemalige Sommerresidenz der Familie Lyon Lumière, hin zur Trinkhalle Cachat.

Die zwischen 1907 und 1913 erbaute 750 Meter lange Standseilbahn, die dazu diente, die Kurgäste von der Unter- in die Oberstadt zu transportieren, funktioniert heute nach einem Dornröschenschlaf von 33 Jahren wieder. Die zwei historischen Holzwaggons sind auf den neuesten Stand der Technik gebracht und seit 2002 jeden Tag in den Monaten von Mai bis September führer- und kostenlos in Betrieb. An sechs Stationen kann man zu- oder aussteigen und auf einem Transportwagen auch das Fahrrad mitnehmen.

Ist es am Genfer See ein wenig kompliziert mit der Suche nach einem geeigneten Stellplatz, so ist es bei der letzten Station auf dieser Tour kein Problem.

Thollón-les-Mémises ist ein Ort, der sich in den letzten Jahrzehnten von einem Bergbauerndorf zu einem Wintersportort entwickelt hat. Der Stellplatz erfüllt keine besonderen Ansprüche, es ist ein einfacher Asphaltplatz in der Nähe der Seilbahnstation, der in den Wintermonaten den Skitouristen als Parkplatz dient. In den Sommermonaten ist er recht leer. Für die Wohnmobiltouristen ist er für eine Wanderung auf den Pic des Mémises ein idealer Ausgangsort. Eine Wanderung, die wir am Ende dieser Reise und zum Abschluss dieses Buches unternehmen werden und die Sie auf den folgenden beiden Seiten beschrieben finden.

Am Rande des Stellplatzes bietet der Sherpa-Markt auf relativ kleiner Fläche gute Einkaufsmöglichkeiten für das, was man unterwegs so benötigt. Eine Art "Tante-Emma-Laden", wie wir ihn in den kleineren Orten auf dem Land öfter angetroffen haben.

(167) Offizieller WOMO-Stellplatz: Thollón-les-Mémises – Office de Tourisme

GPS: N46°23'25.5" E6°42'49.5", 1016 m; D24 74500 Thollón-les-Mémises.

Max. WOMOs: >8, maximale Länge >10 m.

Ausstattung: Stromanschlüsse, WC, Spielplatz, Mülleimer, ganzjährig geöffnet.

Beschreibung: Großer asphaltierter Platz vor einem kleinen Supermarkt, unweit der Seilbahnstation und nah am Touristenbüro im Zentrum von Chez les Aires, einem Ortsteil von Thollón-les-Mémises, nachts sehr ruhig.

Preise: 5,00 € sind im Office de Tourisme zu zahlen.

Zufahrt: Ab Évian die D24 nutzen und den Hinweisschildern zur Seilbahn folgen.

Nun sind wir am Ende angekommen. Wir hoffen, dass Ihnen das Buch gefallen hat und Sie nützliche Informationen mit diesem Reiseführer gewinnen konnten. Gern nehmen wir Ihre Resonanz entgegen.

Wanderung zum Pic des Mémises

Der Wanderweg führt an der Talstation der Seilbahn vorbei und ist zugleich ein Zufahrtsweg für die Bergstation der Seilbahn. Für den öffentlichen Verkehr ist dieser Weg natürlich gesperrt. Für den Wanderer heißt das, der Weg ist gut und gefahrlos zu gehen, wenn auch in einigen Teilen mit einer recht ordentlichen Steigung. Vom Parkplatz bis zur Bergspitze sind immerhin 685 Meter Höhenunterschied zu bewältigen, das treibt schon die eine oder andere Schweißperle auf die Stirn. Oben angekommen bietet ein Restaurant neben kühlen Getränken einige kleine Gerichte zur Stärkung an. Neben der Bergstation befindet sich ein Startplatz für Gleitschirmflieger, von hier hat man schon einen sehr schönen Blick über den Genfer See. Noch besser ist der Blick allerdings vom Pic des Mémises. Um den zu erreichen, geht es von der Bergstation über einen klassischen Bergwanderpfad in Kammlage noch rund 900 Meter weiter. Zwischen den Sträuchern und Bäumen befinden sich Almwiesen, die im Sommer als Viehweiden genutzt werden. Ein kräftiges Kuhglockengeläut empfängt uns kurz hinter der Bergstation. Angst braucht man keine zu haben, denn die Almweide ist mit einem Elektrozaun vom Wanderweg getrennt. Neugierig kommen die Rin-

Schaut ganz neugierig.

der uns Wanderern entgegen, bis der Zaun sie stoppt. Das Gipfelkreuz ist eine einfache 5,5 Meter hohe Holzkonstruktion aus dem Jahre 2013 wie eine Tafel am Kreuz informiert. Phantastisch ist der Blick über den Genfer See. Man sieht Lausanne mit den Höhenzügen des Jura im Hintergrund und östlich von Lausanne die Weinberge des Lavaux die seit 2007 zum Welterbe der UNESCO zählen. Einen Blick auf den Mont Blanc hat man von dieser Stelle nicht, einige Berge, die höher sind als der Pic des Mémises versperren die Sicht. Für die Wanderung sollte man mit einer Rast 4-5 Stunden einplanen. Einfacher ist es, mit der Bergbahn hochzufahren und nur von der Bergstation zum Gipfel zu gehen. Die Bergbahn ist allerdings nur in den Monaten Juli und August in Betrieb. Außerhalb der Ferienzeit ist sie in den Monaten Mai, Juni und September mittwochs sowie samstags und sonntags in Betrieb.

Der letzte Höhepunkt dieser Reise.

Panoramablick vom Pic des Mémises auf den Genfer See.

Baden/Wellness

Sich mit dem WOMO auf einen Stellplatz neben eine Therme zu stellen, wie wir dies zum Beispiel in unseren Bayernbüchern vielfach beschrieben haben, geht hier leider nicht. Es gibt nur wenige Wellnesstempel in dieser Region und die haben keinen WOMO-Stellplatz. Die meisten Kurbäder dienen in erster Linie der gesundheitlichen Vor- und Nachsorge.
Die Badeseen mit Stellplatzeinrichtungen haben wir aufgenommen und beschrieben. Es gibt darüber hinaus eine große Summe an Frei- und Hallenbädern, auf die wir immer wieder hingewiesen haben, ohne jedoch dabei den Anspruch auf Vollständigkeit erheben zu wollen.

Campingplätze

Es gibt sehr viele Campingplätze im Jura und in den Alpen. Wir haben nicht alle aufgenommen, sondern sehen sie als Alternative zu nicht vorhandenen Stellplätzen. Wir wählen einen Campingplatz aber auch dann, wenn er besonders schön an einem Fluss oder einem See liegt, während der ausgewiesene Stellplatz nur eine Ecke auf einem Großparkplatz an einer viel befahrenen Straße ist oder in der Nähe einer viel befahrenen Bahnstrecke liegt.

Freies Campen/Freies Übernachten

Nicht jeder traut sich auf einem Waldparkplatz oder an einem still verschwiegenen See ohne eine Menschenseele um sich herum sein Womo abzustellen und zu übernachten. Uns stört es nicht, wenn des Nachts der Waldkauz ruft oder es im Gebüsch auch einmal knackt. Unter Sicherheitsaspekten betrachtet, erscheint uns dies sogar besser, denn Spitzbuben, die auf Diebestour sind, gehen eher dort hin, wo sie nicht lange suchen müssen. Außerdem haben wir immer unsere drei treuen Begleiter dabei, die schlagen jeden in die Flucht, wenn es denn sein muss.
Wichtig ist natürlich – und darum bitten wir auch Sie liebe Leser – nichts anderes zu hinterlassen, als ein paar Reifenspuren. Wir hatten bislang

mit dieser Vorgehensweise nirgendwo ein Problem, nicht im Jura, nicht in den Alpen und auch in keiner anderen Ecke Europas, in der wir uns aufgehalten haben.

Gasversorgung

Mit zwei gefüllten 11 kg-Flaschen kommt man gut zurecht. Wir haben in Frankreich bislang noch nicht vor dem Problem gestanden, kein Gas mehr zu haben. Wir wissen, dass es Adapter im Campingfachhandel gibt, die es erlauben, deutsche Gasflaschen in Frankreich auffüllen zu lassen bzw. französische Gasflaschen zu nutzen, die es praktisch in jedem großen Supermarkt zu kaufen gibt. Wir haben dergleichen bislang nicht benötigt und auch noch nicht vermisst.

Gaststätten und Spezialitäten

Sie finden in der Region zahlreiche Restaurants. Nicht jedes ist ein Gourmettempel und manchmal, so erscheint es uns jedenfalls, wird die französische Küche etwas zu sehr gelobt. Da heißt es schon mit einem wachen Auge auf die Speisekarte zu schauen und wenn draußen gegessen werden kann, im Vorbeigehen mal einen Blick auf die Teller der Gäste zu werfen.
In den Brasserien gibt es wenn überhaupt, nur kleine Gerichte. Ähnlich verhält es sich in den Bistros und Cafés.
Regionale Spezialitäten können Sie auch im Supermarkt kaufen. In den Hypermarchés auf der grünen Wiese ist die Auswahl sehr groß.
Auf die Wurst- und Käsespezialitäten dieser Region sind wir in diesem Buch mehrfach eingegangen.

GPS/Navigation

Ohne ein Navigationsgerät ist heute wohl niemand mehr unterwegs. Wir halten diese Geräte für äußerst nützlich, nur blind vertrauen sollte man ihnen nicht. Hinter jeder Programmierung und Datenerfassung steht ein Mensch und der macht nun einmal Fehler, falsche Wegweisung ist deshalb nicht ausgeschlossen. Auch uns können Fehler bei der Eingabe der Daten unterlaufen, trotz aller Sorgfalt und Kontrolle. Navigationsgeräte führen zwar zielgenau zu den eingegebenen Koordinaten, eine Übersicht bieten sie jedoch nicht und eine räumliche Orientierung vermitteln sie auch nicht. Nehmen Sie ergänzend zu Ihrem Navi eine gute Landkarte zur Hand, damit Sie ein Gefühl dafür bekommen, in welcher Lage sich die einzelnen Städte oder Sehenswürdigkeiten zueinander befinden.

Grenzen

Wir befinden uns hier im Grenzgebiet zur Schweiz und damit an der Grenze zu einem Land, das nicht zur EU gehört. Heute kein Problem mehr, nach dem auch die Schweiz dem Schengener Abkommen beigetreten ist.

Kartenmaterial und Literatur

Ergänzend zu Ihrem Navi sollten Sie gutes Kartenmaterial mit sich führen. Wir waren mit Michelinkarten im Maßstab 1:200.000 unterwegs. Als Übersicht und Planungshilfe eignet sich sehr gut die Karte Frankreich 1:800.000 aus dem Kunth-Verlag.
Für Wanderungen gibt es nichts Besseres als die Top-Karten 1:25.000 von der IGN. Wir weisen bei den von uns durchgeführten Wanderungen immer wieder darauf hin. Sie können die Karten online über www.ign.fr/boutique bestellen. Der Versand nach Deutschland verläuft problemlos und dauert nur wenige Tage. Darüber hinaus haben wir uns auch mit den Produkten eingedeckt, die regional an den Kiosken oder Tourist-Infos angeboten werden.
Natürlich macht auch eine Internetrecherche zu den jeweiligen Zielgebieten Sinn. Auch wenn jede Tourist-Info ihre "Website" anders aufbaut und man sich immer wieder neu in den Seiten zurechtfinden muss, lassen sich doch

einige nützliche Informationen gewinnen. Man sollte nur immer daran denken, dass diese Informationen nicht uneigennützig ins Netz gestellt werden.

Kleingeld/Münzen

In unseren deutschen Titeln (Bayern, Schleswig-Holstein, Harz und andere) haben wir darauf hingewiesen, dass die Parkautomaten, die Münzautomaten an den Stromsäulen und an den Sanitärstationen nach Kleingeld verlangen. Das ist in Frankreich anders. Unsere kleine Schachtel im Handschuhfach blieb weitgehend ungenutzt. Die Versorgungsstationen verlangen nach Jetons oder nach der EC- oder VISA-Karte.

Sicherheit

Nach den diversen Terroranschlägen in Frankreich mag der eine oder andere um seine Sicherheit in diesem Land besorgt sein. In den großen Städten patrouillierten bei unseren Reisen immer schwer bewaffnete Sicherheitskräfte in einem Quartett durch die Straßen. Sicherheitskontrollen auf den Straßen haben wir nur einmal erlebt. Ein Gefühl der Unsicherheit hatten wir nicht und wir haben auch nicht den Eindruck gewonnen, dass sich die ortsansässige Bevölkerung anders verhalten hätte, als sie es vor Jahren gemacht hat, als es diese Terrorwarnungen noch nicht gab. Es sieht alles ganz normal aus, bis auf die Vierertrupps mit Schnellfeuergewehren in den großen Städten.

Toiletten/Toilettenentsorgung

Auf unseren Touren haben wir darauf geachtet, eine Vielzahl von Plätzen zu finden, die sachgerechte Ver- und Entsorgungseinrichtungen haben. Die Entsorgung ist kein Kostenfaktor und es sind genügend Stationen in diesem Buch genannt. Es gibt also wirklich keinen Grund, den Inhalt der Bordtoilette hinter irgendeinem Busch zu entleeren. Die Stationen sind in den Tourenkarten gut erkennbar. Vielleicht müssen Sie mal auf eine Station aus einer Nachbartour ausweichen, auch diese Möglichkeit ist in den Tourenkarten gut ablesbar.
Für den Notfall haben wir uns eine zweite Kassette zugelegt, die bei Bedarf gegen die volle getauscht wird. Ansonsten gilt: Vorausschauend Ver- und Entsorgen und nicht bis auf den letzten Drücker warten.

Trinkwasserversorgung/Grauwasserentsorgung

Hier gilt das Gleiche wie für die Toilettenver- und entsorgung. Erfahrungsgemäß ist die Toilette schneller voll als der Abwassertank. Wir arbeiten die Frischwasseraufnahme, Grauwasser- und Toilettenentsorgung immer an einer Service-Station nacheinander ab, egal wie dringend notwendig das eine oder andere gerade auch ist. Die Entsorgung des Grauwassers ist in unseren Reisegebieten in Frankreich überwiegend einfach. Fast alle Stationen haben eine Betonwanne mit einer Ablaufrinne in der Mitte. Den Abwasserschlauch den wir immer mitführen, haben wir in Frankreich bislang noch nie benutzt.

Wandern und Radwandern

Die gesamte Region ist zum Wandern und Radeln ideal. Wir haben uns bemüht, einige der interessantesten Routen im Buch zu berücksichtigen. Es gibt jedoch noch wesentlich mehr Wege, die entdeckt, durchschritten bzw. durchfahren werden wollen. Um diese zu erkunden, empfehlen wir wieder die IGN-Topkarten.
Nicht immer haben wir uns rechtzeitig mit Wanderkarten eingedeckt. Dann hat es uns geholfen, die Wanderkarten, die fast immer auf einem Wanderparkplatz auf einer großen Tafel oder in einem Schaukasten vorzufinden sind, abzufotografieren und das Bild dann bei Bedarf auf der Wanderung vom Speicher des Smartphones oder der Digitalkamera aufzurufen. Das hat in der Regel gut geklappt.

Wassersport
Dort wo auf den Seen und den Flüssen Wassersport möglich ist, haben wir darauf hingewiesen. Wer mit Kanu und/oder Surfbrett unterwegs ist, dem stehen einige Seen und Flüsse für seinen Sport zur Verfügung. Einschränkend muss hinzugefügt werden, dass viele Seen dem Angelsport vorbehalten sind.

Wintersport
Bei entsprechender Schneelage ist Wintersport im Jura möglich, im Haut Jura bis Mitte April sogar relativ lang. Langlaufloipen gibt es in den Höhenlagen sehr viele, wir haben allerdings nicht immer darauf hingewiesen.

Zum Schluss: Die große Wohnmobilfahrerfamilie
Urlaub mit dem Wohnmobil ist etwas ganz Besonderes. Man kann die Freiheit genießen, ist ungebunden, dennoch immer zu Hause und lebt mitten in der Natur. Seit mehr als 30 Jahren geben wir Ihnen mit unseren Reiseführern eine Anleitung für diese Art Urlaub mit auf den Weg. Außer den umfangreich recherchierten Touren haben wir viele Tipps allgemeiner Art zusammengetragen, unter ihnen auch solche, die für einen Womo-Urlauber eigentlich selbstverständlich sein sollten. Weil wir als Wohnmobiler die Natur in ihrer ganzen Schönheit und Vielfalt zu schätzen wissen, haben wir auch eine besondere Verantwortung ihr gegenüber, die wir nicht einfach auf andere abwälzen dürfen.
Jährliche erhalten wir viele Zuschriften, Grüße von Lesern, die mit unseren Reiseführern einen schönen Urlaub verbracht haben und sich herzlich bei uns bedanken. Wir erhalten Hinweise über Veränderungen an den beschriebenen Touren, die von uns bei der Aktualisierung der Reiseführer helfen.
Aber: Wir erhalten auch Zuschriften über das Verhalten von Wohnmobilfahrern, die sich egoistisch, rücksichts- und verantwortungslos der Natur und ihren Mitmenschen – Urlaubern und Einheimischen – gegenüber verhalten. In diesen Briefen geht es um die Themen Müllbeseitigung, Abwasser- und Toilettenentsorgung. Es soll immer noch Wohnmobilurlauber geben, die ihre Campingtoilette nicht benutzen, dafür lieber den nächsten Busch mit Häufchen und Toilettenpapier „dekorieren", die den Abwassertank nicht als Tank nutzen, sondern das Abwasser einfach durchfließen lassen, die ihren Müll neben dem Wohnmobil „vergessen" und sich davon machen.

Liebe Leser!
Wir möchten Sie im Namen der gesamten Womo-Familie bitten: Helfen Sie aktiv mit, das zu unterbinden! Jeder Wohnmobilurlauber trägt eine große Verantwortung und sein Verhalten muss dieser Verantwortung auch gerecht werden. Bestimmt hat mancher, dem Sie auf Ihrer Tour begegnen und sich unwürdig verhält, das gleiche Büchlein in der Hand wie Sie. Er weiß zumindest jetzt, worum es geht. Sprechen Sie ihn an und weisen Sie ihn auf sein Fehlverhalten hin.
Der Nächste freut sich, wenn er den Stellplatz sauber vorfindet, denn auch er hat sich seinen Urlaub verdient!
Vor allem aber: Wir erhöhen damit die Chance, dass uns unsere über alles geliebte Wohnmobil-Freiheit noch lange erhalten bleibt.

Helfen Sie mit, den guten Ruf unserer Womo-Familie zu wahren! Tragen Sie dazu bei, dass Einzelne ihn nicht in den Schmutz ziehen!
Wir danken Ihnen im Namen aller Womo-Freunde –
Ihr **WOMO-Verlag**

Stichwortverzeichnis

Bildnachweis:

Alle Fotos stammen von den Autoren mit Ausnahme folgender Aufnahmen:
Gouffre de Poudrey Seite 97 © Yannick Patois, wikimedia.fr; Mont Poupet Seite 144 © Adrien Parrad; Kirche Saint-Just in Arbois Seite 148 © JGS25, wikimedia.fr; Crêt de la Neige Seite 236 © Juraastro, wikimedia.org.

Karten:

Alle Karten wurde erstellt von Heiner Newe. Die Stadtpläne unter Verwendung der Daten von © OpenStreetMap contributors.

Unser WOMO-Online-Service

Passend zu unseren Reiseführern bieten wir in unserem Shop unter **www.womo.de** an:

- Die besten **Autokarten** von Michelin, Freytag & Berndt, Reise-know-how, die garantiert die komplette Reiseroute abdecken.
- Die Kauderwelsch-**Wörterbücher** für jede Sprache unserer Reiseländer.
- Von jedem Reiseland mindestens einen Rother-**Wanderführer** über die schönsten Wanderregionen.

WOMO-Verlag
An der Liethe 4
36452 Kaltennordheim
OT Mittelsdorf
verlag@womo.de
www.womo.de

Der WOMO-Knackerschreck

- ist die universelle und sofort sichtbare Einbruchssperre.
- Wird einfach in die beiden Türarmlehnen eingehängt, zusammengeschoben und abgeschlossen.
- Passend für Ducato, Peugeot, Renault Master, MB Sprinter bis 2018 und VW (alle Typen).
- Krallen aus 10 mm massivem, einbrennlackiertem Stahl, d. h. nahezu unverwüstlich.

Nur **59,90 €** – und nur bei **WOMO**!
Versand: Deutschland portofrei, EU 10 €, Schweiz 15 €

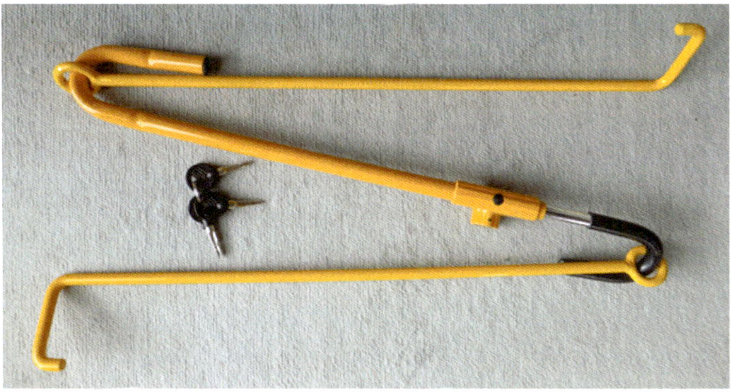

Alle WOMO-Reiseführer auf einen Blick

Albanien	Volker Grundmann
Allgäu	Thomas und Yvonne Seiter
Allgemeines Wohnmobil Handbuch	Reinhard Schulz
Allgemeines Wohnmobil Kochbuch	Waltraud Roth-Schulz
Andalusien	Christian und Christina Winkler
Auvergne	Esther Vergenz
Baden-Württemberg	Heiner Newe und Heiderose Thomsen-Newe
Baltikum	Stefanie Holtkamp und Andrea Bergmann
Bayern Nordosten	Heiner Newe und Heiderose Thomsen-Newe
Bayern Nordwesten	Heiner Newe und Heiderose Thomsen-Newe
Bayern Südosten	Christian und Christina Winkler
Belgien/Luxemburg	Esther Vergenz
Bretagne	Anette Scharla-Dey und Franz Peter Tschauner
Burgund	Ralf Gréus
Dänemark	Thomas und Yvonne Seiter
Elsass	Ralf Gréus
England Norden	Christian und Christina Winkler
England Süden	Christian und Christina Winkler
Finnland	Uwe und Annegret Rohland
Französische Alpen	Heiner Newe und Heiderose Thomsen-Newe
Französische Atlantikküste Nord	Esther Vergenz
Französischer Jura	Heiner Newe und Heiderose Thomsen-Newe
Griechenland	Reinhard Schulz und Waltraud Roth-Schulz
Harz	Heiner Newe und Heiderose Thomsen-Newe
Heitere Wohnmobil Geschichten	Peter Simm und Silvia Sussmann
Hessen Mitte/Süden	Anette Scharla-Dey und Franz Peter Tschauner
Hessen Norden/Osten	Anette Scharla-Dey und Franz Peter Tschauner
Hunsrück/Mosel/Eifel	Anette Scharla-Dey und Franz Peter Tschauner
Irland	Uwe und Annegret Rohland
Island	Alexander und Jutta Ramin
Korsika	Reinhard Schulz und Waltraud Roth-Schulz
Kroatien/Montenegro	Peter Simm und Silvia Sussmann
Languedoc/Roussillon	Ralf Gréus
Lothringen	Friedrich Riehl und Toshiko Riehl-Takada
Ligurien	Ralf Gréus
Loire/Paris	Hubert und Gudrun Kügler
Lüneburger Heide	Heiner Newe und Heiderose Thomsen-Newe
Marokko	Ulrike und Frank Staub
Mecklenburg-Vorpommern Teil 1	Stefanie Holtkamp und Andrea Bergmann
Mecklenburg-Vorpommern Teil 2	Stefanie Holtkamp und Andrea Bergmann
Mittelitalien	Friedrich Riehl und Toshiko Riehl-Takada, Klaus Huber
Namibia	Frank Linke und Ute Nast-Linke
Neuseeland Nordinsel	Dieter Giesen und Andrea Lossen
Neuseeland Südinsel	Dieter Giesen und Andrea Lossen

Weitere Informationen in unserem Buchshop unter www.womo.de

Niederlande	Friedrich Riehl
Nord-Frankreich	Esther Vergenz
Nord-Spanien	Reinhard Schulz und Waltraud Roth-Schulz
Normandie	Anette Scharla-Dey und Franz Peter Tschauner
Norwegen Norden	Reinhard Schulz und Waltraud Roth-Schulz
Norwegen Süden	Reinhard Schulz und Waltraud Roth-Schulz
Ostfriesland	Anja und Peter Schuberth
Ost-Spanien	Reinhard Schulz und Waltraud Roth-Schulz
Österreich Osten	Christian und Christina Winkler
Peloponnes	Reinhard Schulz und Waltraud Roth-Schulz
Pfalz	Ralf Gréus
Piemont/Aostatal	Ralf Gréus
Polen Norden	Nicola Kluftinger
Polen Süden	Helmut und Angelika Breidenbach
Portugal Norden	Stephanie Seufert
Portugal Süden	Stephanie Seufert
Provence/Côte d'Azur – Osten	Ralf Gréus
Provence/Côte d'Azur – Westen	Ralf Gréus
Pyrenäen	Andrea Bergmann und Stefanie Holtkamp
Rumänien	Christian und Christina Winkler,
Sachsen	Anette Scharla-Dey und Franz Peter Tschauner
Sardinien	Reinhard Schulz und Waltraud Roth-Schulz
Schleswig-Holstein	Heiner Newe und Heiderose Thomsen-Newe
Schottland	Uwe und Annegret Rohland
Schwarzwald/Bodensee	Ralf Gréus
Schweden Norden	Uwe und Annegret Rohland
Schweden Süden	Reinhard Schulz und Waltraud Roth-Schulz
Schweiz Osten	Andrea Bergmann und Stefanie Holtkamp
Schweiz Westen	Andrea Bergmann und Stefanie Holtkamp
Sizilien	Christian und Christina Winkler
Slowakei	Ulrike und Frank Staub
Slowenien	Peter Simm und Silvia Sussmann
Südafrika	Frank Linke und Ute Nast-Linke
Süditalien Osten	Reinhard Schulz und Waltraud Roth-Schulz
Süditalien Westen	Reinhard Schulz und Waltraud Roth-Schulz
Südtirol	Reinhard Schulz und Waltraud Roth-Schulz
Südwest-Frankreich	Stefanie Holtkamp und Andrea Bergmann
Thüringen	Reinhard Schulz und Waltraud Roth-Schulz
Toskana/Elba	Ralf Gréus
Trentino/Gardasee	Peter Simm und Silvia Sussmann
Tschechien	Steffen und Eva Peuker
Umbrien/Marken	Ralf Gréus
Ungarn	Peter Simm und Silvia Sussmann
Venetien/Friaul	Christian und Christina Winkler
Wales	Christian und Christina Winkler

Info-Blatt aus dem WOMO-Buch: Franz. Jura '21

Lokalität Seite Datum
(Stellplatz, Campingplatz, Wandertour, Gaststätte, usw.)
unverändert gesperrt/geschlossen folgende Änderungen:

Lokalität Seite Datum
(Stellplatz, Campingplatz, Wandertour, Gaststätte, usw.)
unverändert gesperrt/geschlossen folgende Änderungen:

Lokalität Seite Datum
(Stellplatz, Campingplatz, Wandertour, Gaststätte, usw.)
unverändert gesperrt/geschlossen folgende Änderungen:

Lokalität Seite Datum
(Stellplatz, Campingplatz, Wandertour, Gaststätte, usw.)
unverändert gesperrt/geschlossen folgende Änderungen:

Lokalität Seite Datum
(Stellplatz, Campingplatz, Wandertour, Gaststätte, usw.)
unverändert gesperrt/geschlossen folgende Änderungen:

Lokalität Seite Datum
(Stellplatz, Campingplatz, Wandertour, Gaststätte, usw.)
unverändert gesperrt/geschlossen folgende Änderungen:

Meine E-Mail:

Rückmeldung bitte an den Verlag per Post oder an die
Autoren-E-Mail: newe@womo.de